Claudia Hagge
Unter uns Pastorentöchtern

Claudia Hagge

UNTER UNS
PASTOREN
TÖCHTERN

Aufwachsen an einem Ort,
der stark und mutig macht

LÜBBE

Originalausgabe

Copyright © 2019 by Bastei Lübbe AG, Köln

Textredaktion: Dr. Matthias Auer, Bodman-Ludwigshafen
Umschlaggestaltung: ZERO Werbeagentur, München
Unter Verwendung von Motiven von © shutterstock:
mubus7 | zebra0209 | Krasovski Dmitri
Satz: Dörlemann Satz, Lemförde
Gesetzt aus der Garamond Pro
Druck und Einband: GGP Media GmbH, Pößneck

Printed in Germany
ISBN 978-3-7857-2662-4

2 4 5 3 1

Sie finden uns im Internet unter: www.luebbe.de
Bitte beachten Sie auch: www.lesejury.de

Für Brigitte und Rolf

INHALT

KEIN MÄDCHEN WIE JEDES ANDERE

Den Hype um den Beruf meines Vaters habe ich nie verstanden. Was sollte das sein: eine PASTOREN-Tochter? Mit dieser Bezeichnung konnte ich nichts anfangen. War ich doch ein Mädchen wie jedes andere auch, mit den gleichen Träumen, Wünschen, Kümmernissen. Oder war ich es etwa nicht? Es verstörte mich, dass ich ständig im Fokus eines ganzen Dorfes stand – nur weil Papa der Pastor war. Das war offenbar etwas sehr Besonderes, und zwar auch schon lange vor meiner Geburt.

Es ist bereits zweihundert Jahre her, da gingen sie als »christliche Genies« in die Literaturgeschichte ein. Die Rede ist von den englischen Schriftstellerinnen Jane Austen und den Brontë-Schwestern Charlotte, Emily und Anne. Sie waren mutig. Sie machten sich frei von Konventionen. Sie konnten schreiben. Und: Sie waren Pastorentöchter. Wenn es um ihre Romane und Schriften geht, wird ihr Wirken bis heute auch in ihrer Herkunft gespiegelt. Ihre Kunst erweckte Aufsehen, nicht nur, aber auch, weil ihr Vater ein Kirchenmann war. Und in dieser Konstellation wird nie ganz klar, was ihren Erfolg zum Erfolg machte: die besondere Erziehung und das dadurch vermittelte Können – oder das Phänomen, dass von einem »frommen« Mädchen so viel emanzipierte Leistung nicht zu erwarten war.

Nun ist es aber tatsächlich so, dass Pastorentöchter häufig recht erfolgreich sind. Ich habe lange überlegt, warum dies so ist. Wahrscheinlich liegt es daran, dass wir nie nur Kinder waren. Von Beginn unseres Lebens an sind wir in eine bestimmte Form von Beobachtung und Verantwortung und Erwartung gepresst. Das macht sehr früh sehr selbstständig. Wir schwimmen nicht mit dem Strom. Wir stehen für Überzeugungen ein. Wir können uns gut durchsetzen. Ja, ich wage zu sagen, wir sind weibliche Alphatiere. Doch damit schafft man sich nicht nur Freunde. Schnell ist man auch Projektionsfläche für Neid, Spott und Häme. Fällt man besonders auf – durch beruflichen Erfolg oder eine missliebige Äußerung –, wird sofort der heilige Hintergrund aus der Kiste geholt.

Nichts macht den »wilden Popstar« Katy Perry noch wilder und attraktiver als die Tatsache, dass ihr Vater ein Prediger war und sie im Gospelchor sang. Der Sex-Appeal von Elke Sommer, dem ersten »deutschen Fräuleinwunder«, das in Hollywood reüssierte, war heißer als der aller anderen blonden Frauen, weil »fränkische Pastorentochter!« Ganz zu schweigen von Bundeskanzlerin Angela Merkel, von der nicht alle gleich wissen, dass sie Physikerin ist. Nur fragt man die Leute, was ihr Vater gemacht habe, kommt es wie aus der Pistole geschossen, dass er in der früheren DDR Pastor gewesen sei. Gern wird dies der Politikerin unter die Nase gehalten, immer gerade so, wie es im Kontext passt.

Gleiches gilt für die ehemalige britische Premierministerin Theresa May. Als sie mit einer wichtigen Abstimmung zum Brexit-Deal im englischen Parlament unterliegt, muss gleich wieder die Pastorentochter-Herkunft herhalten. Sie sei »so brav wie das Amen in der Kirche ihres Vaters …« wurde gespöttelt. Ach Gottchen, glaubt man das wirklich? Aber damit nicht genug. Auch die grausamen Straftaten der RAF-Terroristin Gudrun Ensslin scheinen noch einen Tick gruseliger zu werden, wenn der Zusatz »schwäbische Pfarrerstochter« hinzugefügt wird. Geschenkt. An das Klischee, dass Pastorentöchtern fast alles zuzutrauen ist, habe ich mich gewöhnen müssen. Aber ich gebe zu, dass es mich stört, wenn man hochnäsig auf meine Provenienz schaut. Wenn in dem Blick auf das Pfarrhaus unausrottbare Vorurteile mitschwingen, wie solche, dass man nur »artig« und überhaupt fern von Gut und Böse sei. Ebenso unerträglich ist für mich die häufig verbreitete Annahme, dass ein christliches Haus von blinder Sozialromantik getrieben und deshalb politisch nicht urteilsfähig sei, weil biblisch verblendet.

Jedenfalls waren auch solche Stereotypen für mich Anlass, noch einmal auf meine Kindheit und Jugend in *meinem* Pastorenelternhaus zu sehen. Und ja, der Job meines Vaters – besser: das gemeinsame Berufsleben meiner Eltern – war schon ungewöhnlich. Was nicht bedeutet, dass wir nur betend am Tisch saßen und immer friedlich und umgänglich gewesen wären. Nein, wir lebten nicht wie Heilige, die jedem mit milder und immer nachsichtiger Haltung begegneten. Auch eine christlich geprägte Philanthropie ist kein Fass ohne Boden. Sie hat Grenzen, welche die Realitäten setzen. Und wie erschütternd und oft auch komisch diese Wirklichkeit im Wirkungskreis eines Geistlichen sein kann, davon vermag der von außen urteilende Betrachter nur zu träumen.

Ein Pfarrhaus ist kein Streichelzoo. Was ich erleben konnte, war wild, verrückt, völlig aus dem üblichen Rahmen gefallen und dennoch ganz nah am Leben. Diesen Spirit verliert man nicht. Er bleibt. Und er macht stark und zuweilen auch sexy – aber keineswegs blöd, und naiv nun schon gar nicht. Gern erzähle ich davon. Natürlich nur »unter uns Pastorentöchtern …«

1. EIN NEST IM PARADIES

Ich bin vierzehn. Und es ist *mein* Tag. Die Glocken im Kirchturm schlagen so laut, dass ich mein eigenes Wort nicht verstehe. Ihr Klang ist ein wenig hart und metallisch. Und die Wucht des Geläuts legt sich unerklärlich schwer auf meine Brust.

Es ist wie immer, wenn ich den Arbeitsplatz meines Vaters betrete und die vielen unbekannten Menschen wahrnehme, die ihn und uns als Familie genau beäugen. Mich überfällt Unbehagen. Ich bin in der Pubertät. Ich mag nicht beglotzt werden. »Guckt doch nicht so …« – aber nein, so etwas Unhöfliches würde mir nie über die Lippen kommen, wenn ich es auch einige Male schon gedacht habe. Ich werde die Contenance wahren. Darauf bin ich als Pastorentochter geeicht. Und natürlich an diesem Sonntag in ganz besonderem Maße.

Es ist der 7. Mai 1972, und ich feiere Konfirmation. Ich weiß, dass dies ein Fest ist, das nach einem ganz festen Reglement über die Bühne geht. Aber ich habe mir vorgenommen, es so zu zelebrieren, wie ich es mir vorstelle. Zumindest, was meine äußere Erscheinung betrifft. Auf keinen Fall möchte ich ein so spießiges schwarzes Kostüm tragen, wie es zu diesem Anlass üblich ist. Es verwandelt junge Mädchen urplötzlich in eine »Madame«. Nein, das will ich nicht. Ich würde mich verkleidet fühlen und in eine Rolle gedrängt, die ich nicht ausfüllen möchte. Zu brav, zu ordentlich, zu alt, zu sehr in eine Norm gepresst.

Es hat zu Hause Diskussionen gegeben. Papa sagte: »Dein Kleid muss würdig sein.« Mama meinte: »Wir fahren nach Hamburg und lassen uns inspirieren. Ich möchte, dass du dich wohlfühlst und ein gut gemachtes Teil findest.« Ich habe mich für ein knöchellanges graues Leinenkleid mit bunt bestickten Ornamenten entschieden. Für einen Edel-Hippie-Look sozusagen, wie es zu dieser Zeit gerade en vogue ist. Nur die Loafers aus schwarzem Lackleder, sehr schmal und elegant, sind mein Zugeständnis an die ungeschriebene Kleidervorschrift und an den lieben Gott. Beides haben wir am Jungfernstieg gefunden, in einem Modegeschäft mit einem südlich klingenden Namen und in dem angesagtesten Schuhgeschäft der Stadt, nur eine Autostunde von unserem Zuhause in Kiel entfernt.

An einem langen schwarzen Samtband baumelt ein Kreuz, das Mama schon zu ihrer Verlobung trug. Ich sähe »fein« aus, sagt meine Großmutter Martha mit anerkennendem Blick. Das ist ihr viel wichtiger als »hübsch« oder »schön«, wenn auch diese Attribute keineswegs ohne Bedeutung für sie sind. Aber »fein« ist ein Wort, das für höchstes Lob in unserer Familie steht. Mein schulterlanges Haar hingegen, frisch gefönt, weht ziemlich »unfein« durcheinander im kühlen Frühlingswind. Das ärgert mich. Und ich friere, doch ich verdränge es, weil ich kichernd mit meinen Mitkonfirmanden in die Kirche einziehe.

An der Spitze voran schreitet mein Vater, wie immer mit beschwingtem Schritt im wallenden schwarzen Talar. Auf seinem Gesicht liegt ein feierlich-freudiger Ernst, den Pastoren wohl kraft ihres Berufes bei jeder amtlichen Gelegenheit spazieren tragen. Aber er spiegelt natürlich auch den Respekt dieses Augenblicks wider: Wir Teenies sollen heute in die Gemeinde der erwachsenen evangelischen Christen aufgenommen werden. Wie eine Nobilitierung kommt es mir vor, als uns Papa vorbei an unzähligen Reihen von Gläubigen führt und mit einer galanten Handbewegung dazu auffordert, in den ersten beiden Reihen ganz vorn vor dem Altar Platz zu nehmen.

Das Wispern auf den Kirchenbänken kriecht förmlich in mich hinein. Wie so oft starrt die Gemeinde auf mich, natürlich diesmal, weil mein Outfit vollkommen aus dem Rahmen fällt. Gott sei Dank sehe ich die neugierigen Blicke nicht. Wir gackern jetzt etwas leiser – oder bekommen wir etwa schon feuchte Augen, weil mit voller Macht das einsetzende Orgelspiel wie ein brachialer Gewitterregen über uns niedergeht? Der klirrende Schall aus den Kupferpfeifen oben auf der Empore hat eine fast tyrannische Gewalt über meinen noch unfertigen und wankelmütigen Empfindungs-Zyklus. Ich fühle mich einfach nicht wohl, wenn der Organist loslegt. Nur wenn er aus Versehen die falschen Register zieht, löst dies bei mir einen Lachanfall aus. Aber diesen Gefallen tut er mir in dieser Sekunde nicht.

Eng gedrängt mit den anderen Mädchen, die Jungs haben eine eigene Reihe, sitze ich auf der harten Holzbank in meinem dünnen Tuch und zittere. So fühlt es sich also an, wenn man nicht mehr zu den Kleinen, sondern zu den Großen zählt. Ich schaue auf meine sehr kalten blassen Hände, die ein Büchlein halten, darüber Stiele von Maiglöckchen. Sie duften schön und vertraut in dem sonst so kerzenschweren stickig-geistlichen Dunst. Immer wieder schnuppere ich daran, wenn ich von dem laut vorgetragenen Predigttext mal wieder wegtauche.

Durch den fast zweistündigen Gottesdienst trägt mich die Vorfreude auf mein schönstes Geschenk an diesem Tag: ein Fläschchen Diorissimo, mein erstes Eau de Toilette. Es riecht nach Maiglöckchen. Es ist die Lieblingsblume des Modeschöpfers Christian Dior – und meiner Mutter. Gleich am Nachmittag nach dem Festessen will ich mir ein wenig davon hinter die Ohren und aufs Handgelenk tupfen. Mami hat es mir auf den reich bestückten Gabentisch gelegt. Es ist ihr Signal an mich, dass ich jetzt »dazugehöre«. Ich darf ihren Duft benutzen, um den ich sie schon lange beneide. Wir lieben beide eine milde Frische, die wir uns in allen Variationen fast süchtig in die Nase ziehen. Aber es ist noch viel mehr als nur der Spaß an einem tollen Duft. Und dies wird mir ausgerechnet an diesem Vormittag bewusst: Diorissimo ist *mein* Synonym für meine Herkunft. Ein gesprühter Tropfen genügt, und ich bin wieder dort, woher ich komme, wo ich geboren bin und meine ersten Schritte gemacht habe.

1. EIN NEST IM PARADIES

An diesen Platz wandern meine Gedanken in dem Moment, als mein Vater dazu ansetzt, meinen Konfirmationsspruch vorzulesen, und ich mich bibbernd vor Aufregung und Kälte an meinen »Maieresli« festhalte ...

*

In einem kleinen Dorf siebenundzwanzig Kilometer südlich von Flensburg wachse ich auf. Es ist ein Ort, an dem sich Fuchs und Hase »Gute Nacht« sagen. Eine Oase des Nichts. Nur siebenhundert Einwohner. Ein Fluss, die Treene. Und da ist auch noch ein kleiner Bach, in dem ich Stichlinge fange, wo ich Löwenzahn zupfe und Pusteblumen küsse. Wie willkürlich dahingeworfene Farbkleckse liegen die Bauernhöfe auf Äckern bis zum Horizont verstreut. Im Ortskern eine Schule, ein kleiner Bahnhof. Zwei Gaststätten. Ein Kaufmann. Ein Arzt. Eine kleine Apotheke in einem winzigen Ladenraum mit knarzender Registrierkasse und einer schrillen Glocke, die jeden Kunden anmeldet, sobald er eintritt.

Ein überschaubares Gemeinwesen ist dieser schleswig-holsteinische Fleck in den Fünfzigerjahren, den niemand auf der Agenda hat. Es ist tiefste Provinz, die sich mein Vater als erste Pfarrstelle ausgesucht hat. So weit abgelegen von den pulsierenden Stätten des beginnenden Wirtschaftswunders nach dem Zweiten Weltkrieg. Und in meiner Wahrnehmung vollkommen unberührt von Gefahren oder Geschehnissen, die man Schicksal nennt. Hier darf ich Kind sein. Und mein Refugium ist so schön wie das biblische Eden. Ich fühle mich sehr beschützt, und ich lebe in der Gewissheit, unverwundbar zu sein.

Ich bin ein glückliches Mädchen auf diesem platten einsamen Land, denn ich darf in einem wahren Paradies aufwachsen. Trete ich vor die Tür, schenkt mir jede Jahreszeit ein anderes Parfum. Versprüht der Teppich aus Schneeglöckchen im Januar ein grünes

Aroma, so kündigt ein Hauch von Vanille aus dem Nektar der Märzenbecher den nahenden Frühling an. Und wenn lila Veilchen im samtweichen Moosbett eine feine Süße verströmen, dann ist der Frühsommer zum Greifen nah. Wenn Natur verführen kann, ist sie hier auf unserem Pastorats-Grundstück ein Casanova. An der Hand meines Vaters streife ich vorbei an wildem Jasmin und nicht frisiertem Immergrün. Mit dem Spazierstock pflückt Papa baumhohe Zweige vom Fliederwall, nicht ohne sich dabei eine weiße Blüte ans Revers zu heften.

Die prägendste Erinnerung an meine ersten zwölf Lebensjahre ist der Zauber verwunschener Gärten. Auf einem Gobelin aus Tausendschönchen halte ich Picknick mit meinen Freundinnen und spreche mit meinen Puppen. Ich atme eine Luft, die schwanger ist mit sattgrünem frisch gemähten Gras. Birken und Buchen halten die Schaukeln, mit denen ich und meine vier jüngeren Geschwister hoch und immer höher fliegen. Unter einer rosafarbenen Blüten-Kirsche lerne ich Lesen und Schreiben. Und beim Malen an Papas selbst gezimmertem Holztisch neben Himbeer- und Stachelbeersträuchern finde ich Trost nach einem Sturz mit meinem Fahrrad. Auf dem weißen Kiespfad im japanischen Rundgarten, den meine Eltern kurz nach ihrer Hochzeit angelegt haben, führe ich wackelig auf Mamas hohen Pumps ein langes Spitzenkleid vor und spiele Braut. Ich bin noch zu klein, um zu wissen, was Romantik und Freiheit und Geborgenheit bedeuten, aber von allem bin ich beschenkt im Übermaß.

Mein lebenslanges Sinnbild für Behütetsein ist das sandfarbene Backsteinhaus mit seinen dunkelgrünen Fensterläden, in dem wir eine liebende Familie sind. Es ist ein Zuhause, so großzügig und gemütlich wie Skandinaviens Gutsherren-Domizile, die sich ganz in unserer Nähe in die weiten jütländischen Dünenlandschaften schmiegen. Die Räume erzählen von Menschen, die ich nie kennengelernt habe. Aber die Geschichten der Vorbewohner scheine ich zu fühlen. Wenn es auf dem Holzfußboden knackt oder ohne

Grund die Tür zur Abstellkammer aufspringt, sehe ich Geister und rede mit ihnen. Besonders nah sind sie mir nachts, wenn ein hell schimmernder Mond in mein Kinderzimmer lugt und draußen Hasen und Marder von seinem Schein geblendet in den schützenden Schatten dicker Büsche huschen. Dann stehe ich auf und wandele mit geschlossenen Augen bis ans andere Ende des Hauses zu meinen schlafenden Eltern und wecke sie. Und mitten in der Nacht hocke ich auf ihrem Bettrand und berichte, wen ich auf dem Weg zu ihnen gesehen habe.

Das Haus, 1816 erbaut, steht auf heiligem Boden. Denn da, wo ich später irgendwann »Räuber und Gendarm« spielen und Höhlen bauen darf, hat schon vorher ein Pfarrhaus gestanden. Nur ist es bei einem Feuer im Sommer 1815 abgebrannt.

Den unfassbaren Moment hat der Pastor Detlev Nikolaus Kraft in seinem Tagebuch festgehalten. »Nachmittags um zwei Uhr den 28. Juli brach Feuer in meinem Hause aus. Ich saß zu der Zeit im Pastoratsgarten zu lesen. Meine Frau rief ängstlich nach mir. Ich fragte sie, was ihr fehle, sie antwortete: ›Es ist Feuer im Hause.‹ Ich ging in unsere Küche und sah in den Schornstein. Meine Frau zeigte nach dem Boden. Ich stieg die Treppe hinauf, wo ich dann sah, dass die Funken unter dem Strohdach herumflogen. Kurz vorher hatte unser Hirtenknabe gerade an dem Platze in dem Heu geschlafen, wo es brannte.«

Vergeblich versuchte der Pfarrer, das Haus zu retten, und zog sich dabei Brandwunden an Kopf und Händen zu. Er verlor alles, was er besaß; sein Schaden belief sich auf zweitausend Reichstaler. Auch gelang es nicht, die alten Kirchenbücher aus den Flammen zu bergen. Diese Tragödie drohte, die Existenz des Pastors zu vernichten. Das Gebäude war versichert, aber nicht sein Hab und Gut. Die Gemeinde unterstützte ihn. Sie gab ihm Bettzeug im Wert von hundert Reichsmark. Und seine Amtsbrüder spendeten, was sie als erste Hilfe hergeben konnten. So gelang es, ein Jahr später in ein neu geschaffenes Pastorat einzuziehen. Am Gedenktag für den Heiligen Erzengel Michael war es fertig – *mein Heim*.

Meine ersten Schritte werde ich in einem hundertfünfzig Jahre alten Neubau machen. Verwöhnt von einem intakten Biotop werde ich gefühlt wie eine Prinzessin groß. Eine kleine Allee aus Kastanien und Linden führt zum Pastorat. Sie endet vor dem Rondell am Eingang. Wenn ich auf unserem Grundstück hinaus zum Spielen gehe, kann ich wählen zwischen vier Gärten, drei Wiesen und einer großen Scheune voller Geheimnisse. Zehn Zimmer hat das Pfarrhaus. Über dreihundert Quadratmeter. Plus Nebenräume mit einem Alkoven und kühlenden kleinen Kellern. Und einen Dachboden, unser späterer Abenteuerspielplatz. Auf den ersten Blick purer Luxus im Oktober 1957, als ich geboren werde. Alles wirkt groß und generös. Ein Steinflur lädt zum Tanzen ein. Die Küche hat Platz für eine lange Tafel und mehrere Feuerstellen. Eine weiß lackierte Schiebetür teilt den geräumigen Wohn- und Essbereich. Und über ein weiß gestrichenes, bodentiefes Verandafenster geht es hinaus in einen kleinen Park.

Mit einer barocken roséfarbenen Vintage-Tapete haben meine Eltern noch schnell die große Stube herrichten lassen. Und doch kann diese Verschönerungsmaßnahme nicht darüber hinwegtäuschen, dass mein Schloss bei genauem Hinsehen leider eine Bruchbude ist. Durch die dünnen Holzfenster, die sich nur mit einem Häkchen schließen lassen, kriecht die Kälte nicht enden wollender Winter. Und an ein gekacheltes Bad mit Dusche ist lange nicht zu denken. Schwere Stürme im Herbst reißen immer neue Löcher ins strapazierte Strohdach hinein. Bei jedem Gewitter herrscht Lebensgefahr.

So jedenfalls sieht es mein Vater, weil es noch keinen Blitzableiter gibt und in seinen Augen bei jedem noch so leisen Wetterleuchten erneut eine Feuersbrunst droht. Zu viele Bauernhäuser hat Papa als Kind auf dem Land bis auf die Grundmauern abbrennen gesehen. Es bleibt sein Trauma, mit dem er die ganze Familie in

Atem hält. Die Tasche mit den wichtigsten Papieren und Wertgegenständen wird immer rechtzeitig ins Auto geschafft. Vollständig angezogen müssen wir bei Kerzenschein im Wohnzimmer sitzen, um für den Fall, dass die Hütte brennt, gerüstet zur Flucht zu sein. Nie wird etwas passieren, aber jede durchwachte himmelsgrollende Nacht ist für uns Kinder schöner und spannender als alle noch so finsteren Gruselmärchen.

Die Ausstattung unseres Pfarrhauses ist primitiv – und auch sonst nicht ganz ungefährlich. Der Verbrühungsgefahr beim Kochen der täglichen Wäsche auf dem Herd versucht meine Mutter mithilfe einer sehr routinierten Haushaltshilfe zu widerstehen. Nicht immer gelingt es, zum Beispiel, wenn sie allein ist und das dampfende Wasser im viel zu schweren Kessel beim Abkippen auf schmerzhafte Weise auf ihre zarten Hände schwappt. Und ganz allein gehört uns das heimelige Obdach sowieso nicht. Durch Risse und Löcher im Mauerwerk marschiert eine ganze Armee von Mäusen und Ratten zu uns herein. Sie sind allerdings nicht die einzigen fremden Wesen, die meine Eltern stören werden. Mein Idyll hat enorme Schönheitsfehler, über die man nicht so einfach hinwegsehen kann.

*

Wenn sich auch das große Anwesen in diesem bescheidenen Kaff kurz vor der dänischen Grenze wie ein großes Privileg ausnimmt, ist es in Wahrheit eine Zumutung. Die Verhältnisse, die meine Eltern zu Beginn ihrer Berufsjahre vorfinden, sind zum Davonlaufen. Aber es ist eine andere Zeit, als sie Mitte der Fünfzigerjahre sehr verliebt und frisch verlobt an ihrer ersten Wirkungsstätte stranden. Man beschwert sich nicht. Niemand hat es perfekt. Das Wort Mängelanzeige gibt es nicht – oder man kennt es hier nicht.

Ich bin noch nicht auf der Welt, und die Umstände ihres Anfangs dort kenne ich nur aus Erzählungen und Briefen, die sie mir und meinen Geschwistern hinterlassen haben.

Die Zeiten damals sind schaurig und schön zugleich. Die meisten im Land sind bitterarm. Was nicht gerade neu hergestellt ist, hat Fehler oder ist Flickwerk. Die Bundesrepublik ist gerade sechs Jahre alt, als meine Eltern dünn wie zwei Strichmännchen in unserem Dorf aus dem Zug aussteigen. Meine Mutter ist vierundzwanzig, mein Vater fünf Jahre älter. Sie sind mit *einem* Koffer angereist. Auf dem Bahnsteig empfängt sie ein unbekannter junger Mann. Er ist der Sohn der Zugehfrau im Pfarrhaus. Der Bursche soll ihnen den Haustürschlüssel überreichen. Als Taxi im eisigen Januar 1955 dient sein Fahrrad. Er hievt den Koffer auf den Gepäckträger und bindet ihn mit einem alten dünnen Seil fest.

Die mageren Zeiten lassen sich nur aushalten, indem man zusammenhält und sich hilft und teilt. Die ersten zwei Jahre überstehen meine Eltern nur mit Carepaketen: belgische Schokolade, Kaffeebohnen, türkische Zigaretten, Schweizer Tee, Christstollen, eine Dose Thunfisch, eine Leinentischdecke und Servietten schicken meine Großeltern aus Münster. Sie bezahlen die Ladung Briketts für die Heizöfen. Sie weisen Geld an für eine Strickjacke, Mützen, Mäntel, Kostüme und Anzüge. Und wenn meine Eltern eine offizielle Einladung zum Essen vergeben, schickt Omi Martha ein Paket mit ihrem Tafelsilber, leihweise versteht sich, bis finanziell ein eigenes für uns drin ist. Und auch die Eltern meines Vaters schicken immer wieder selbst gebackene Sandkuchen mit kleinen rettenden Scheinchen. Für die abendliche Zerstreuung auf dem dunklen stillen Land legen sie noch ein Mikado-Spiel, ein Flohspiel und für ihren Sohn ein »Fernlenkauto« hinzu.

Eine Zuwendung mit einem Augenzwinkern. »Ich muss Auto fahren lernen«, hatte mein Vater auf einer Karte notiert, als er seine Gemeinde zum ersten Mal erkundete. Nicht nur das Dorf, sondern auch umliegende Ortschaften gehören zu seinem Revier. Aber solange er keinen Führerschein und kein Auto besitzt, ist er wie der Priester aus »Don Camillo und Peppone« mit einem alten Moped unterwegs. Viele Kilometer durch Stürme, Regenschauer, frostige Kälte. Völlig durchnässt kommt er immer wieder heim und zieht sich schwere Erkältungen zu. Und immer wieder sind seine Hände steif gefroren. Sein Geburtstagwunsch sind wärmende »Müffchen«, die Mama ihm strickt – aus einer Restwolle, die ihre Mutter noch gerade erübrigen kann.

Wie beschwerlich die Überlandpartien für meinen Vater sind, schildert Mami in einem ihrer unzähligen Briefe so: »Es ist zum Teil ein Sturm bei uns, man geht nicht gern raus. Aber er hat erst Ruhe, wenn er auf seiner Maschine durch die Dörfer braust. Meistens sieht er aus wie ein Schwein, wenn er wieder bei mir ankommt, Lehm bis an den Hintern und die Hände voller Schmiere von den diversen Pannen.« Aber so schnell wird sich nichts daran ändern, dass ein Theologe auch sein eigener Mechaniker ist. Und dies nimmt mein Vater gelassen hin mit seinem nie versiegenden Humor. »Der Pastor muss seine Gemeinde mit dem Stock durchwandern, nicht mit dem Auto …«, zitiert er oft lachend seinen alten Vikaren-Vater, der sich allerdings selbst nicht an dieses Gelübde hielt und am liebsten zu Hause saß.

Was alle Pfarrer damals tröstet, ist der Umstand, dass sie alle gleich arm sind. Der Kollege der Nachbargemeinde ist schon vierundvierzig Jahre alt und ein »Baum von einem Kerl«, wie meine Mutter schwärmt. Aber auch ihn quälen Existenzsorgen, die zu einem Nervenzusammenbruch führen. Er hat sechs kleine Kinder und kann sein Pastorat nicht heizen, weil er die Kohlen nicht bezahlen kann. Das tut meinem Vater unendlich leid, und oft wird er seinen Kollegen besuchen.

Aber nicht eine Sekunde zweifelt er an seiner Mission: nämlich Tag und Nacht für seine Schäfchen da zu sein. Trotz vieler Entbehrungen und so mancher Härte empfindet mein Vater seine Arbeit als eine Ehre. Und so macht ihn auch die Einladung des Bischofs in Schleswig stolz, der ihn hochoffiziell in sein Amt als Pastor –

natürlich zur Maiglöckchen-Blüte – einführen wird und der ihn schriftlich zu sich nach Hause zu »einem einfachen Mittagessen mit Ihrer Fräulein Braut« einlädt. Bei so viel Wertschätzung von so hoher Stelle wird man sich doch jetzt nicht aufregen, weil es zieht und die Mäuse auf den Tischen tanzen ...

*

Der Mangel lenkt den Fokus meiner Eltern auf jeden noch so kleinen Lichtblick. Und das Weihnachtsfest 1955 zeigt, dass sich ihre Lage in ganz kleinen Schritten verbessert. Außerdem haben sie ein noch größeres Gefühl von Verantwortung füreinander bekommen: Sie haben im Juli geheiratet. Und Schritt für Schritt erhält ihr Zusammenleben nun eine bürgerliche Struktur.

So leistet sich das junge Ehepaar zum Fest seinen ersten Tannenbaum. Er ist zwei Meter hoch. Frisch geschlagen, leuchtet er blaugrün und ist ebenmäßig und prächtig gewachsen. Meine Mutter turnt über eine kleine Tretleiter, um den selbst gebastelten Baumschmuck und die Schokoladenkringel mit Zuckerperlen und verdrahtete Ingwerstäbchen an den Ästen anzubringen. Süßigkeiten, auf die der junge Pastor den allergrößten Wert legt. »Er will einen Baum, wie er ihn als kleines Kind gehabt hat ...«, mokiert Mami sich, aber natürlich wird sie ihm in über dreißig Ehejahren diesen Wunsch erfüllen.

Im Flur leuchtet schon seit Wochen der Adventsstern der Herrnhuter Brüdergemeinde, den mein Vater wie später alle Jahre wieder bei einem gemütlichen Glas Bier und klassischer Hintergrundmusik zusammengesteckt hat. Das strahlende Gebilde mit seinen fünfundzwanzig Zacken hat eine bestimmte geometrische Anordnung und symbolisiert das Licht von Bethlehem. Für mich verkörpert es später die fröhliche Gemütlichkeit, wie ich sie nur hier auf dem Land mit meinen Eltern erfahren werde. »Wir wollen uns sonst nichts schenken, weil wir uns ja das Radio gekauft haben«, schreibt Mama an ihre Eltern, während mein Vater mit seinem Moped die Gans von einem Bauernhof im Nachbardorf abholt. Mithilfe eines großen Bräters auf dem Feuerofen muss nun die fünfundzwanzigjährige frischgebackene Pastoren-Ehefrau ihre Premiere als Magierin des Weihnachtsessens bestehen. Bei einigen »R-Gesprächen« mit ihrer Mutter hat sie es sich erklären lassen. Auch die Tipps der Haushaltshilfe hat sie beherzigt. Und der wunderbare Duft der Gerichte nistet sich für viele Tage im gesamten Haus bis hoch unter das Dach zu den Fledermäusen ein.

Und auch Silvester geht es nicht mehr wie bei Studenten rund. Erst ist Gottesdienst um achtzehn Uhr. Danach geht es ins Altenheim – auf Einladung der amtierenden Oberschwester. Dort finden sich meine Eltern zwischen dankbaren Greisen und Greisinnen wieder und ziehen das ganze Programm für die Ältesten im Dorf mit durch.

Das neue Jahr 1956 bringt Veränderungen mit sich. Schnell ist wieder Mai, und es steht Großes bevor. Ein Jahr nach der Ordination startet mein Vater die nächste Etappe, die ihn einige Nerven kosten wird. Er kämpft um seinen Job. Nach einer Probezeit muss die Gemeinde entscheiden, ob sie ihn als festen Pastor haben will. Es gibt Signale, dass das Kirchenamt abweichende Pläne hat und einen anderen Kandidaten statt meines Vaters in Erwägung zieht. Dem Propst missfällt, dass mein Vater etwas nachlässig auf den bürokratischen Schriftverkehr reagiert. Außerdem hat er sich erlaubt, einige offizielle Anträge auf mehr Geld für den Unterhalt des hinfälligen Pastorats zu stellen. Das gilt in diesen Zeiten als höchst unschicklich. Aber mit der Solidarität der Landbevölkerung haben die Verwaltungsoberen in der Stadt nicht gerechnet. Kirchenvorstand und Gläubige sprechen sich nahezu einstimmig für Papa aus. Seine Predigt zu diesem Wahlsonntag sei sehr gut gewesen, meint meine Mutter. Vierhundert Leute sitzen in der Kirche. »Die hörten zu wie bei einem Kriminalroman …«

Dieser Triumph entspannt die ökonomische Situation meiner

Eltern enorm. Sie bekommen etwas mehr Unterstützung – statt hundertfünfzig D-Mark im Jahr gibt es jetzt sechshundert D-Mark für Licht, Heizung und Reinigung des großen Pastorats. So lässt es sich leben. Meine Mutter kann jetzt planen: »Wir sind glücklich und zufrieden und sind nun hier für die nächsten zwanzig Jahre fest. Unser Garten wird jeden Tag schöner, die Sonne tut dem Körper so wohl nach diesem langen Winter.«

Ein kleiner Erfolg reiht sich an den nächsten. Meine Mutter, eigentlich eine Stadtpflanze, entdeckt die Liebe zum Gärtnern, wenn auch die Arbeit in der Natur für sie einem »Fass ohne Boden« gleicht. Aber sie ist unermüdlich wie in allen anderen Bereichen, die sie zu ihrer Aufgabe erklärt. Sie sät Bohnen und Gurken und legt Frühkartoffeln. Sie setzt Triebe für Erdbeeren. Die Radieschen zeigen schon erste grüne Spitzen. Sehr früh erntet sie Rhabarber. Und bald heißt es: »Wir essen zur Zeit nur Spinat aus unserem eigenen Gemüsefeld.«

Mein Vater wiederum schafft die Führerscheinprüfung ohne Probleme. Wenig später steht sein erster VW-Käfer vor der Tür – polarsilber! Und dann kommt auch noch der bestellte Elektroherd per Bahnfracht an, den Papa höchstpersönlich vor die Haustür chauffiert. Der Hochsommer macht das Glück meiner Eltern vollkommen: Sie schleppen ihre hellen Rattanstühle in den Garten, schmausen selbst gebackenen Obstkuchen. Und immer wieder greift meine Mutter zu Block und Bleistift und hält das Glück auf vergilbtem Briefpapier fest: »Mein Schatz liegt auf Decken auf dem Rasen und tobt mit Nelly. Die anderen Hunde, Nellys Kinder, liegen faul herum. Ich sitze am Gartentisch, direkt am Rosenbeet, und genieße es zu schreiben. Wir freuen uns jede Minute, wie reich wir sind.«

2. DAS KIND MUSS MEHR ESSEN

Etwas mehr als zwei Jahre nach der Hochzeit ist meine Mutter schwanger. In einer Privatklinik in Flensburg bringt sie mich zur Welt. Fernab von jedem Trubel werde ich groß. Im Pfarrhaus hält man sich streng an die wundersamen Erziehungsregeln anno 1957. Mit der Zeit werden sie sich überholen, aber so weit ist es noch nicht, als ich geboren werde: Nur alle vier Stunden schaut man nach mir. Nicht eine Sekunde zwischendurch vergewissert man sich, ob es mir gut geht oder ob ich überhaupt noch atme. »Da bin ich eisern«, schreibt Mami an ihre Mutter, von der sie diese fragwürdige Empfehlung hat. Meine Eltern sind stolz darauf, dass ihr Sonnenschein meistens schläft, nie schreit, immer lächelt, sich mit Kauring und Hund und Esel von Steiff selbst vergnügt.

Natürlich ist die Dorfgemeinschaft neugierig auf den ersten Nachwuchs des Pastors. »Aber ich führe niemanden mehr zu Claudia hinein«, sagt meine Mutter nach dem Ansturm von unzähligen »Kindskieks«. So nennt man dies im hohen Norden, wenn ein Baby in Augenschein genommen wird. Sie ist nicht deshalb so konsequent, weil sie mich nicht aufwecken will, sondern vielmehr um selbst ihre Ruhe zu haben. Denn die Begrüßung von Neugeborenen ist hier nicht mit einem kurzen Blick erledigt. Ein Säugling von gerade mal ein oder zwei Wochen wird auf dem Land von Arm zu Arm gereicht. Und die Mütter müssen kurz nach der Entbindung viele Kuchen backen, literweise Kaffee kochen und eine hübsche Tafel decken. Bei Pastors potenziert sich der Besucherstrom, weil alle sehen wollen, wie ein christliches Vorbild die Aufgabe mit einem Kind im Hause bewältigt. Schließlich haben sie lange auf diesen Moment hingefiebert, und manche von ihnen haben sich schon Sorgen gemacht und gefragt, warum die

Pastorenfrau nicht schon sehr viel früher etwas »ünner de Schört hett«.

Nun, natürlich entgeht niemandem, dass bei uns einiges anders ist als bei anderen Leuten. Meine Mutter stemmt ihren Haushalt und die verschiedenen Gärten nicht allein. So bescheiden die Verhältnisse auch sein mögen, sie bekommt viel Hilfe. Die wichtigste Frau im Haus ist Tante Wally. Sie ist die heimliche Königin im Pastorat. Ohne sie geht nichts.

Und wie selbstverständlich wächst sie neben den Aufgaben für Haushalt und Küche nun in eine vollkommen neue Rolle hinein. Mit meiner Ankunft bekommt sie eine Stellung, mit der sie das größte Vertrauen genießt, das jemand, der nicht zur Familie gehört, erlangen kann. Sie darf mich betreuen. Und mit ihr bekomme ich eine Kinderfrau, die mich abgöttisch liebt. Wenn sie da ist, hat meine Mutter nichts mehr zu melden.

Tante Wally ist eine energische knapp eins fünfzig kleine Person. Das Stakkato ihrer Absätze auf unseren nackten Holz- und Steinböden verrät viel über ihren Gemütszustand. Je zackiger ihre Schritte durchs Haus hallen, desto lauter schrillen bei meinen Eltern die Alarmglocken. Unterschwellig wirkt Tante Wally immer leicht zornig, und ihr Gesicht ist dabei leicht gerötet. Sie kann grantig werden, wenn ihr etwas nicht passt. Sehr kurz angebunden ist sie dann. Oder sie verstummt total, presst die Lippen aufeinander und zieht sich in die höchste Form des Beleidigtseins zurück, aus der sie höchstens mein Vater wieder zurückholen kann. Wenn er etwas forscher auftritt, was er bei Tante Wally oft gar nicht wagt, besteht die Chance, dass sie sich wieder einkriegt. Sagt aber meine Mutter etwas, dann ist es, als würde sie gegen eine Wand sprechen. Ja, ungeniert zeigt Tante Wally den Groll, den sie gegen ihre Chefin hegt: Die junge Pastorenfrau kann sie einfach nicht ernst nehmen.

»Das Kind muss mehr essen«, herrscht sie meine Mutter an. Und ihre Stimme, leicht gefärbt von pommerscher Mundart, hebt sich gefährlich, je häufiger sie freundlich ermahnt wird: »Claudia wird zu dick, nicht so viele Kartoffeln und bitte viel weniger Butter, Frau Wally.« Mein Köpfchen ist da schon ziemlich rund, und um meinen Bauch ziehen sich die ersten Speckringe. Auch der Dorfarzt mahnt, dass die Gewichtszunahme ungewöhnlich sei und unbedingt gedrosselt werden müsse. Und weil ich als Baby nicht nur immer dicker werde, sondern auch kaum Haare habe, nennen meine Eltern mich manchmal »Chruschtschow«, und dabei schütten sie sich aus vor Lachen … Keine Frage, dass diese Art von Humor bei Tante Wally gar nicht gut ankommt. Haben doch »die Russen«, wie sie immer wütend klagt, ihr die Heimat genommen und sie mit Kind und Kegel vertrieben. Sie ist eine der vielen Flüchtlingsfrauen aus dem Osten, die das Kriegsschicksal hierher verschlagen hat.

Tante Wally ist bienenfleißig und stark. Sie hat sich ein Siedlerhäuschen erkämpft. Ihr Garten sichert die Ernährung für sich und ihren einzigen Sohn. Sie ist Witwe. Sie putzt. Sie näht. Sie hat ihre ganz klaren Vorstellungen davon, wie ein Haushalt geführt und wie ein Kind großgezogen werden muss. Bei uns soll es eins zu eins wie bei ihr zu Hause zugehen. Kein Tag, an dem sie nicht nachweisen kann, dass meine Mutter nichts von alledem versteht. Allein, wie perfekt sie ihre weiße Schürze zu Beginn ihres Arbeitstages bindet, ist eine einzige Anklage: Die Schleife über ihrem Po hat nicht eine einzige Knitterfalte! So muss es sein, wenn es nach Tante Wally geht. Und wenn sie sich vor dem Flurspiegel noch schnell etwas glättende Frisiercreme in ihr kurzes krauses Haar kämmt und mit erhobenem Kinn an meinen Eltern vorbeirauscht, heißt das: »Benehmt euch! Ohne mich seid ihr aufgeschmissen.« Und: Sie hat recht.

Tante Wally stellt ihr ganzes Können und ihre zuweilen anstrengende Leidenschaft für alle Haushalts- und Gartenfragen in den Dienst des Pfarrhauses. Meine Mutter aß wie ein Spatz, als sie heiratete. Sie konnte lediglich eine Tütensuppe kochen. Aber von

Tante Wally wird sie in die Geheimnisse der nordischen Kochkunst eingeweiht. Zumindest so weit, wie es möglich ist. Eine Ente oder eine Gans ausnehmen – das hat meine Mutter zeit ihres ganzen Lebens nicht fertiggebracht, geschweige denn dem Vogel den Hals umzudrehen und das Gefieder zu rupfen. Das ist immer die Stunde, die Tante Wally ganz allein gehört.

Aber was eine richtige Landtorte ist, das schaut Mama sich schon bei ihr ab. Niemand streicht so liebevoll wie kunstgerecht die papiersteif geschlagene Sahne gleich pfundweise über mehrere Lagen Biskuitboden. Ganz zu schweigen von ihrem Herrschaftswissen, was die Gemüse- und Obstverarbeitung auf unserem Grundstück angeht. Gurken in allen Variationen einmachen, ebenso Bohnen, Erbsen, Möhren. Oder Marmeladen und Gelees aus den reichen Früchtevorkommen zaubern. Das Regiment über den gesamten Wintervorrat führt Tante Wally, und Mami steht wie eine Statistin daneben. Zumindest bildet sich Tante Wally das ein, wenn Mama still ist und ihre Lehrmeisterin einfach mal machen lässt. Eine ganze Armada von Einweckgläsern verstellt die Speisekammer, sodass bei unvorsichtiger Haltung schon mal etwas kaputtgehen kann. Wehe, wenn der selbst ernannte Hausvorstand das mitkriegt.

Und klar ist auch, dass so viel Kompetenz nach immer mehr Einfluss schreit. Schon vor meiner Geburt entwirft Tante Wally das Design für meine Wiege. Streng verweist sie darauf, dass Himmel und Umrandung für den Stubenwagen aus feinstem weißen Batist-Tuch mit Spitze zu sein haben. Am besten natürlich mit Seide. Jedes Detail gibt sie vor, denn sie muss ja auch alles nähen. Als meine Mutter laut von einem gelb-rosa-weiß gestreiften Kissenüberzug der Marke »Irisetta« für ihr Baby träumt, wirft Tante Wally den Kopf nach hinten und zischt: »Nicht mit mir!« Sagt's, prescht davon und lässt mit einem Wumms die Tür ins Schloss fallen.

Es dauert jedoch nicht lange, bis sie sich wieder für den Pastor an die Nähmaschine setzt. Es müssen neue Gardinen her. Meine Mutter hat sich im Vorwege beim örtlichen Kaufhaus beraten lassen. Aber das sei »Unsinn«, was man ihr dort erzählt habe, so Tante Wally. Viel mehr Stoff brauche sie, damit er sich an der Stange am Fenster schön »rüschen« lasse.

Unser »Feldwebel« hat in jeder Frage die Nase vorn. Und sie genießt es, diese Karte auszuspielen. Allein, wie die Holzfußböden gespänt, gescheuert und gebohnert werden, führt sie immer einen Tick schneller als nötig vor. Sie ist ziemlich außer Atem dabei. Und dies soll meiner Mutter signalisieren, dass sie bei ihrer schwachen Konstitution, weil zu jung und zu dünn oder gerade schwanger, dazu sowieso nie in der Lage wäre. Tante Wally lässt keine Gelegenheit aus, meine Eltern daran zu erinnern, wie abhängig sie beide von ihr sind.

*

Häufig sind sie ratlos. Sie wissen nicht, wie sie umgehen sollen mit diesem kleinen Haustyrannen, der alles besser weiß und seinen Stimmungen freien Lauf lässt. Gehört jemand, der immer wieder unnötige Kraftproben heraufbeschwört, nicht besser vor die Tür gesetzt? Es gibt Tage, da liegen die Nerven blank. An seiner ersten Pfarrstelle erlebt mein Vater, wie wenig hilfreich ein Theologiestudium im praktischen Alltag sein kann. Das Thema seines letzten Referats in der Ausbildung hieß: »Die Seelsorge des Pastors an seinen Mitarbeitern.« Schon da beklagte Papa, dass es dazu einfach keine wissenschaftlichen Bücher gebe und er gar nicht wisse, was er schreiben solle.

Auch wenn Tante Wally keine kirchliche Mitarbeiterin in dem Sinne ist, so wirkt sie ja doch unter dem Dach eines Geistlichen. Es ist müßig, darüber zu spekulieren, ob sie glaubt, göttliche Narrenfreiheit zu haben. Im Ergebnis ist es so, dass niemand sie so richtig zur Räson bringen kann. In jedem privaten Haushalt wären solche schwelenden Kämpfe natürlich sofort vom Tisch. Aber nicht in einem Pfarrhaus. Das Prinzip »Hire and fire«, weil jemand nicht so funktioniert oder gar anmaßend auftritt, gibt es hier nicht – und zwar nicht nur aus Erwägungen der Nächstenliebe heraus. In diesem Punkt ist die Grenze für meine Eltern schon lange erreicht. Aber bei allem, was sie tun oder lassen und sagen oder nicht sagen, schaut und hört ein ganzes Dorf zu! Diese Tatsache erfordert eine präzise Abwägung in allem, was man unternimmt oder lässt und was davon aus dem Pastorat nach außen dringt oder auch nicht. Trotzdem lässt sich nur wenig kontrollieren.

Mein märchenhaftes Dorf hat manchmal auch ein ganz anderes Gesicht. Die Frauen hier trauen meiner zauberhaften jungen Mutter am Anfang wenig zu. Sie ist einfach keine von ihnen. Sie ist keine Schleswig-Holsteinerin. Das ist schon mal das schlimmste Manko. Nicht nur deshalb, weil sie noch kein Plattdeutsch spricht, was sich allerdings ziemlich schnell ändern wird. Aber sie ist auch keine Bäuerin, keine Bäckerin, keine Fleischerfrau. Auch Hausfrau will sie nicht sein. Hier auf dem Land ist sie eine Fremde. Sie hat Abitur, und sie hat studiert. Sie ist sehr belesen. Sie schreibt wunderbar. Sie spricht Russisch und Französisch. Sie übersetzt aus dem Griechischen, Hebräischen und Lateinischen. Sie liebt Paris, Parfum und richtig schicke Pumps. Das kommt den Landfrauen spanisch vor. »De Preestersfru trägt Stöckelschuh«, flüstern sie hämisch im Dorf.

Mit dem Tag ihres Einzugs ins Pastorat ist es mit ihrer Freiheit vorbei. Sie »gehört« jetzt der Gemeinde, die alles von ihr wissen will. Selbst wenn meine Eltern sich in Schweigen hüllen, vor allem, wenn es um ihre Familienplanung geht, wissen sich die freundlichen Klatschmäuler gut zu helfen. Auf dem Weg zum Kaufmann wird Mami mehrfach angehalten und direkt gefragt: »Na, wann is dat denn nun so wiet mit de Kinners. Kóönt ehr dat nich?« Auf dem Land versteht man nicht, dass sich nicht pünktlich zehn Monate nach der Hochzeit der Nachwuchs einstellt. Und als es endlich so weit ist, sieht sich meine Mutter einer Frage ausgesetzt, die sie zuerst gar nicht versteht. Während ihr die Frau des Konditors die Tüte Brötchen reicht, fragt sie ganz ungeniert und laut: »Hepp Se Boss, Fru Paster?« Bitte was? Mit verschlagenem Blick richtet die Bäckerin den Zeigefinger auf den Busen meiner Mutter. Sie will wissen, ob die Pastorenfrau auch Milch habe und stillen könne.

Am liebsten möchte Mami ihr den Vogel zeigen und sagen: »Wat geit di dat ann?«, als so unverschämt empfindet sie diese Frage. Aber hinter ihr steht eine ganze Schlange weiterer Tratschtanten, die hören wollen, ob sie ihrem Kind auch wirklich die Brust geben könne. Das gehört hier zur höchsten Kür und steht in der Rangfolge von Anerkennung noch weit vor einer gelungenen Geburt. Je länger man stillt, desto besser und respektierter die Frau. Mit offenem Mund warten sie die Antwort ab. Sie vernehmen ein leises »Ja« und schauen meiner Mutter ungläubig hinterher. Hätte sie mit »Nein« antworten müssen, wären alle Vorurteile bestätigt gewesen, die ein gewisser weiblicher Teil im Dorf gegen Mami hegt.

Die Landfrauen sind sehr stolz auf sich und ihre Fähigkeiten als »Mudder«, Köchin und »Fru«. Das muss man erst mal nachweisen können, wenn man von weit her zuzieht und sich Respekt verschaffen will. Nicht selten stößt das Benehmen der Dörflerinnen, mit der sie ihre Fertigkeiten zur Schau tragen, an eine Form von Überheblichkeit, die für einen gebildeten Menschen unerträglich ist. Beim Small Talk über den Gartenzaun hagelt es Tipps, wie eine Mehlschwitze korrekt anzurühren ist, ohne dass Mami je darum gebeten hätte. Irgendwann steht ihr das oberste Gesetz einer richtigen Landküche sonst wo: »Und immer guuuute Butterrrr zu allem, Fru Paster, nicht vergessen!« Wie man dauerhaft auf diese unerbetenen Empfehlungen reagieren will, bleibt so ungelöst wie die Frage zum richtigen Umgang im täglichen Kampf mit Tante Wally.

Meine Eltern entscheiden sich, die Dinge so hinzunehmen.

Ihre Erziehung, die sie von zu Hause mitbringen, sagt ihnen, dass man Achtung vor der Erfahrung und den Älteren hat. Und überhaupt bleibt man höflich, selbst wenn einem weniger Höfliches widerfährt. Mit dieser Haltung, die sie später an mich und meine vier Geschwister weitergeben werden, wandeln sie aber zuweilen auf einem schmalen Grat. Sie sind hin- und hergerissen zwischen dem, was man dulden darf oder lieber nicht dulden sollte. Ihnen ist bewusst, dass jeder, auch Tante Wally, es im Prinzip nur gut mit ihnen meint. Da zieht man nicht so schnell Grenzen, die andere Menschen verletzen können.

Meine Eltern beschließen, sich nicht mehr darüber aufzuregen, und nehmen sehr viel mit Humor. Außerdem macht sich das Dorf ernsthafte Sorgen um seinen Pastor, auch und vor allem, weil er eine Frau an seiner Seite hat, an der offenbar Zweifel angebracht sind. Kann eine so zarte Frau überhaupt kochen? Weiß sie, wie die Vorhänge weiß bleiben und Hemden gestärkt werden? Kann sie eigentlich Fenster putzen? Der Gemeinde ist nicht entgangen, wie karg es bei den jungen Leuten zugeht. Sie lassen ihnen – meistens anonym – einige Wohltaten zukommen. Da liegt unerwartet und zum Monatsende höchst willkommen ein Paket vor der Tür. Darin Schätze zum Sattwerden. Ein küchenfertiges Suppenhuhn, eine Wurst, ein Laib Brot, ein Stück Speck, ein Glas Fett, eine Tüte Reis und Suppengewürz, alles gebrauchsfertig zubereitet. Dazu ein Zettelchen mit krakelig geschriebenen Zeilen: »Herr Pastor, Sie müssen mehr essen, sonst ist das Pfarrhaus bald verwaist!« Zu Weihnachten alle Jahre wieder kommen weitere Kartons mit unbekanntem Absender, die so manche Leckerei enthalten und handschriftliche Wünsche wie diese: »Unserem lieben Pastor mit seiner Frau ein fröhliches Fest.« Schöne Gaben, die sehr lieb gemeint sind.

Aber darf man das annehmen in einem öffentlichen Amt? Meine Eltern tun es einfach, sie können es ja nicht an einen Absender zurückgeben. Nie würden sie eine freundliche Geste zurückweisen wollen. Und auch ist die Zeit eine andere, in der vor allem »Essen« und »Hunger« eine ganz andere Bedeutung haben und damit auch so manche ungeschriebene Verhaltensregel.

So ist nachzuvollziehen, dass meine Mutter auch auf diese ungewöhnliche Begegnung ein freundliches »Danke« haucht: Beim Einkaufen kommt ein älterer Herr auf sie zu. Feierlich überreicht er eine Tafel Schokolade und ein Fläschchen »Kölnisch Wasser«. Meine Mutter errötet vor Scham, aber er legt die Hand auf ihre Schulter und sagt: »Für Sie, Fru Paster, weil Sie immer so freundlich zu mir sind.« Meine Mutter wird später zu Hause sagen: »Das war mir sehr peinlich, der Laden stand voller Leute und guckte und hörte alles mit. Aber ich konnte den armen Mann ja nicht vor den Kopf stoßen.« Erst sehr viel später wird mein Vater den Zuwendungen Grenzen setzen. Da gibt es eine Diskussion um eine wichtige Neuregelung, die heiß auf Kirchenvorstandssitzungen und in der Gemeinde diskutiert wird: Es steht eine wichtige Entscheidung an, deren Ausgang wesentlich von der Haltung des Pastors abhängt. Vor allem ein Schlachter aus dem angrenzenden Dorf ist daran interessiert. Für den Fall, dass mein Vater für seine Interessen stimme, verspricht er ihm feierlich: »Wenn Sie das für mich tun, Herr Pastor, dann wird Ihnen für immer Ihr Sonntagsbraten sicher sein.« Das sei vollkommen ausgeschlossen, antwortet mein Vater ihm. Es ist ein Schock für ihn, der immer nur eines sein will: ein guter Seelsorger. Aber er wird erfahren, dass er sich mit dieser Haltung nicht nur Freunde macht.

3. KIRCHENBÜRO IM FRÜHSTÜCKSZIMMER

Sehr früh erfahre ich, dass mein Pfarrhaus ein Tollhaus ist. Ewiges Läuten. Tür auf, Tür zu. Wir sind nie allein. Ich bin noch sehr klein, und es prägen sich mir Bilder ein, die ich auf meiner kindlichen Sichthöhe wahrnehmen kann. Da ist der Moment, wenn es zu Hause unter meinen Schuhsohlen knirscht. Dann tobe ich über Kieselsteinchen im Flur und über feine graubraune Sandkörner, die ich zu größeren Haufen mit meinem Kinderbesen zusammenkehren kann. Tante Wally hat angeregt, dass ich lernen solle, wie man ein Haus sauber hält. Meine Eltern stimmen ihr zu. Froh darüber, dass nichts Dramatisches mit Tante Wally zu diskutieren ist. Und so entdecke ich unter ihrer strengen Anleitung meine Leidenschaft fürs Fegen. Manchmal, wenn es regnet, funktioniert dies jedoch nicht. Wenn sich der Erdstaub mit Nässe mischt, setzt sich Schlamm in den Borsten fest. Dann steigen wir um auf Wasser und Wischlappen und Schrubber.

Einmal in der Woche wird so viel Schmutz zu uns hereingetragen, dass Tante Wally nur empört den Kopf schütteln kann. Das ist der Tag, an dem ganze Horden von Fremden in unser Pfarrhaus einfallen. Die Haustür steht sperrangelweit offen. Und bestimmt achtzig junge Leute stürmen die Bude. »Könnt ihr nicht die Füße abtreten«, schimpft Tante Wally sehr oft. Besonders fuchsig macht sie, wenn sie auch noch unzählige Zigarettenstummel auf dem frisch geharkten Vorplatz entdeckt. Ich habe kein Problem damit und schaue gern auf die Großen. Wie lässig sie den Rauch in die Luft blasen, die Kippe zwischen Daumen und Mittelfinger fast platt gedrückt. Viele Jungs tragen ihren Pony zur Elvis-Tolle frisiert. Und einige Mädchen kommen im Petticoat.

Der Eingang zu unserem Pfarrhaus ist so spannend wie ein

roter Teppich zur Oscarverleihung für mich. Ich verstehe aber noch nicht, was dieser Auflauf an Menschen bei uns zu bedeuten hat. Ich sehe die Mädchen kichern und sich gegenseitig etwas ins Ohr flüstern. Und die halbstarken Burschen kauen Kaugummi und schweigen dazu. Ganz selten zwinkert mir mal einer zu oder knufft mich. Aber meistens bin ich für diese Besucher unsichtbar. Zusammen verschwinden sie hinter einer Glastür mit Spitzengardine, die natürlich auch ein Werk unserer Interieur-Chefin Tante Wally ist. In kleinen Gruppen trampeln sie die Holztreppe hoch in das größte Zimmer im ersten Stock – den »Konfirmandensaal«. Um fünfzehn Uhr ist der erste Jahrgang dran, danach die Fortgeschrittenen. Wenn mein Vater mit dem Unterricht beginnt, schleiche ich strumpfsockig hinterher, spähe durch das Schlüsselloch und sehe gelangweilte Gesichter. Ganz selten brechen die jungen Leute in schallendes Gelächter aus. Aber nur dann, wenn Papa seinen Lieblingswitz zum Besten gegeben hat. Jede Woche wiederholt sich das Schauspiel. Und ich werde nicht müde, bewundernd zu den Konfirmanden hochzuschauen, die sich lustlos an mir vorbei hin zu ihrer Bibellektion bewegen.

Abends tagt dort der Kirchenvorstand oder ein anderes wichtiges Gremium. Dann sehe ich Männer in derben grünen Jägerjacken oder im Anorak, den sie über einem viel zu knappen Anzug über dicken Bäuchen tragen. Auf ihren Köpfen kleine Hüte, die sie höflich anheben, sobald sie meine Mutter erspähen. Für siebzehn Leute serviert sie Kaffee und Kuchen und manchmal auch Schnittchen, als wären sie nicht wohlgenährt und rotgesichtig genug. Aber sie sind »fründliche Lüüt«, wie man hier auf dem Lande sagt. Die meisten sind Bauern. Sie fahren in den größten Autos vor, Diesel versteht sich. Sie sind die Reichsten hier. Und ihr Wort hat Gewicht. Sie lieben meinen Vater, sie haben ihm ihre Stimme gegeben, und sie vertrauen ihm. Aber jede Entscheidung, die man für die Kirche trifft, muss von ihnen abgesegnet werden. Das bedeutet, dass Papa für seine Planungen werben und die Gemeindeältesten auf seine Seite ziehen muss. Nur ist das ist mit den »Sturköppen« auf dem Land nicht immer so einfach.

Ich bin schon im Schlafanzug und will nur noch »Gute Nacht« sagen. Schnell werde ich zu den Herrschaften hineingeführt, bevor die Beratungen losgehen. Ich bringe kein Wort heraus, so mächtig wirken dort die großen schweren Opas auf mich. »Wo geiht di dat, Claudia?«, fragen sie mich. »Gut«, antworte ich leise. Und weil sie jetzt zu weiterem Kindergeplänkel keine Lust haben oder vielleicht auch nicht fähig dazu sind, retten sie sich schnell in den Schlussakkord: »Nun ward dat aber tied, min deern, dat du to Bett kümmst.« Ich winke noch einmal freundlich in die Runde, Papa kriegt einen Kuss, und ich verschwinde. Mir ist überhaupt nicht bewusst, wie sehr ich meinem Vater gerade geholfen habe. Mit mir haben meine Eltern eine entspannte Atmosphäre geschaffen, in der die Sitzung nun beginnen kann. Ob Absicht dahintersteckt, weiß ich nicht. Aber das kirchliche Dorf-Parlament ist milde gestimmt und den Vorhaben ihres Pastors sehr viel mehr als bei der vorigen Sitzung gewogen.

*

Es vergeht kein Tag, an dem nicht wildfremde Menschen durch unsere Räume wuseln. Ganz bewusst wird es mir, als ich einmal sehr krank bin. Ich habe hohes Fieber und muss das Bett hüten. Immer wieder legt meine Mutter kühlende Wickel um meine Brust und um meine dünnen Beine. Eine willkommene Abwechslung, die ich herbeisehne. Viele Stunden liege ich allein, und ich langweile mich. Im Nebenzimmer wird laut gesprochen. Eigentlich ist dieser Raum unser »Frühstückszimmer«. Aber gerade wurde es zum offiziellen Amtsbüro meines Vaters umfunktioniert.

Erst höre ich laut die Hausklingel schellen, dann öffnen sich Türen, danach höre ich Fragen, die im herrischen Tonfall gestellt werden: »Was wollen Sie?«, »Muss das jetzt sein? Ich habe noch anderes zu erledigen!« oder: »Der Pastor hat keine Zeit.« Leise schüchterne Entgegnungen folgen, die ich nicht verstehen kann. Darauf nervöses Schubladenknallen und wieder eine kurze zackige Ansage zum Schluss. Und schwupp schlägt wieder eine Tür zu, und die Besucher stehen draußen. Sie wurden kurzerhand an die Luft gesetzt.

Nach zwei Minuten Funkstille drückt jemand die Klinke zum Kirchen-Office auf. Und wie Donnerschläge prallen zwei Stimmen aufeinander. Die eine kommt mir sehr bekannt vor, es ist Papa, der brüllt. Die andere ist mir noch nicht so vertraut. Ich darf nicht aufstehen und schauen, was da los ist. Aber ich bin sehr neugierig und rufe nach einem Glas Himbeersaft. Ich muss ein wenig warten, aber irgendwann reicht mir meine Mutter eine »Schnabeltasse«, die ich immer bekomme, wenn ich krank unter einer warmen Federdecke liege.

»Was ist denn los, Mami?«, frage ich und zeige auf die Tür, hinter der die Unterhaltung immer hitziger wird. »Ach, sie schimpft wieder mit deinem Vater, am besten hörst du gar nicht hin und schaust mal in dein Märchenbuch …«

Mit »sie« meint meine Mutter die Gemeindesekretärin, die gerade erst ihren Job im Pfarrhaus begonnen hat. Bisher hat mein Vater vor allem mithilfe meiner Mutter alles selbst gemacht. Aber die Verwaltungsarbeit wird mehr, und das Kirchenamt erwartet, dass neue Urkunden erstellt, ein großes Archiv anlegt und Briefe schneller und ohne Tippfehler beantwortet werden.

Nach langem Suchen ist Papa fündig geworden. Die Frau, die sich vorstellt, verspricht seriöse Kompetenz in allen Sekretariatsangelegenheiten. Sie ist ein alter Hase in ihrem Metier. Sie weiß alles – und sie weiß alles besser. Sie ist eine recht korpulente, sehr resolute Person. Sie nimmt kein Blatt vor den Mund und poltert schnell los. Und sie lässt sich nichts gefallen. Wenn sie glaubt, im Recht zu sein, kommt ihr Widerspruch aus den Tiefen des Zwerchfells. Und während die Worte nur so aus ihr herauspurzeln, wogt ihr Körper im Rhythmus ihrer Rede.

So schnell sie sich aufregt, so schnell beruhigt sie sich jedoch auch wieder. Sie ist das, was mein Vater »cholerisch« nennt. Und sie ist sehr schlagfertig. Zum ersten Mal in meinem jungen Leben vernehme ich das Wort »Berliner Schnauze«, das meine Mutter hinter ihr herraunt. Seit es sie bei uns gibt, weiß ich, was man einen »Bürodrachen« nennt. Eigentlich ist sie eine sehr liebe Frau. Mit ihr kann man auch herzlich lachen. Aber sie hat etwas Unberechenbares an sich. Wenn sie etwas nicht mag, zeigt sie dies unumwunden. Sie bewegt sich auch nicht gern. Steht sie vom Stuhl dann doch einmal auf, schwingt ausladend ihr großer brauner Plisseerock mit. Je schlechter gelaunt sie ist, desto höher hebt er sich, wenn er sich mit ihr im Kreise dreht.

Jetzt haben wir eine zweite »Tante Wally« im Haus. Nur hat sie es vornehmlich auf meinen Vater abgesehen: »Ich muss erst mal Ordnung in Ihr Chaos bringen …«, sagt sie gleich bei Antritt ihrer Stelle. Welch eine Anmaßung. Die Pastorengattin, die bisher ihre Arbeit sehr gewissenhaft erledigt hat, ist doch keine Chaotin. Täglich gibt es Diskussionsbedarf über die neue Frau an der Schreibmaschine. Immer wieder geht sie an die Grenzen dessen, was man eigentlich hinnehmen kann. Sie führt sich auf, als wolle sie in diesem Dienstverhältnis den Spieß umdrehen: Sie will ihrem Chef sagen, wo es langzugehen hat.

Gleich zu Beginn legt sie los. Sie schließt alle Dienststempel weg, bevor sie Feierabend macht, und nimmt alle Schlüssel mit. Ein Umstand, den mein Vater nicht dulden will, sich zuerst damit aber nicht durchsetzen kann. »Das geht so nicht«, sagt er, »ich brauche die Stempel auch, wenn Sie nicht da sind!« Aber sie lässt sich nicht beirren: »Dann müssen Sie warten, bis ich wieder da bin …«, und sie stapft einfach davon.

Wie geht diese Dame eigentlich mit Papa um? Beim Essen höre ich meine Eltern über die diversen Vorfälle reden. »Die hat einen Ton am Leib«, sagt meine Mutter, »das kann ja heiter werden.« Und Papa antwortet: »Na ja, es ist auch immer sehr viel Unsicherheit dabei, wenn Leute so auftreten, man sollte das nicht überbe-werten.« Die Psychologie wird in meinem Elternhaus immer gleich mitgeliefert, wenn man sich über die Kapricen anderer Leute auf-regt.

Aber auch die Wirkung nach außen verschlechtert sich. So di-rekt wie »Madame«, wie sie fortan bei uns heißt, meinem Vater begegnet, so brutal kriegen auch die Leute, die persönlich im Büro erscheinen, ihre Reibung ab. Ganz zu schweigen von denen, die sich telefonisch melden. Mit welchem Karacho unsere Madame den Telefonhörer einhängt, sagt viel darüber aus, wie wenig sie von der Klientel ihres kirchlichen Arbeitsplatzes begreift. Sie kann Kalender führen, Listen für die Buchhaltung erstellen, schnell wie ein Wiesel tippen. Aber vom behutsamen Umgang mit Menschen, die gerade einmal sehr traurig sind, weil sie um einen geliebten Menschen trauern, oder voller Glück sind, weil sie die Taufe ihres Kindes anmelden wollen, davon versteht sie nichts. Die Aufmüp-figkeiten häufen sich. Und immer wieder höre ich meinen Vater sehr laut und deutlich sagen: »Sie arbeiten hier nicht in einer Be-hörde oder einem Unternehmen. Hier geht es ausschließlich um Menschen, die ein Schicksal haben. Wir müssen ihnen freundlich und zugewandt begegnen.«

Solche Ansagen schüchtern aber unsere Madame, eine ge-bürtige Großstädterin, nicht ein. Nie wird sie eine Mutter Teresa werden. Aber sie ist klug genug, sich zu mäßigen. Es folgt ein still-schweigendes Agreement, das für beide Interessen zuträglich ist. Mein Vater braucht ein funktionierendes Büro – und sie will Geld verdienen und geachtet werden. Es ist eine Übereinkunft, die für beide ein Erfolg sein wird, wenn es auch immer mal wieder Ein-brüche mit Blick auf den Burgfrieden geben wird. Den harten Weg dahin begleite ich mit Lauschen, Staunen und meinem kindlichen Noch-nicht-Verstehen.

*

Meine Eltern gründen eine Familie in einem Haus, in dem sie nie ungestört sind. Wie ein junges Ehepaar das überhaupt dulden kann, lässt sich nur mit ihren Anfängen im Pfarrhaus und dem Zeitgeist erklären. Es herrschen Verhältnisse, die unmöglich sind. Die Erlebnisse mit Tante Wally und der Gemeindesekretärin und den Konfirmanden und den Besucherströmen im Haus sind nämlich nur Petitessen gegen das, was sie darüber hinaus in ihren vier Wänden aushalten müssen: Meine Eltern sind nicht eine Stunde allein, weil da noch ein anderer Pastor unter dem gemeinsamen Dach lebt. Er ist eine Art Nebenpastor, der an der Seite des hauptamtlichen eher soziale Aufgaben übernimmt, wenn er auch regelmäßig auf der Kanzel in der Kirche steht. So zum Beispiel in einer Übergangsphase, bis mein Vater kommt.

Er ist der »King« im Dorf – und im Pastorat. Und dies lässt er die »jungen Leute«, die bei ihm einziehen, auch spüren. Er beobachtet jeden Schritt, den sie machen. Mehrere Jahre bis zu seinem endgültigen Ausscheiden aus dem Beruf ist er da – wie ein Schatten, der meinen Eltern bis in ihre intimsten Momente folgt. Er lauscht sogar an der Schlafzimmertür, wenn sie sich lieben. »Seine Lordschaft« nennt Mami ihn voller Ironie, wenn sie über ihn spricht.

Meine Erinnerung an ihn ist eher vage: Er ist ein schmales Männlein mit wenigen Haaren. Er hat ein Holzbein. Er geht an einem Stock mit einem Silberknauf. Er ist nicht verheiratet. Seine späten Jahre verbringt er mit seiner älteren Cousine, die gut auf ihn aufpasst. Zusammen sind sie der »Horchposten« im Pfarrhaus, dem nichts entgeht und vor dem meine Eltern sich manchmal fürchten.

Die Idee, zwei Pastoren auf diese Weise zusammenzupferchen, ist trotz aller materiellen Not höchst ungewöhnlich. Mein Vater und der erfahrene Kollege müssen nicht nur zusammenarbeiten – sie teilen auch das Bad und die Küche. Gemeinsam befeuern sie die Heizöfen. Und hat der ältere Herr ein Problem mit einem verstopften Abfluss, muss der jüngere ran und die eklige Störung beseitigen. »Gut, dass mein Mann so praktisch veranlagt ist«, sagt meine Mutter voller Stolz, denn niemand würde die Kosten der Reparatur übernehmen wollen. Schon gar nicht »Seine Lordschaft«, der diese Leistung wie selbstverständlich unentgeltlich in Anspruch nimmt.

Natürlich begegnet man sich weitgehend mit Respekt in den Zimmern, die gemeinsam benutzt werden müssen. Aber es gibt Unstimmigkeiten. Der Kollege, schon etwas müde, mag nicht mehr arbeiten und überlässt das meiste an anfallenden Amtshandlungen meinem Vater. Seine Tage verbringt er frierend neben einem Ofen, wobei er sich gern eine Decke über die Beine legt. Oder er liegt »im hellblauen Morgenrock auf seiner Chaise«, wie Mami schreibend beobachtet. Mit strengem und zuweilen überheblichem Blick wacht er über das pastörliche Wirken meines Vaters, ohne selbst ein Vorbild zu sein. So lässt er einfach einen Gottesdienst am Sonntagmorgen ausfallen. Es bläst ein kühler Wind. Und auf dem Weg in die Kirche kann er sich kaum auf den Beinen halten. Sagt er. Fast wäre er im Talar »weggeflogen«, erzählt er dem Kaufmann im Dorf, in dessen Haus er vor den Böen geflüchtet ist. Die Aufregung habe bei ihm einen kleinen Herzanfall ausgelöst, klagt er. Begeistert stimmt er zu, als der Krämer diese Unpässlichkeit mit einem doppelten Schnaps zu lindern versucht. Er wird Hochwürden die fünfzig Meter im Auto nach Hause fahren, anschließend die Kirche aufsuchen und die dort treu ausharrende Menge der Gläubigen – es sind zehn – benachrichtigen, dass der Pastor heute wegen Krankheit nicht kommen könne. So geschehen, kurz bevor mein Vater ins Pfarrhaus einzieht.

Der Respekt vor dem über dreißig Jahre älteren Amtsbruder verbietet ihm zunächst, über die Wohnverhältnisse zu jammern. Und außerdem ist er dankbar, in Frieden zu leben, das theologische Staatsexamen in der Tasche und überhaupt ein Dach über dem Kopf zu haben. Meine Mutter ist glücklich, wenn sie eine

Kerze anzünden kann und einen ganzen Nachmittag damit zubringt, löchrige Strümpfe zu stopfen. Eine Tätigkeit, die sie eigentlich vor Langeweile und geistiger Anspruchslosigkeit fast verrückt macht.

Umso fröhlicher ist sie, wenn sie dabei eine Unterhaltung hat, über die sie später mit meinem Vater herzlich lachen kann. Als »Gesellschaft« kommt sehr häufig ein dreiundfünfzig Jahre ältliches Fräulein »von und zu« ins Pfarrhaus geschneit, wenn sie nicht gerade auf Wegen wandelt, die direkt an unserem Grundstück entlangführen. Sie stammt aus ältestem baltischen Adel und ist nach der Kriegsflucht mit ihrer über achtzig Jahre alten Mutter im Altersheim untergekommen.

Sie ist verliebt in den »Lord«. Unter dem Vorwand, die junge Pastoren-Ehefrau zu besuchen, kommt sie in Wahrheit nur, um dem alten Pastor wie zufällig in die Arme zu laufen. »Die Liebe zu ihm ist unausrottbar, und sie findet ihn himmlisch«, schreibt Mami an ihre Mutter, »ich könnte mich kaputtlachen. Sie würde ihn auch auf der Stelle heiraten, aber seine Cousine sorgt dafür, dass daraus nichts wird. Sie ist so zäh und gesund, sie wird ihren Vetter überleben …«

Der so Umworbene klagt, dass »die Dame in starkem Maße aufdringlich« sei. Ob er das sagt, um seine Verwandte zu beruhigen? Keineswegs ist er abgeneigt, sich mit Frauen zu unterhalten, die jünger sind. Nur sein Charme steht ihm manchmal im Weg.

Wie ein Flirt bei ihm klingt, erlebt meine Mutter, als ihre beste Freundin zu Besuch ist. Sie trägt einen schwarzen Rock mit schwarzem Pulli und darüber einen schwarzen Mantel. Ein klassischer Look, den der »Lord« so quittiert: »Haben Sie Trauer, oder meinen Sie, dass es die einer Theologin angemessene Kleidung ist?« So steigt ein Alt-Pastor ein, wenn er anbändeln will!

Er hat auch Gefallen an meiner Mutter gefunden. Er registriert jedes Wort, das sie sagt, und jeden Besuch, den sie empfängt. Das Wort »Stalking« gibt es noch nicht. Aber Mami erlebt es, als ein junger Kollege ihres Vaters, der an der Ostsee Urlaub macht, überraschend an einem schönen Sommertag vorbeikommt. Sie ist allein, weil Papa dienstlich unterwegs ist.

Mami serviert selbst gemachten Obstsaft und ein Stück Erdbeertorte. Sie hört es rascheln im Flur und schaut nach. Und sie ertappt den alten Pastor beim Lauschen an der Tür. »Ich trat aus dem Wohnzimmer und sah, wie er sich in seiner Wollstrickjacke in Riesenschritten entfernte«, wird sie uns später erzählen. »Als ich ihn fragte, ob er zu mir gewollt habe, wurde er ganz rot und sagte ›Nein‹. Ich hätte wohl ›lieben‹ Besuch. ›Ja, sehr lieben‹, sagte ich da. Weiter nichts. Da war er platt und verschwand. Nachmittags traf ich ihn im Garten, wo er frisch und ausgeruht wandelte. Er fragte mich, ob mein Mann von dem Besuch gewusst habe. Ohne weitere Erklärung sagte ich nur: ›Nein, mein Mann wusste davon nichts.‹ Ich weiß nicht, was in seinem Blick mehr überwog: Die Schadenfreude darüber, dass ich euren Vater hintergehe – oder die Verachtung darüber, dass ich ein Flittchen bin. Papa und ich haben lange darüber gelacht.«

Und der alte Herr lässt nicht locker. Wenn meine Mutter nach Flensburg fährt, um Besorgungen zu machen oder einen Arzttermin hat, klinkt er sich gern ein. Er begleitet sie im Zug – oder fährt schon im Bus voraus. Er weiß genau, in welchem Café meine Mutter ihren Kaffee trinkt. Und nicht entgangen ist ihm auch, wo sie mit meinem Vater verabredet ist, wenn ein Pastorenkonvent in der Stadt vorüber ist. Es ist nicht geplant, aber er ist schon da, wenn sie das Lokal betritt.

Zu dritt sitzt man manchmal im »Gnomenkeller«, einem historischen Wirtshaus mit Zwergenbemalung an den Wänden. Bereits vor dem Essen stürzt er das erste Viertele Moselwein herunter, um sich gleich ein zweites zu bestellen. Und wehe, seine Cousine, die er erst zum Dessert erwartet, überrascht ihn dabei. Dann schiebt er sein Glas schnell zu Mami herüber. Bei mehreren Cognacs hat er sich bereits darüber ausgelassen, dass ihm die Kontrolle durch die Cousine missfalle. Und dabei verrät er vage Pläne, mit welcher jüngeren Hausdame er seine Pension verfrühstücken wolle, wenn er erst aus dem Pfarrhaus ausgezogen sein werde.

Er lässt immer weniger Gelegenheiten aus, meine Mutter im Dorf zu begleiten. Da sind die vielen Einladungen zu den Geburtstagen im Altersheim. Oder eine große Feierstunde dort zur offiziellen Verabschiedung der Oberschwester. Sie geht nicht ganz freiwillig, man will sie loswerden, weil sie sehr bestimmend und zuweilen hart auftritt. Meine Mutter kommt stellvertretend für meinen Vater – und an ihrer Seite natürlich der »Lord«. Es spielt eine Tanzkapelle. Die Frauen trinken Rotwein, den Männern wird Weinbrand der Marke »Dujardin« eingeschenkt. Nach einigen Gläschen kommt es zum Eklat. Ein Greis schreit: »Es lebe die Oberschwester!«, und trommelt mit seinen Krücken auf den Boden. Alle Alten weinen. Und die Gelobte schimpft: »Der Landrat hat mich aus dem Amt gejagt!«

Es entlädt sich Frust und Enttäuschung auf allen Seiten, sodass diese fröhliche Zusammenkunft in einem einzigen Tohuwabohu endet. Mami wird dies zu bunt. Sie springt auf und will schnell gehen. Aber sie muss noch auf »Seine Lordschaft« warten. Er steht, gestützt auf seinen Stock, und »leckt noch schnell das Schnapsglas aus, um den letzten Tropfen mitzunehmen«. So hält sie diese Szene in einem Brief an ihre Mutter fest.

Wahrscheinlich hat er ein Problem mit dem Alkohol, denn anders ist auch diese Begebenheit kurz vor seinem Ruhestand nicht zu verstehen, die Mami in einem Brief im Spätsommer 1959 so schildert: »Er ist neulich sturzbesoffen nach Flensburg im Bus gefahren. Mit Cousine. Nach der Fahrt sah er grün und blau aus, und als man ihn auf dem ZOB aus dem Bus gehievt hatte, sackte er sofort auf die Knie zusammen. Ein paar Frauen aus der Gemeinde fuhren mit im Bus und schrien laut auf: ›Nun falt he ok noch dal!‹«

Ein betrunkener Pastor, der öffentlich zusammenklappt, das ist Dorfgespräch für mehrere Tage. Und die aufmerksame Cousine hat den Zusammenbruch nicht verhindern können. Langsam kriegt sie spitz, wie sehr ihr die Kontrolle über ihren Gefährten entgleitet. Und ihren Ärger darüber lässt sie ausgerechnet an dem schwächsten Mitglied der Familie aus, unserer alten Hundedame Nelly. Wann immer das Tierchen, schon fast blind, an ihren Füßen schnuppert, kreischt sie im hohen C: »Na, du fette Henne … willst mich erschrecken, aber du schaffst das nicht!«

Welch böse Worte in einem »heiligen« Haus. Es sind die Momente, in denen unsere Mutter seufzend ihr Lebensmotto murmelt: »Make the best of it.« Und ich werde aus diesen Geschichten sehr früh lernen, mit Humor zu akzeptieren, was nicht so ohne Weiteres zu ändern ist.

4. PHÄNOMEN PASTORENFRAU

Ein blitzeblank polierter schwarzer Landauer jagt durch unsere Allee. Nur unter größter Anstrengung kommt er vor dem Pastorats-Rondell zum Stehen. Das Pferdegespann strotzt vor schier überbordender Kraft, und der Kutscher hat größte Mühe, es ruhig zu halten. Voller Respekt steigen meine Eltern ein: Sie werden zu einer Taufe in ein Nachbardorf abgeholt.

Das laue Frühsommerlüftchen und die schöne Blumendekoration an dem nordischen Fiaker können nicht von der Tatsache ablenken, dass die Rösser machen, was sie wollen. Sie sind so schnell, dass der Wagen über die Straßen hüpft. Weil sie nicht gemäßigt traben, sondern wie wild ihre Köpfe und Hufe hochreißen, scheint das Gefährt unterwegs Bocksprünge zu machen. Die schmalen Finger meiner Mutter verknoten sich in der Hand meines Vaters. Und wenn das Vehikel in den Kurven endgültig die Balance zu verlieren und umzukippen droht, ruft sie: »Anhalten. Ich will aussteigen!« Aber der Kutscher hört sie nicht. Er genießt seinen Auftritt am Sonntagnachmittag. Er fühlt sich als die wichtigste Person im Dorf. Die Passanten in unserer Hauptstraße winken begeistert. Und was bedeutet es schon, dass da eine Städterin hinter ihm hysterisch kreischt, selbst wenn es die »Fru vom Preester« ist.

Mami, eigentlich ziemlich unerschrocken, hat eine Heidenangst. Und meinem Vater, sonst eher zimperlich und fürsorglich und verständig zugleich, ist dies sichtlich peinlich. »Reiß dich mal zusammen«, zischt er seiner Frau ins Ohr. Er geniert sich vor den Dörflern, die durch die Bank weg viel robustere Frauen an ihrer Seite haben. Nie würden sie einen Pieps von sich geben, nur weil mit ihnen ein Gaul durchgeht.

Mutproben wie diese gehören zu den Lektionen, die meine

Mutter durchläuft, um sich mit der Zeit der schmerzlosen Contenance einer gestandenen Landfrau anzunähern. »Auf dem Dorf kann man was erleben«, muss sie feststellen. Es ist ein derbes Leben, auf das sie nicht vorbereitet ist. Es wurde ihr auch nicht an der Wiege gesungen. Selbst in ihrer blühendsten Fantasie hat sie sich nie vorstellen können, in der tiefsten Provinz zu stranden. Nicht ohne Wehmut berichtet sie von ihren Studienjahren in Erlangen und Kiel. Sie wollte Lehrerin am Gymnasium werden, für Religion und alte Sprachen. Sie war eine Studentin wie jede andere auch mit vielen Kommilitonen, mit denen sie die Nächte durchtanzte und bis zum frühen Morgen lachte und quatschte bei selbst gedrehten Zigaretten und Pfefferminzlikör.

Groß geworden ist sie in Düsseldorf, wohin es die Fabrik aus Sachsen verschlagen hat, für die mein Großvater als Ingenieur und Prokurist das brachliegende Auslandsgeschäft nach dem Zweiten Weltkrieg auf unzähligen Reisen wieder aufgebaut hat. Das Abitur hat sie an der Cecilienschule gemacht, der »Höheren Mädchenschule zu Obercassel«. Dort war sie umgeben von elegantem Flair. Und sie sog eine rheinische Lebensfreude auf, die nie versiegen sollte. Jeden Karnevalsschlager sang sie mit. Und der Dialekt im Pott schien ihr – in Momenten des Übermuts – in Leib und Blut übergegangen zu sein. Diesen Witz und die Freude an Menschen hat sie auf uns Kinder übertragen, den wir so nie auf unserem Dorf erfahren hätten.

Schon als Schülerin zog sie mit ihren Freundinnen über die »Kö«, welche damals noch eine wahre »Königsallee« war, ein Nachkriegs-Boulevard mit mehr als nur kommerziellem Niveau. Selbst gut gekleidet, kehrte sie in den schicksten Cafés ein. Dort saß sie am liebsten ganze Nachmittage und schaute mit Bewunderung auf Leute, die gerade sehr angesagt waren. Angetan hatte es ihr die Schauspielerin Elisabeth Flickenschildt. »Hüftlang waren ihre feuerroten Haare. Und wenn sie die über ihre Schultern schmiss, blieb alles stehen und schaute ihr nach. Wenn die stolze Diva an uns vorbeischritt, waren wir stumm vor Begeisterung. Jede von uns wollte sein wie sie«, wird sie Jahrzehnte später erzählen, wobei die Erinnerung immer noch ein Leuchten in ihre Augen zaubert.

Nur: Was ist dabei herausgekommen? Ich habe eine Mutter mit einem Beruf, den es eigentlich gar nicht gibt: Pastorenfrau. Mit ihrer brillanten Intelligenz und ihren Ambitionen ist sie jemand geworden, den man die »Frau an seiner Seite« nennt. Sie ist ein Multitalent, das aber beruflich wenig aus sich macht und das Leben ihres Mannes lebt. Ihr Studium hat sie kurz vor dem Examen einfach aufgegeben. Sie wird kein gewöhnliches Hausmütterchen sein. Aber keineswegs erfährt sie wirklich Erfüllung in einem Beruf, der ihren Fähigkeiten entspricht. Ein Jammer um ihre beneidenswerten Gaben.

Doch damit ist sie keine Ausnahme. Bevor das Fieber der Emanzipation die Frauen in Deutschland erfasst, machen die meisten das, was der »Bund für ein ganzes Leben« ihnen vorgibt. Fast jede verheiratete Frau aus dieser Generation tanzt nach dem Takt des Familien-Ernährers. So lehnt auch meine Mutter ein interessantes, wenn auch für sie kein wirklich angemessenes Jobangebot einer Buchhandlung in Flensburg ab. Mein Vater wäre prinzipiell dafür gewesen, dass sie die Stelle annimmt. Aber am Ende entscheidet sie sich dagegen. Es bleibt keine Lücke neben dem, was der kirchliche Dienstkalender diktiert. Nummer eins ist Papas Job. Und sie ist sein Co-Pilot, ohne den nichts wirklich läuft. Sie liebt meinen Vater und schmeißt sich bedingungslos hinein in seine Berufung. Schon sehr früh werde ich mich in der Biografie meiner Mutter spiegeln. Und ich weiß: Ihr Weg wird niemals meiner sein.

*

Gefühlt ist meine Mutter immer da – und doch ist sie auch ganz viel weg. Bibelstunde, Gottesdienst, Taufen, Hochzeiten, Beerdigungen, Dorffeste, kommunale Feierstunden. Die Gattin des Pfar-

rers ist in den Fünfziger- und Sechzigerjahren immer da, wo der
Geistliche ist oder gerade sein sollte, wenn er nicht kann und sie
ihn als Gast vertritt. Zu jedem christlichen Fest in den weit ver-
streuten Familien der Gemeinde ist sie mit eingeladen.

Als sie Mutter wird, fällt ihr das schwer. »Morgen sind wir zur
Hochzeit eingeladen. Ich habe aber eigentlich gar keine Lust mehr,
zu diesen Feiern hinzugehen wegen des Kindes, aber man kann es
schlecht abschlagen«, schreibt sie, als sie die ruhigen Stunden mit
ihrem meist schlafenden Baby genießt. Doch die Feierwut auf dem
Land lässt nie nach. Und Mami muss immer dabei sein. Es ist sehr
spätnachts, wenn sie nach Hause kommt. Dann schaut sie schnell
in die Kinderzimmer und vergewissert sich, ob meine Geschwister
und ich auch schlafen. Manchmal werde ich wach von ihrem Kuss
und ihrer warmen Hand auf meiner Stirn. Dann setzt sie sich zu
mir und erzählt, dass es wieder viel zu spät geworden und zum
Schluss der Einladung wieder einmal tiefschwarzer Kaffee ausge-
schenkt worden sei. »Ich vertrage das gar nicht, und jetzt kriege ich
kein Auge zu«, flüstert sie. Spätestens da bin auch ich hellwach und
natürlich sehr neugierig.

Wie es auf dem Fest war, will ich wissen. Und meine Mutter
erzählt, worüber sie sich amüsiert hat. Über die Braut! Die Tochter
eines Bauern. Gerade erst sechzehn, im Jahr davor von Papa kon-
firmiert – und jetzt von ihm getraut. Eine pikante Angelegenheit.
Sie ist nämlich schwanger und *muss* heiraten. Der Vater des Kindes ein »Jüngling«, gerade zwanzig. Er sei keine schlechte Partie,
werde ein Geschäft erben. Und gemeinsam kichern Mami und
ich über die Brautmutter, die weit nach Mitternacht noch einen
Toast auf den sozialen Aufstieg ihrer Tochter ausgesprochen hat.
Quer über die ganze Festtafel rief sie: »Engeline, Melk-Tied!«, und
zeigte dabei auf ihre silbrige Uhr, die nur für ausgewählte Stunden
wie diese mit »Danz op de deel« aus der Schmuckschatulle hervor-
geholt wird. Mit nur zwei Worten und einer Geste will sie sagen:
»Engeline, eigentlich müsstest du jetzt raus aus dem Bett, rein in

die Gummistiefel und ab zum Melken in den Stall.« Aber nach der Verehelichung mit dem Sohn eines Geschäftsmannes, dem sie bald den übernächsten Erben gebärt, ist »dat nu vörbi«. Eine paradiesische Zukunft, der nur wenige Bauerntöchter entgegensehen können.

Gut, dass Papa kein Landwirt ist, denke ich. Und mit dieser seligen Vorstellung sinke ich zurück auf mein Kissen und in den Schlaf, um nur kurze Zeit später erneut geweckt zu werden. Es sind sehr laute Stimmen, die durch die Wände dringen. Ist da Streit? Schreit meine Mutter meinen Vater an? Es poltert. Türen schlagen. Schlaftrunken mache ich mich auf den Weg. Alles ist hell erleuchtet. Meine Eltern, immer noch in Festgarderobe, waten barfuß durch knöchelhohes Wasser, das sich vom Bad in ihr Schlafzimmer und dort weiter ins Esszimmer und über das ganze Haus auszubreiten droht.

Mami flucht. Papa schimpft. Was ist passiert? »Ach, Kind, das Haus bringt mich noch um!«, klagt meine Mutter. Und mein Vater erklärt: »Das Ventil der elektrischen Wasserpumpe ist herausgesprungen …« Er hat es gerade wieder eingestöpselt. Stunden über Stunden werden meine Eltern das Wasser mit Tüchern aufnehmen und sie mühsam über kleinen Wascheimern auswringen. Die Sonne geht bereits auf, als sie sich für ein kurzes Nickerchen zur Ruhe legen. Ganz früh müssen sie wieder raus aus den Federn.

Für acht Uhr hat sich der Revisor des Kirchenamts angemeldet. Und da wartet schon das nächste Malheur. Es fehlen zehn Mark in der Gemeindekasse. Zumindest laut Buch, wie der Kirchen-Kassen-Chef mit schadenfroher Mimik feststellt. Mami, selbst die Ordnung und Korrektheit in Person, kriegt einen roten Kopf – vor Zorn. »Das kann gar nicht sein«, sagt sie, »das ist ja noch nie vorgekommen.« Es gebe immer ein erstes Mal, antwortet der Prüfer süffisant. Sie schnappt ihm die Papiere unter der Nase weg und fordert ihn auf, genau zu benennen, wo er denn das Minus ausgemacht haben will. Mit spitzem Bleistift umkreist er den Bereich. Und meine Mutter, immer schon nervenstark, addiert noch mal nach. »Nein, da fehlt nix«, sagt sie und klopft auf die Summe unterm Strich, »meine Rechnung stimmt, nur Sie haben falsch gezählt!« Mit steifem Nacken wird der Buchhalter unser Haus verlassen. Und meine Mutter wird das Gefühl nicht los, dass er sich ärgert, nichts gefunden zu haben.

Aber sie hat Übung mit solchen Terminen. Schon zuvor zeigte sie es den Kirchenoberen. Da gibt es ein Datum, das mein Vater bereits lange rot im Kalender angestrichen hat. Er erwartet einen Besuch, der Pastoren allgemein ein wenig Unbehagen bereitet. Und dieses Ereignis trägt einen Namen, der so gespreizt und hoheitsvoll wie auch einschüchternd und ein bisschen albern zugleich klingt: Es geht um die »Propst-Visitation!« Wenn der Praepositus, der Vorgesetzte, seinem Untergebenen im Pastorat die Aufwartung macht, ist dies eine Ankündigung, als habe sich der Kaiser persönlich im Haus angemeldet. Bereits Wochen vorher herrscht geschäftiges Treiben. Tante Wally fegt wie eine Furie durch alle Zimmer. Alles muss tipptopp sein, wenn der wichtige Mann in seinem strengen schwarzen Anzug, den Hals in den strammen Kragen des Kollarhemdes gezwängt, aus dem Auto steigt und zuerst der Dame des Hauses mit falsch übertriebener Freundlichkeit weihevoll beide Hände reicht. Zum Handkuss wird er sich nie hinreißen lassen. Das verbietet das Ober-Unterordnungsverhältnis zwischen dem Klerus und den gewöhnlichen Dienern des Herrn.

Und außerdem ist dieser Quasi-Provinz-Papst der Mann, der Papa nicht als Pfarrer in unserem Dorf haben wollte. Klar, dass *der* jetzt in jede Akte seine Nase stecken wird. Alles wird rauf und runter bis in jedes kleinste Detail geprüft werden. Die Verwaltung des Geldes, die Archive und Register für Taufen, Hochzeiten, Beerdigungen, alle Urkunden etc. Im Büro wird alles auf den Kopf gestellt.

Meine Mutter hockt über den Kirchenbüchern, bis ihr die Augen zufallen. Alles muss vorgelegt werden. Und auf kritische

Nachfrage kann sie ruckzuck alles nachreichen, was der hohe Herr sehen möchte. Das alles geschieht wie selbstverständlich, ohne dass meine Mutter auch nur einen Pfennig Bezahlung für ihre Dienste an der Kirche erhält. Ich bin zehn Jahre alt, als sie mir davon erzählt. Und schon in diesem Alter entwickelt sich in mir eine Abneigung gegen alles, was nach Vorschrift, Regeln und vor allem Kontrolle riecht. Und ich habe eine erste Ahnung in mir, dass meine kluge Mutter in einer völlig falschen Rolle feststeckt. »Papa sagte dem Propst gleich, dass im Büro alles ich machen würde«, erklärt meine Mutter, während wir draußen im Garten das frisch gepflückte Obst putzen. »Das konnte der Mann gar nicht begreifen, dass eine Frau so etwas kann. Ich merkte ihm an, dass er sich auf einen Saustall gefasst gemacht hatte. Er saß nämlich da wie ein begossener Pudel mit Hängeohren, weil es nichts zu beanstanden gab. Als er weg war, fiel mir natürlich ein Stein vom Herzen. Und Papa und ich waren heilfroh, den endlich los zu sein. Vor lauter Glück kochten wir erst mal Quittengelee.«

Und so geht es immer weiter. Meine Mutter ist stets im Dienst – und immer für andere. Zum Erntedankfest schleppt sie medizinballgroße Kürbisse in die Kirche. Sie bereitet Bibelstunden vor, zu denen sich vornehmlich die Senioren und die bejahrten Flüchtlinge des Dorfes einfinden. »Es strengt an, den Alten in die Ohren zu trompeten«, klagt sie. Und sie fühlt sich mit allem überlastet. Kaum ein Abend frei, seit morgens ohne Unterbrechung auf den Beinen. Aber das Schlimmste für sie bleiben die Feiern. »Ich bin ganz erledigt davon«, stöhnt sie, »und schlanker wird man auch nicht bei der Fresserei.« Manchmal flüchtet sie in die Kirche, um ein wenig Ruhe zu haben. Da geht sie auch hin, wenn mein Vater sonntags in einem anderen Dorf seinen Dienst verrichtet und eine Vertretung für ihn auf »unserer« Kanzel steht.

Weil ich eine Grippe hatte, bin ich einmal zu Hause geblieben. Aber natürlich kommt sie auch an einem solchen Tag nicht ohne eine Anekdote heim. Während wir zusammen eine Suppe löffeln,

Papa ist noch nicht zurück, erzählt sie mir: »Heute hat ein alter Pastor gepredigt – über eine halbe Stunde! Ich bin bald ausgewachsen vor Langeweile. Dazu noch die langatmigen Gebete mit laufenden Wiederholungen. Die Leute rutschten alle gehörig auf ihren Plätzen rum. Hinter mir schnarchte ein Herr ganz fürchterlich, sodass sich alle umguckten.«

In meinem Pfarrhaus wird nicht verheimlicht und ausgespart, dass Kirche auch zum Gähnen sein kann. Das hat mich sehr früh in einer Weise konditioniert, die Dinge kritisch zu betrachten und frei und unbekümmert zuzugeben, wenn etwas einfach nicht inspirierend ist. Es sind manchmal nur kleine Hinweise und sehr kindliche Beobachtungen, die sich erst viel später zu einem sinnvollen Ganzen an Erkenntnis fügen. Aber so klein, wie ich bin, spüre ich, dass dieses Dasein als Pastorenfrau meine Mutter mit jedem Jahr unzufriedener macht.

Nur ist da das Kind schon lange in den Brunnen gefallen.

*

Niemand sieht sie. Vielleicht ist das die gemeinste Erfahrung, die eine klassische »Nur«-Pastorenfrau machen kann. Mein Vater, für den meine Mutter das alles aushält, gehört ihr nicht allein. Er ist kein Hollywoodstar. Aber er wird verehrt wie einer. Ich bin erstaunt, welche Gründe die Frauen im Dorf erfinden, mit ihm in Kontakt zu treten. Über all die Jahre hinweg wird er sagen: »Ich habe den schönsten Beruf der Welt. Ich bin Seelsorger.« Liegt es etwa an den Damen, die ihn umschwirren? Um deren »Seele« er sich kümmern muss?

Nie kommen sie mit leeren Händen. Schnell finden die Frauen heraus, was der »arme Herr Pastor«, ja wirklich, so nennen sie ihn, mag. Seine Gemeinde-Groupies bringen Ingwerstäbchen, Studentenfutter, Rotwein – und selbst gemachte rote Grütze. Die Nachbarinnen, die meisten wie er waschechte Schleswig-Holsteiner, überschlagen sich. Mit Schüsseln eilen sie über die Straße und überreichen diese spezielle nordische Obstspeise mit einem Nachdruck, der nachgerade so belästigend wie übergriffig sein kann – aber meinen Vater ein ums andere Mal höchst beglückt. Sie kennen ganz genau seine Lieblingsfrüchte, angefangen mit Himbeeren, Johannisbeeren und Stachelbeeren. Mein Vater fühlt sich geschmeichelt und bedankt sich überschwänglich: »Genau so muss Grütze schmecken, so kenne ich sie aus meinen Kindertagen …«

Schwingt da ein Vorwurf an meine Mutter mit? Sie rümpft regelmäßig die Nase, wenn er sich Unmengen eiskalte Milch über diesen undefinierbaren Fruchtbrei schüttet und anstelle eines Mittagessens in sich hineinschaufeln wird. Natürlich schaut sie auch mit Eifersucht auf dieses Treiben. Aber nicht, weil sie sich um die Treue ihres Mannes sorgt. Sie fühlt sich in ihrer Ehre als Köchin gekränkt. »Die wissen doch gar nicht, was gutes Essen überhaupt ist hier oben im Norden«, sagt sie sehr oft. Als es ihr zu bunt wird, eilt sie in den Gemüsegarten, schneidet Rhabarber und zaubert eine Grütze, die meinem Vater die Sprache verschlägt, weil sie wirklich fantastisch ist.

Nur, seine Verehrerinnen lassen nicht locker. »Wie Papa von den Weibern hofiert wird, ist einfach schrecklich«, sagt meine Mutter an einem heißen Sommertag in der kühlen Küche zu mir. Es ist ein Augenblick, in dem sie nicht so gut auf ihn zu sprechen ist. »Neulich sagte eine, er habe so gute Augen«, und dabei äfft Mami die Stimme der Frau nach. »Und eine andere stellte fest, er habe so eine weiche Stimme. Die sind alle verrückt. Erst gestern war wieder eine da und hat ihm ein Glas Erdbeeren geschenkt, als würde es bei uns keine geben …«

Wie verlassen sie sich als Pastorenfrau manchmal fühlt, wird meine Mutter mir gegenüber nie zugeben. Aber sie schreibt es ihren Eltern, als ihre Freundin aus Studientagen nach einem Besuch wieder abgereist ist: »Es war schön für mich, mal von früher jemanden dazuhaben, mit dem man sich gut versteht. Denn das fehlt mir hier doch sehr. Im Grunde ist man ja völlig einsam hier …« Und ihr setzt auch die Tristesse der Landschaft und des Klimas zu. »Es war ein fürchterlicher Schneesturm hier, nun ist aber alles schon wieder weggetaut. Doch es bläst noch ein heulender Sturm von Südwest. Jedenfalls ist es eine unfreundliche Gegend, in der wir wohnen. Wir stellen es jeden Tag von Neuem fest.«

Wenn sie nicht »den netten Doktor mit Frau« als Freund gewonnen hätte, dann wäre es für sie trostlos gewesen, denn »ich hätte niemanden, mit dem man auch mal ein privates Wort reden kann«. Der Arzt ist ihr persönlicher Lichtblick. Er ist ein besonnener Mann mit einem schlitzohrigen Humor. Wenn ich Fieber habe und er mir einen milchigaussehenden süßen Saft, das reine Penicillin, verschreibt, weiß ich, dass alles gut wird. Meine Mutter verehrt ihn. »Er sagt immer, dass er eine Krankheit riechen kann, wenn er ein Krankenzimmer betritt«, schwärmt sie von ihm.

Der Zweite im Bunde, mit dem meine Eltern Kontakt pflegen, der weniger etwas mit dem Beruf meines Vaters zu tun hat, ist der Apotheker. Er kommt manchmal zum Mau-Mau-Kartenspiel und hat Sitzfleisch bis weit nach Mitternacht. Dabei genießt er Rum-Grögchen, die Mami gegen die Kälte zubereitet, die durch die Fenster kriecht. Auch ein Lehrer im Dorf hat ihr Vertrauen. Er schießt die schönsten Baby-Bilder von mir.

Aber sonst? Direkt am Wohnort passiert nicht allzu viel. Eine Pastorenfrau auf dem Land ist ziemlich abgeschnitten vom Leben draußen. Ein Höhepunkt an Zerstreuung ist die Modenschau, die im Tanzsaal des Gasthofs stattfindet und vom Dorfkaufmann veranstaltet wird, Eintritt fünfundsiebzig Pfennige. Oder der Ball der Heimatvertriebenen, auf dem Papa der begehrteste Mann auf dem Parkett ist. Und der erste Tanz gehört …, nein, nicht meiner Mutter, sondern Tante Wally. Ihr Sieg über Mami, den sie zutiefst genießt. Kerzengerade streckt sie die Arme nach oben, um sich mit Mühe an Papas Oberarmen festzuhalten. Und nach ihr ist eine Vielzahl weiterer Damen aus der penetranten Fangemeinde dran.

Es ist der Humor, der meine Mutter auch auf diesem Fest bei Laune hält. Sie weiß genau, wie sie sich dafür revanchieren wird, wenn sie von niemandem beachtet wird. »Ich hatte auch verschiedentlich reizende Tänzer«, schreibt sie am nächsten Tag ihren Eltern, »zum Beispiel drei richtig halbstarke ehemalige Konfirmanden von uns, mit Hackschnitt und viel Pomade im Haar, mit schwarz-weißen Schuhen, Schnürsenkel-Krawatte und schwarzrot groß kariertem Jackett. Und nicht zu vergessen der Briefträger, der immer nur Französisch mit mir sprechen wollte, weil er als Soldat in Belgien war …«

Meine Mutter erlebt Geschichten, die mich meine ganze Kindheit begleiten. Sie hat dieses Leben nie angestrebt. Nur ihre positive Grundhaltung und die Liebe zu meinem Vater lassen sie das ertragen. Und so lacht sie sich durch einen Tagesablauf, der nicht zu ändern ist.

5. VERSTECKSPIEL IN DER SAKRISTEI

Würde man mir die Augen verbinden und mich in eine Kirche entführen, ich wüsste sofort, wo ich bin. Die Kühle im Gotteshaus, seine ergreifende Stille, ganz wenige ganz spezielle Geräusche und der unverwechselbare Geruch nach Kerzen und jahrhundertealten Materialien – das alles ist mir von der Wiege an vertraut. Und es hat sich für immer in mein Gedächtnis eingebrannt.

Ich bin sieben Jahre alt und nehme an christlichen Ritualen teil, die mich, so glaube ich, mit einer behütenden Kraft verbinden. Am Sonntagmorgen ist es so weit. Ganz früh stehen wir auf. Ich ziehe mein bestes Kleid an, das ein Karomuster aus rot-grün-blau-weißen Streifen und einen weißen Kragen hat. Ich darf es sonst nur zu Einladungen bei Kindergeburtstagen tragen. Schnell ziehe ich das blaue Mäntelchen über, und los geht's. An der Hand meiner Mutter laufe ich einen schmalen Sandweg entlang zu unserer Kirche, die fast achthundert Jahre alt ist. Mami fragt mich nicht, ob ich das will. Sie bestimmt auch nicht, dass es so sein muss. Es ist einfach so. Für sie ist es das Normalste der Welt, bei Wind und Wetter am Sonntag in die Kirche zu gehen, und damit gehört es auch für mich dazu.

Was nicht heißt, dass ich es gern tue. Sehnsüchtig schweift mein Blick an den Nachbarhäusern entlang: Da sind noch die Gardinen zugezogen, weil alle schlafen. Auch bei meinen Freundinnen ist das so. Wenn sie nicht in die Schule müssen und die Eltern nicht arbeiten gehen, ist »ausschlafen« angesagt. In der Regel brauche ich dort vor elf oder zwölf Uhr gar nicht zu klingeln. Niemand geht an die Tür, wenn ich doch wage, schon mal um acht Uhr anzuklopfen, weil ich ein Spielzeug vergessen habe. Es ist ein ganz anderes Leben im Gegensatz zu uns, wo mittags schon fast die Hälfte des

Tages rum ist. Und wenn sie doch schon aufgestanden sind, sehe ich sie die Torte für die Großmutter zum Wagen balancieren, die ihre Lieben zum Mittagessen erwartet.

Auch ich hätte Lust, mit meinen Eltern auszufahren. Vor allem im Sommer, wenn die Leute ihre Kühltasche mit dem selbst gemachten Mayonnaise-Kartoffelsalat ins Auto laden und ihre Decken und Handtücher und Badetaschen auf den Rücksitz werfen, um an die See zu fahren. »Ich möchte auch an den Strand«, sage ich dann zu meiner Mutter. Und sie antwortet: »Das machen wir in den Ferien, nach der Kirche werden wir in den Garten gehen, und wir stellen den Rasensprenger an.«

Bis wir Papa, der schon vorgefahren ist, an der Kirchentür begrüßen, werde ich kein Wort mehr sprechen und auf bessere Zeiten hoffen. Steige ich die kleine Stufe am Eingang hinab, ist es, als würde ich mich aus einer sonnig-fröhlichen Welt verabschieden. Alles verdüstert sich plötzlich. In der Kirche gehen wir weit nach vorn. Und ich kapiere nicht, warum es meine Mutter immer in die ersten Reihen zieht. Ich mag das schon in der Schule nicht. Am liebsten würde ich mich unsichtbar machen und in die letzte Ecke hinter dem Stützpfeiler der Empore verkrümeln. Mit gesenktem Kopf trotte ich neben ihr her. Haben wir eine Lücke für uns entdeckt, ist schon das Sitzen auf der Kirchenbank eine wahre Herausforderung. Wenn ich auf das glatte harte Gestühl klettere, kann ich mir keinen Platz vorstellen, der ungemütlicher ist. Nirgends sonst bin ich in dieser Form gezwungen, mich kerzengerade zu halten, egal wie langweilig mir gerade ist. Außerdem kriecht feuchte Kälte durch die Wollstrumpfhose in mich hinein. Ich friere schnell – und hier am schnellsten. Erst mit der Zeit wird mir warm, zumindest im Winter, wenn sich das Gotteshaus mit immer mehr Gläubigen in dicken Mänteln füllt und die Luft zum Atmen immer dünner wird.

Mindestens eine Stunde bin ich jetzt hier. Ich muss still sein. Ich darf nicht laut gähnen. Ich soll keine Faxen machen und mich auch nicht immer nach hinten umdrehen. Lachen ist ebenfalls nicht erlaubt, was es noch schlimmer macht und immer wieder den einen oder anderen Lachkrampf provoziert. Was gesagt und gesungen wird, ist für mich nur von flüchtiger Bedeutung. Ich bin konzentriert auf das, was sich direkt vor und neben mir abspielt. Ich schaue auf Hüte und Mützen, an deren Rändern und Krempen sich graue und weiße Haare kräuseln und Fernsicht- und Lesebrillen stoßen. Mein Blick bleibt hängen an Handschuhen, die immer wieder von der Ablage neben dem Gesangbuch purzeln und Geräusche wie das Scharren von Füßen und schweres Atmen beim behäbigen Bücken und Aufheben der Gegenstände nach sich ziehen.

Mein größtes Interesse wecken halb geöffnete Handtaschen, die schräg an den Haken der Rückenlehne des Vormannes hängen und in denen ich weiße Stofftaschentücher mit Spitze erspähe, nicht selten in 4711-Wässerchen getränkt oder mit Duftnoten versehen, die nach Mottenkugeln oder sonst wie abstoßend riechen.

Ich zähle ungeduldig die Strophen, welche immer holprig und schief von der andächtigen Menge angestimmt werden. Allen voran meine Mutter, die glockenhell eine Art Vorsängerrolle beim Gottesdienst einnimmt, weil sie die Einzige ist, die Ton und Tempo der Lieder richtig trifft. Das ist der Augenblick, in dem ich mich immer frage, warum sie nie Operettensängerin werden durfte. Meine Großeltern hatten es ihr verboten, so etwas wurde man in bürgerlichen Kreisen einfach nicht. Etwas spannender wird es, wenn Papa den Altarraum betritt und in einem seltsamen Sprechgesang zu den Liturgien ansetzt. Wenn er dabei unter dem Talar seine Arme ausbreitet, sieht es aus, als würde ein großer Vogel zum Flug ansetzen. Nur ist dann die Litanei noch nicht vorbei. Es geht erst richtig los. Während sich die Gemeinde an dem vorerst letzten Psalm abarbeitet, ist mein Vater auf einem nicht einsehbaren geheimnisvollen Weg hinauf zur Kanzel. Und wenn er dann wiederauftaucht wie der liebe Gott persönlich hoch über uns allen, möchte ich am liebsten »Hallo, Papa, *hier* bin ich« rufen. Aber er sieht mich gar nicht, so als wäre ich Luft, und guckt weit über mich hinweg ins Nirgendwo.

Warum schaut er nur immer weg, frage ich mich. Hatten wir Streit am Morgen, kann dies schon mal zu schwerwiegenden Irritationen führen. Ganz selten fällt wie zufällig sein Auge auf mich, und dann freue ich mich, darin ein komplizenhaftes Blitzen zu entdecken. Wovon er spricht, davon merke ich mir nichts. Meine Gedanken schweifen sowieso meistens ab. Mein Vater ist mir fremd in diesem sechseckigen Predigtstuhl, der so wirkt, als würde er jeden Augenblick von der Wand auf die Besucher in der ersten Reihe hinunterstürzen. Den Wert des kunstvollen Gesimses kann ich noch nicht würdigen, nicht nur, aber auch, weil mir dieses Ungetüm aus schwerem Holz mehr Furcht als Bewunderung einflößt. Auch die Tatsache, dass es immerhin aus der zweiten Hälfte des 16. Jahrhunderts stammt, ändert nichts daran. Die prachtvollen Verzierungen begeistern mich ebenfalls nicht. Und die Bildnisse aus der Passion daneben wirken bedrückend. Das Leiden und Sterben Jesu wühlen mich auf, seit ich denken kann, obwohl das Gespräch darüber zu unserem Alltag gehört. Und den allerletzten Rest versetzt mir immer der Anblick des Herzstücks in unserer Kirche: der blutende ans Holzkreuz genagelte Mann, nackt bis auf ein Tuch um die Hüften, der tot über dem Chorbogen hängt. Auch der verklärte Blick der »Madonna auf der Mondsichel« daneben macht es nicht besser.

Ich weiß nicht warum, aber die Kirche ist mir als Kind nicht geheuer. Mit einer Ausnahme: zu Weihnachten. Auf das Krippenspiel am Heiligen Abend freue ich mich die ganze Adventszeit. Ich erlebe eine feierliche Stimmung, wie ich sie später in meinem Erwachsenenleben zum Christfest nie wieder so empfinden werde. Die vielen Kerzen. Die vergoldeten Stirnbänder der Engel. Maria und Josef, die Könige aus dem Morgenland. Der gewaltige leuchtende Tannenbaum, dessen Spitze den Kirchenhimmel zu küssen scheint. So viel Schönheit an Farben, Glanz und Licht sind eine wahre Pracht, die mich mit offenem Kindermund in einer Mischung aus Vorfreude und Spannung gefangen hält. Erst wenn alle gegangen sind, stelle ich mich selbst in diese traumhafte Kulisse und warte, auf den Strohballen neben dem Christkind im Stall hockend, bis meine Eltern mit mir nach Hause fahren.

Aber sonst ist der Aufenthalt dort kein Wunschkonzert. Und weil ich wohl nicht das einzige Mädchen bin, das mit Predigten nicht so viel anfangen kann, erfindet irgendwann irgendjemand den »Kindergottesdienst«, den auch mein Vater einführen wird. Eine gute Idee, finde ich. Es wird mehr gesungen als gesprochen. Das ist schon mal nicht schlecht, und vor allem dauert es nicht so lang. Allerdings sind die Geschichten aus der Kinderbibel für mich ja nicht neu, weil ich sie bereits viele Jahre als Gute-Nacht-Hörspiel genießen darf, wenn meine Mutter mir daraus vorliest und ich gebannt lausche, bis mir die Augen zufallen. Für mich ändert sich also nicht viel, weshalb die Kirche für mich ein lästiger Pflichttermin bleibt.

»Wenn ihr nicht kommt, warum sollen andere Kinder dann hier sein?«, heißt es zu Hause, wenn ich mal keine Lust habe und lieber spielen möchte. Je älter ich werde, desto heftiger geht die Diskussion darüber, warum ich jeden Sonntag zum Beten und Singen muss. Und je häufiger es ein Thema wird, desto lauter klopfen meine Eltern auf ihr Frühstücksei, das an dieser Misere ja vollkommen unschuldig ist. Meine Eltern wollen es nicht glauben, dass mir schon früh widerstrebt, was ihnen heilig ist.

Umso glücklicher sind sie, wenn ich sonntags freiwillig länger auf der Kirchenbank sitzen bleibe. Das ist der Fall, wenn danach noch eine Taufe ansteht. Ich darf bleiben und zusammen mit meinen Geschwistern zugucken, »aber nur, wenn ihr mucksmäuschenstill seid«, was sich natürlich nicht immer ganz einhalten lässt. Mit

Spannung warte ich auf den Moment, in dem Papa dem Täufling eine ganze Handvoll Wasser über die Stirn gießen wird. »Weint das Baby jetzt oder nicht?«, flüstern wir uns zu. Wir werden wetten. Und wer verliert, muss dem Gewinner ein Brausepulver schenken.

Der beste Moment in der Kirche kommt allerdings, wenn sie uns fast allein gehört. Wenn der Küster mit dem Dochtlöscher hantiert und Papa erleichtert den Talar abstreift und sich auf das Mittagessen freut. Dann haben wir freie Bahn, und ich springe mit meinen Geschwistern hoch zum Altar und blättere in der Heiligen Schrift. Ich schnappe mir den leeren Weinpokal, stibitze ein paar der fad schmeckenden, übrig gebliebenen Oblaten, und wir imitieren das Abendmahl. Wir jagen einander durchs Kirchenschiff. Wir spielen Verstecken in der Sakristei, da, wo mein Vater – immer etwas verstreut und vergesslich – gerade seine Siebensachen zusammensucht und sie in seine schwarze lederne Aktentasche zu pressen versucht.

Ich stürme die steile Treppe zur Kanzel hoch und halte Fantasie-Reden: »Liebe Gemeinde, heute hat der Pastor hitzefrei und fährt mit seinen Kindern ans Meer …« Wir sind so laut und übermütig, dass mein Vater beim Zählen der Kollekte durcheinanderkommt und »Ruhe« schreit. Dann rasen wir zu ihm und rufen »Wir helfen dir!« und bauen mit ihm Zehner-Türmchen aus Pfennigen, Groschen, Einmark- und Zweimarkstücken und zählen laut mit, wobei jeder von uns zu einem anderen Ergebnis kommt und Papa immer wieder neu zu zählen beginnt, bis die Summe endlich richtig ist.

Wild tobende Kinder sind wir auch an diesem heiligen Ort, ohne dass uns bewusst ist, dass wir ihn mit unserem Spiel entweihen könnten. Wir fünf sind eine Rasselbande, ausgestattet mit einem Temperament, das nur schwer zu bändigen ist. Und die Tatsache, dass wir herumtollen, wo sonst ehrfürchtig gebetet, getauft, geheiratet, gesegnet oder der Toten gedacht wird, soll prägend für mein ganzes Leben im Umgang mit Obrigkeiten und Schicksalen sein. So wenig »normal«, wie ich groß werde, so selbstverständlich werden für mich die außergewöhnlichsten Verhältnisse und Begegnungen sein.

6. EINE FLASCHE CORDON ROUGE, BITTE!

Ich bin jetzt in einem Alter, in dem ich merke, dass ich irgendwie anders groß werde als die anderen Kinder. Mir ist bewusst, dass ich die Tochter des Pastors bin, aber ich weiß noch nicht, was das bedeutet. Mir ist auch nicht klar, dass ich überhaupt im Zusammenhang mit dem Beruf meines Vaters gesehen werde. Für mich selbst bin ich nur *ich*. Ich spiele mit den Kindern des Kaufmanns, des Organisten, des Arztes, der Leute, die in unserer unmittelbaren Nachbarschaft wohnen. Da gibt es keine Probleme. Das Einzige, was ich zunehmend beobachte, sind die Abläufe in unserem Haus, die sich deutlich von denen in anderen Familien unterscheiden.

Meine Freunde haben ein geschütztes privates Leben – ich nicht. Mache ich Dummheiten, ist es sofort öffentlich, aber bei den anderen nicht. Entsprechend scharf ist der Drill, den ich zu Hause erfahre. Es gibt feste Regeln, die mir meine Eltern mitgeben. Darunter ganz einfache, selbstverständliche Gepflogenheiten, aber gebetsmühlenartig immer wieder neu von ihnen vorgetragen. Dazu gehört die höfliche Haltung, bei jeder Gelegenheit »bitte« und »danke« zu sagen. Die Erwachsenen immer zuerst und immer zuvorkommend zu grüßen. Am besten mit Knicks. Zu den simpelsten Vorschriften der Etikette gehört auch, den Älteren den Vortritt zu lassen und ihnen nicht ins Wort zu fallen und jeden Menschen anzuschauen, wenn man mit ihm spricht.

Klar ist damit auch, dass sich Unflätigkeiten, gegen wen auch immer, von selbst verbieten. Kein Kind muss so brav sein wie ich. So vorbildlich wie ich mich als Pastorentochter in der Kirche zu verhalten habe, so erwarten meine Eltern dies auch im täglichen Umgang von mir. Nur haben sie leider die Rechnung ohne mich gemacht. Es gibt eine Zeit, zwischen vier und sieben Jahren, da bin ich zumindest gefühlt die frechste Göre weit und breit. Gefühlt deshalb, weil auch andere Kinder ziemlich aufmüpfig sein können, aber für mich sehr viel strengere Maßstäbe gelten als für sie.

Ich bewohne das größte Areal im Zentrum des Dorfes. Das wird schon mal argwöhnisch zur Kenntnis genommen und mein Verhalten an diesem Privileg gemessen. Außerdem ist mein Zuhause ein Ort, der Anlaufstelle für jeden ist, der Hilfe braucht oder zumindest ein tröstendes Wort sucht. Und jeder darf erwarten, dass er dort anständig behandelt wird. Aber ich entwerfe gerade ein Kontrastprogramm, das sich gegen alles und jede Vorschrift aufzulehnen scheint. Natürlich nicht jeden Tag, aber zum Leidwesen meiner Eltern viel zu oft.

Solange dies nur in unseren vier Wänden geschieht, versuchen sie mit den üblichen Ermahnungen darauf zu reagieren. Aber offensichtlich reicht dies nicht aus. So scheu wie ich eigentlich bin, so sehr gehe ich aus mir heraus, wenn ich mich sicher fühle. Und das ist immer dann der Fall, wenn ich auf unserem paradiesischen Grundstück bin. Hier kann mir nichts passieren. Hier mache ich, was ich will. Zumindest bilde ich mir dies ein. Ich weiß nicht, welcher Teufel mich reitet. Immer häufiger stehe ich an einer Pforte, die hinaus auf eine Seitenstraße führt. Und dort, sichtbar für jeden Passanten, führe ich mich auf, als sei ich die böse Königin aus dem Märchen. Eigentlich habe ich gar nicht vor, mich schlecht zu benehmen, wenn ich mich auf die fetten Findlinge setze, die unseren Grundstückswall stützen. Von diesem Platz schaue ich gern zu unseren Nachbarn hinüber, bei denen ich ein und aus gehen kann. Wenn sie nicht zu Hause sind, warte ich an dem kleinen Tor auf sie und frage mich ungeduldig, wann sie wohl endlich zurückkommen werden.

Häufig fährt auch die Postbotin vorbei. Ich sehe sie schon von Weitem nahen. Und ich weiß genau, was dann kommt. Ganz langsam und immer ein wenig wackelig biegt sie in den frisch geteerten Weg ein. Wenn sie spät dran ist, weil sie sich unterwegs festgequatscht hat, fährt sie auch mal in Schlangenlinien vor. Schwere schwarze Ledertaschen transportiert sie mit ihrem Gepäck-Fahrrad. Eine vor dem Lenkrad, die andere hinter ihrem Sitz. Schwer keuchend tritt sie in die Pedale, unter anderem, weil sie nicht gerade die Schlankste ist. Manchmal ist sie so sehr beladen, dass sie arge Schlagseite hat und den Kampf mit ihrer ganzen Last zu verlieren droht. Eine Erfahrung, die sich oft wiederholt, was sie nicht daran hindert, bei der beschwerlichen Fahrt eine Zigarette nach der anderen und die auch noch filterlos zu paffen. Sie ist eine kräftige Frau. Den Rauch zieht sie ganz tief ein. Und wenn sie ihn wieder ausbläst, scheint alles wie im Nebel zu sein, aus dem ihre tiefe dunkle Stimme erklingt.

Wenn sie mich anspricht, hört es sich an, als würde sie mit mir schimpfen. Schon Meter vorher ruft sie durchdringend meinen Namen, und immer wieder werde ich erneut vor lauter Schreck darüber zusammenzucken. Mit quietschenden Reifen hält sie vor mir an, und manchmal sieht es so aus, als würde sie gleich kopfüber in meine Richtung fallen. Sie steigt ab und klickt den Fahrradständer heraus. Und während sie die Post für das Pastorat sichtet, bleibt die Kippe in ihrem Mund, wobei der Qualm nicht nur ihre Augen reizt. Sie reicht alle Briefe und Päckchen über den Zaun und sagt: »Gibst du alles deinen Eltern?« Diese harmlose Bitte kommt rüber wie ein Befehl, weil sie in meinen Ohren nicht spricht, sondern bellt.

Eigentlich sage ich immer »Ja«. Ich habe es schon oft gemacht. Aber eines Tages sträubt sich alles in mir dagegen. Ich will meinen Platz nicht verlassen, weil ich sekündlich meine Freundin erwarte, die ich auf keinen Fall verpassen will. Das ist viel wichtiger in diesem Moment. Ich habe ein neues Band erstanden, mit dem wir »Gummitwist« spielen werden. Und ich kann es nicht erwarten, dass es losgeht mit unserem Spiel. Ich habe also schlichtweg keine Lust, sage zu der Frau, die fünfzig Jahre älter ist als ich: »Machen Sie das doch selbst …«, und laufe einfach weg.

6. EINE FLASCHE CORDON ROUGE, BITTE!

Zu allem Übel rufe ich auch noch in ihre Richtung, dass sie »doof« sei. Ich singe es fast, und zwar so oft und so laut, bis sie nach ihrem Fahrrad greift, die Pforte aufreißt, wieder auf den Sattel aufsteigt und bis zu unserer Haustür fährt. Fast wäre die Aktion schiefgegangen, weil die arme Frau die Empörung über mich noch mehr als üblich aus der Balance bringt. Mit Ach und Krach schafft sie es heil zu meinen Eltern. Sie klingelt Sturm und ruft und klopft. Ich ahne, dass dies nicht gut ausgehen wird für mich, und flüchte auf die Wiesen. Ich höre noch, wie sie mit tiefster Entrüstung erzählt, dass ich »unmöglich und unverschämt« sei und »so schlecht erzogen«. Ich laufe noch schneller und immer weiter bis zu dem Bach, dem ich mich anvertraue, wenn ich mal wieder eine kleine oder große Sorge habe. Unzählige gelbe Löwenzahnblüten streue ich dann ins klare Wasser und schaue ihnen nach, bis es nicht mehr geht. Erst dann bin ich bereit, mich heimzutrauen.

Mein Vater empfängt mich mit bösem Blick, meine Mutter schaut bedrückt. »Du kannst doch nicht die Leute im Dorf beleidigen«, schimpft mein Vater, »die Frau hat dir nichts getan.« Und dann folgt der Text, den ich meine ganze Kindheit immer wieder höre: »Du bist die Tochter des Pastors, du musst dich gut benehmen und ein Vorbild sein!«

Viel schlimmer als diese Standpauke ist die Idee zur Wiedergutmachung. Meine Mutter sagt: »Morgen wirst du an der Pforte auf die Briefträgerin warten. Du wirst dich für dein Verhalten entschuldigen und sagen, dass es dir sehr leidtut und es nie wieder vorkommen wird!«

Lieber möchte ich sterben, als einen solchen demütigenden Gang zu gehen. Eine schrecklichere Strafe kann es für mich gar nicht geben, als mich selbst wegen meines Verhaltens anzuklagen. Und mit einem kleinlauten »Ja« ist es natürlich bei uns nicht getan. Es wird kontrolliert, ob ich es auch wirklich tue. Das ist ein Nachteil mit meinen Eltern, die auch viel zu Hause arbeiten.

Am darauffolgenden Tag zieht mein Vater schon recht früh

seine Jacke an und sagt: »Wir gehen schon mal vor an die Straße, mein Kind.« Alles widersetzt sich in mir. Und ich sage: »Die kommt jetzt noch nicht.« Mein Vater weiß es besser: »Doch, heute am Samstag ist sie immer früher dran. Los jetzt.«

Mit gesenktem Blick werde ich vor ihr stehen und kein Wort herausbringen. Der Text ist weg. Vollkommen raus aus meinem Hirn. Ich will ihn einfach nicht sagen. Die Frau, die sich gestern so über mich beschwert hat, ist plötzlich ganz aufgeräumt, als sie meinen Vater entdeckt – und sie zwitschert freundlich wie ein Vögelchen. Vor dem Pastor will sie sich jetzt ganz versöhnlich geben. Und sie redet auf mich ein, dass es ja alles gar nicht so schlimm sei, weil sie mich ja eigentlich als »ein ganz liebes Mädchen« kenne.

Ich schaue erwartungsvoll hoch zu meinem Vater, der spürbar die Luft einzieht. »So, jetzt sprichst du mir nach«, sagt er unwirsch zu mir, und er »betet« laut und deutlich die Entschuldigung vor, die ich am Ende doch noch stockend, weil innerlich zutiefst unwillig, hervorbringen werde. Aber das Ende vom Lied ist gut. Die Postbotin und ich geben uns zum Abschluss die Hände. Wir haben uns jetzt vertragen und werden uns nicht mehr ins Gehege kommen. Sie drückt mir nie wieder die Post in die Hand, und ich werde sie nie wieder in ihrer Ehre kränken. Ich habe meine Lektion für mein ganzes späteres Leben gelernt, dass ich zugeben muss, wenn ich mich nicht korrekt verhalten habe – und man sich durchaus auch mal entschuldigen kann, ohne dass einem dabei ein Zacken aus der Krone bricht.

*

Was immer ich anstellen werde, nichts davon bleibt im Verborgenen. Die Beobachtung im Dorf ist Bürde und manchmal auch Schutz zugleich.

Ich bin ein sehr neugieriges Kind, und ich sitze gern bei anderen Leuten herum. Am liebsten lausche ich den Gesprächen der

Erwachsenen. Meine Eltern lassen mir sehr früh ganz bestimmte kleine Freiheiten. Deshalb darf ich auch allein zu unseren Nachbarn gehen.

Die liebsten sind mir diejenigen, bei denen offenbar immer Fasching ist. Nur wenige Häuser weiter höre ich dort lautes Gelächter auf der Terrasse. Es ist ein warmer später Nachmittag, und ich möchte wissen, was da so lustig ist. Als man mich am Zaun entdeckt, rufen die Leute: »Claudiachen, komm zu uns.« Das »-chen« an meinen Namen gehängt, kenne ich nicht von den Schleswig-Holsteinern. Das machen nur diejenigen, die aus Pommern und Ostpreußen zu uns geflüchtet sind. Aber ich liebe es, wenn man mich so nennt. Dann folgt immer etwas Gutes für mich. So folge ich gern der Aufforderung, denn drüben, nur ein paar Schritte von uns entfernt, ist es immer gemütlich und entspannt – und ich bin willkommen.

Die Dame, die dort wohnt, ist eine Kriegswitwe, und sie hat eine Rente, die ihr ein Häuschen ermöglicht. Um dieses Auskommen nicht durch ein vollkommen überflüssiges offizielles Jawort zu gefährden, wird sie nicht wieder heiraten, auch nicht ihren zauberhaften, ewig lächelnden Lebensgefährten. Er ist ein guter Mann und ein Allroundtalent, einer, der sich mit immer neuen und ganz verschiedenen Jobs mehr schlecht als recht über Wasser hält. Er sieht sympathisch aus. Er kann ein Schlitzohr sein, aber ein liebes, und er ist einige Jahre jünger als sie. Allein das ist in dieser Zeit höchst ungewöhnlich – wie auch der Beziehungsstatus, der Anfang der Sechziger auf dem Dorf quasi dem Konkubinat gleichkommt.

Ich sehe das alles nicht und verstehe nichts von solchen Feinheiten. Aber ich fühle die angenehme Energie, die von diesem Paar ausgeht. Wenn ich sie zusammen erlebe, ist immer »Highlife und Konfetti« angesagt. Ich sehe einen Mann, der – im Gegensatz zu meinem Vater – nicht nur immer gut drauf ist, sondern zudem seine Frau auf Händen trägt. Mich fasziniert die Tonlage, in der sie miteinander sprechen. »Hasilein, machst du mir einen Martini?«, flötet sie, während sie sich mit ihren Besuchern durch den Nachmittag lacht. Und aus der Küche schallt es zurück: »Aber ja, mein Mausilein, bin schon unterwegs.«

Obwohl Hasilein gerade einen richtigen Hasen für den Ofen präpariert, den er in der Nacht vorher auf einem Feldweg in rasanter Fahrt mit dem Moped zuerst nur arglos verfolgt und am Ende mit unbändigem Jagdfieber erwischt hat, lässt Hasilein alles stehen und liegen, um für sein »Mausilein« einen erfrischenden Cocktail On the rocks zu mixen.

Wenn er damit herbeieilt, meistens ein Geschirrtuch als Schürze um seinen gemütlichen Bauch in den Bund seiner Shorts gesteckt, höre ich die Eiswürfel schon von Weitem klirren. Und wenn Mausilein die schwungvoll dargebotene Champagnerschale samt Strohhalm für alle Fälle in Empfang nehmen kann, wirft sie ihrem Hasilein verliebte Blicke zu und spielt die Empörte: »Aber Hasilein, das Glas ist doch viel zu groß, so viel Martini, wie da hineingeht, vertrage ich doch gar nicht.« Und im selben Moment verschließt Hasilein seinem Mausilein den Mund mit einem sehr, sehr langen Kuss.

Das ist mein realer Lieblingsfilm, wenn ich bei diesen wirklich sehr netten und gastfreundlichen Menschen stundenlang herumhocken und einfach nur Mäuschen spielen darf. Wie im Kino gibt es dort viel zu gucken. Und ich sitze in einer Kulisse, wie sie Federico Fellini nicht besser hätte entwerfen können.

Ausgerechnet Hasilein und Mausilein gehören zu den Ersten im Dorf, die eine Hollywoodschaukel haben, und zwar die größte, die sie auftreiben konnten. Auch ich darf da mal sitzen und hin- und herwippen, und ich genieße dann einen Luxus, den meine Eltern nie ermöglicht hätten, weil sie mit der Bezeichnung »Hollywood« nicht viel am Hut haben und Papa das Gartenmobiliar sowieso eigenhändig tischlert und schraubt.

Aber auch sonst ist die gesamte Einrichtung dort für mich eine außergewöhnliche Erlebniswelt. Jedes Stück ein Unikat, das nie bei uns zu Hause stehen wird. Vor die Fenster hat man hellen Tüll in überdimensionaler Größe angebracht, als wollte man damit einen Palastsaal zuhängen. Überall stehen Puschel-Hocker mit rosa und silbrig flimmerndem Flokati-Fell herum. Passend zum Interieur das Outfit der Hausherrin. Sommer wie Winter stöckelt Mausilein auf Satin-Pantoletten mit Plüschbömmeln in den frivolsten Farben durch ihr Reich. Und sie hat eine Vorliebe für ganz spezielle Hauskleider aus zartem, fast durchsichtigem Stoff mit Volants, die nur knapp über das Knie reichen.

Komme ich zur Mittagszeit, laufen alle weiblichen Bewohner dieses Hauses noch immer im Babydoll herum. Mausileins Finger- und Fußnägel leuchten grundsätzlich signalrot. Wenn sie raucht, dann nie ohne ihre goldglänzende Zigarettenspitze. Ihre Haare sind vom vielen Färben schon etwas licht geworden, was sie allerdings nicht daran hindert, es weiter zu tun. Und ihren Schick gibt sie auch an ihre Tochter weiter. Keine Frau weit und breit, die lauter und frecher lacht. Ein Weib wie eine Art Marilyn-Monroe-Verschnitt, nur wesentlich fülliger. Wasserstoffblond mit großem rot geschminkten Mund, wickelt sie sich am liebsten in Blusen im Rosen- oder Leoparden-Design.

Mit großem Hallo begrüßt auch sie mich an diesem Tag und sagt: »Gut, dass du da bist, Claudiachen.« Wenn man schon freiwillig ins Haus kommt, kann man sich auch nützlich machen, denkt sie, um sich selbst einen Weg zu ersparen, für den auch sie ihre Pantöffelchen gegen festes Schuhwerk hätte tauschen müssen. Schnell drückt sie mir ein paar Scheinchen in die Hand und sagt: »Bist du so lieb und holst du uns mal eben eine Flasche Grand Marnier, Cordon Rouge, vom Kaufmann?« Zur Belohnung darf ich mir ein Eis kaufen. Bestimmt viermal frage ich, wie genau das Zeug heiße. Immer wieder spricht sie es vor, und ich stottere es immer wieder falsch nach. Schließlich gibt sie mir einen Zettel mit.

»Na, was kann ich für dich tun, min Deern?«, fragt mich der Kaufmann, nachdem ich seinen Laden betreten habe. Ich schaue zu dem groß gewachsenen Mann hoch und überreiche das kleine Stück Papier. »Das soll ich holen, bitte.« Und er fragt: »Was willst du denn damit? Ist die Flasche für deine Eltern?« »Nein, für die Nachbarn«, erwidere ich wahrheitsgemäß. Der Kaufmann legt den Likör in den Einkaufsbeutel, den man mir mitgegeben hat. Er gibt mir mein Eis und sagt: »Aber deine Eltern wissen, dass du jetzt die Flasche zu den Nachbarn bringst?« Und ich antworte: »Nein, das macht aber nichts. Meine Eltern trinken ja auch immer ›Pottwein‹ und ›Lakör‹ …«

Ich ziehe los, und bevor ich die Straße erreiche, die zu meinen Auftraggebern führt, steht schon mein Vater vor mir auf dem Gehweg, zeigt auf meine Tasche, die bedenklich überall gegenstößt, weil ich so unkonzentriert und unachtsam damit bin, und sagt: »So, mein Kind, *das* da liefern wir jetzt gemeinsam ab …« Kein Wort der Kritik wird mein Vater über die Lippen bringen, als wir gemeinsam durch die Gartenpforte der fröhlichen Gesellschaft treten. Auch Papa wird mit großem Hallo begrüßt, und während er stumm den Grand Marnier überreicht, hat man ihm in die freie Hand bereits eine Flasche »Flensburger Pils« gelegt. Zu nah ist man sich auf dem Land, um wegen einer solchen Lappalie den Frieden aufs Spiel zu setzen.

Moralische Reden, weil die sechsjährige Tochter mit französischem Likör durchs Dorf ziehen muss, ist nicht Papas Ding. Zu verständnisvoll ist er mit seinen Schäfchen, als sie dafür zur Rede zu stellen. Bloß keinen Krieg mit den Nachbarn, lautet seine Devise. Außerdem kennt er die Leute inzwischen auch zu gut. Er weiß, dass sie besondere Menschen sind. Hat er doch Jahre vorher die Haus-Trauung der Tochter mit einem Mann aus dem Ausland zelebriert und sich mit meiner Mutter köstlich über das Fest amüsiert. In einem Brief hielt sie fest: »Am vergangenen Freitag waren wir bei unseren Nachbarn zum Polterabend eingeladen, am nächsten Tag dann zur Hochzeit. Die Schwester der Braut hatte ein Kleid an, dass man vor Angst nicht hingucken mochte, dass gleich alles vorn herausfällt, so ein unverschämtes Dekolleté. Der Braut-Stiefvater gesellte sich erst kurz vor Mitternacht dazu, er hatte bei Freunden in aller Seelenruhe erst mal gebadet. Als ich mal mit einem der geladenen Herren tanzte, flüsterte der mir ins Ohr: ›Alles, was Sie heute Abend gegessen und getrunken haben – aus Kreide, Brautkleid – Kreide, Kochfrau – Kreide, alles Kreide.‹ Später zu Hause haben wir gelacht wie lange nicht mehr.«

Dass Menschen ein rauschendes Fest feiern, ohne es bezahlen zu können und alles anschreiben lassen oder einen Kredit aufnehmen, finden meine Eltern nicht schlimm. Das sind Vorkommnisse, die zutiefst menschlich sind und die sie gut nachvollziehen können. Bei uns hat man viel Sympathie für schräge Verhältnisse, obwohl meine Eltern selbst nie so leben wollten.

Und so wird meine Mutter auch über all die Jahre die Pastorats-Tür öffnen, wenn »Mausilein« klingelt oder hinten im Garten mit Panik im Blick ganz schnell und laut ans Wohnzimmerfenster tippt. Das ist immer dann der Fall, wenn mal wieder der Gerichtsvollzieher angereist ist und einfach nicht weichen will, weil er weiß, dass Mausilein zu Hause ist und gar nicht daran denkt, ihn noch ein einziges Mal in ihr Haus zu lassen. An fast jedem Möbelstück soll schon der »Kuckuck« kleben.

»Was will der denn noch«, höre ich sie sagen, als sie ihre ganze Empörung an meiner Mutter auslässt, zu der sie gerade mal wieder rechtzeitig über Stock und Stein und auf großen Umwegen geflüchtet ist.

Aber die Beamten von der Zwangsvollstreckung sind pfiffig. Lange schon haben sie herausgefunden, dass Mausilein bei Pastors schützenden Unterschlupf findet. Es ist denn auch nur eine Frage der Zeit, da steht die Zwangsvollstreckung bei uns an der Tür. Der Beamte bittet höflich darum, die gesuchte Schuldnerin sprechen zu können. Meine Mutter leugnet und schwört Stein und Bein, »die Dame« nicht einmal gesehen zu haben, obwohl der ganze Vorflur nach ihrem durchdringenden Duftwässerchen riecht. Und weil der

Mann draußen nicht lockerlässt, darf er ins Pfarrhaus kommen und sich überzeugen, dass hier die Wahrheit gesprochen wird. Er kommt tatsächlich bis ins Wohnzimmer hinein, was Mami einen Heidenspaß bereitet. Hat sie doch »Mausilein« in weiser Voraussicht im Kleiderschrank ihres Schlafzimmers versteckt.

Das passiert nicht nur einmal. Und nach jeder gelungenen Aktion klingelt wenig später auch »Hasilein« bei uns, um aus lauter Dankbarkeit die herrlichsten und kunstvollsten Sahnetorten herüberzubringen, die nur er so vorzüglich gezaubert kriegt.

Mein Vater weiß nichts von Mamas Mission. Aber erzählt und gelacht darüber wird bei uns ein ganzes Pastorenkind-Leben lang.

7. IHR DÜRFT HEIDE NICHT REIZEN

»Wenn die Uhr schlägt, bleibt das Gesicht stehen.« Das ist der Satz, der bei uns immer dann fällt, wenn ich vor Übermut durchdrehe. Wenn ich Grimassen und Fratzen schneide und kein Ende finde. Und wenn dies noch im Wettbewerb mit meinen nicht minder frechen jüngeren Geschwistern Hossa, Rolf, Carda und Vici geschieht, sprechen ihn meine Eltern im Chor.

Pädagogische Meisterleistungen sind im Pastorat nicht zu erwarten. Wie man mich und meine Geschwister auf die richtige Spur bringen kann, darüber macht man sich nicht so ausführlich Gedanken. Es gelten die Erziehungsmethoden der Großeltern aus den Zeiten vor dem Krieg, wenn auch in abgespeckter Form, aber mit allen seinen kuriosen Erscheinungen. Wie eben mit dieser Maßnahme, immer warnend auf die Kuckucksuhr zu zeigen, wenn unsere Clownerien überhandnehmen. Was denken sich meine Eltern, wie das wohl bei einer Achtjährigen ankommt? Diese Aussicht, möglicherweise lebenslang mit einem schiefen Gesicht herumzulaufen, nur weil man gerade albern ist und Faxen macht?

Nun, ich werde natürlich keinen Schaden davongetragen. Aber es ist ein Beispiel dafür, wie wir in den Sechzigern groß werden. Ein Kind wird anders wahrgenommen und behandelt. Noch stehen die Sprösslinge nicht dermaßen im Zentrum des Geschehens, wie es später gang und gebe sein wird. Sie sind nicht der Mittelpunkt, sie laufen nebenher. Und sie haben einfach zu machen, was gesagt wird.

So ist es völlig ausgeschlossen, dass man mit mir eine Diskussion darüber führt, welche von hundert Brötchensorten ich nun zu essen gedenke, obwohl eine große Warteschlange von Erwachsenen ohne Kinder hinter uns beim Bäcker ansteht. Und es wird auch nicht das Für und Wider abgewogen, ob man die Mütze nun aufsetzen soll oder doch lieber nicht. Bei uns ist es bildlich gesprochen so, dass gegessen wird, was auf den Tisch kommt, und die wärmende Kopfbedeckung bis Pfingsten getragen wird und damit basta.

Natürlich wollen meine Eltern nur das Beste für uns, und sie sind auch sehr liebevoll, aber sie machen auch Fehler, ohne sich darüber im Klaren zu sein. Wahrscheinlich muss dies jedes Kind zeitweise so ertragen. Nur kommt bei mir als Pastorentochter noch etwas anderes hinzu: Ich nehme wahr, dass meine Eltern sich sehr viel sorgsamer darum kümmern, auf diejenigen einfühlsam zuzugehen, die von außen zu uns kommen. Diese fremden Leute erfahren eine Aufmerksamkeit, von der ich mir einbilde, sie nicht in diesem Ausmaß zu bekommen. Außerdem haben sie einen wesentlich größeren Spielraum als ich, was das Ausleben der Schwächen oder sonstige Ausfälle in ihrem Auftreten betrifft. Wenn jemand nicht funktioniert, werden sofort Gründe angeführt, warum man von ihm ein bestimmtes Verhalten nicht erwarten könne. Und es wird genau überlegt, wie man ihm Dinge klarmacht, ohne ihn dabei zu kränken oder sonst wie vor den Kopf zu stoßen. Je schutzloser die Menschen sind und je schwerer sie es in ihrem Leben hatten, desto mehr Respekt und Güte wird ihnen bei uns zuteil.

So viel sensible Mühe gibt man sich mit mir nicht. An schlechten Tagen fühle ich mich ungerecht behandelt, wenn jemand wieder einmal mit viel zu viel Engelsgeduld und Verständnis für alles bedacht worden ist und ich hingegen wegen irgendeiner Nichtigkeit bestimmte Konsequenzen wie zum Beispiel »Stubenarrest« ertragen muss. Ob ich mit meiner Einschätzung der Dinge wirklich immer richtigliege, kann ich als kleines Mädchen nicht abschätzen. Aber ich empfinde ein Missverhältnis in der Zuwendung meiner Eltern mir gegenüber und denen gegenüber, die mit uns eigentlich gar nichts zu tun haben. Die anderen sind immer wichtiger als ich. Und sie dürfen auch sehr viel mehr als ich. Und sie haben sehr viel mehr Fürsorge nötig als ich – weil ich ja sowieso vom Schicksal verwöhnt bin. Ich habe genug, denkt man im Pfarrhaus, weil ich reich beschenkt bin mit Eltern, die mich beschützen und mir viel Geborgenheit geben.

So lerne ich sehr früh, dass es Umstände gibt, in denen unsere besondere Nachsicht gefragt ist. Es beginnt mit den Personen, die im Dienst für unser Haus oder der Kirche stehen. Das große Grundstück lässt sich allein nicht bewirtschaften. Es kommt Hilfe, die meine Eltern nicht nur mit Geld bezahlen werden. Die wichtigste Währung sei Nächstenliebe, heißt es bei uns.

Und so erfährt Heide, unsere Gartenfrau, ein Entgegenkommen und eine Achtung, wie sie dies noch nie in ihrem Leben vorher erfahren hat. Wenn das Unkraut im Rosenbeet meterhoch steht und Heide für morgens um neun Uhr gebucht ist, aber trotzdem nicht zur Arbeit erscheint, müsste man sie eigentlich zur Rede stellen und sagen: »Das geht so nicht, Heide. Ich muss mich auf Sie verlassen können!« Das ist der Text, wenn auch sehr milde formuliert, der angemessen wäre. Aber in einem Pastorat? Pustekuchen.

Natürlich ist meine Mutter sauer. »Heide hat mich mal wieder richtig sitzen lassen auf meinem Garten«, schreibt sie in ihr Tagebuch, »ich schaffe die Arbeit einfach nicht mehr. Man könnte ja hier einen Gärtner täglich zehn Stunden beschäftigen. Doch man muss Heide verstehen, sie hat ja auch immer bessere Verdienstmöglichkeiten als bei uns.« Aber niemand ist so lieb zu ihr wie wir! Es wird entschuldigt, wenn sie die Pastorenfrau versetzt.

Heide ist nämlich »ein Sonderfall«, so heißt es bei uns, wie jeder irgendwie, der in unserem Kosmos auftaucht und dort Sachen macht oder auch unterlässt, wie es ihm gerade in den Sinn kommt. Heide ist »eben nicht ganz dicht«, so stellen wir Kinder mittags am Küchentisch fest, wenn meine Mutter über ihre Unzuverlässigkeit klagt und wir uns über Heide lustig machen. Schon wie sie aussieht, wirkt ungewöhnlich, obwohl sich dies logischerweise aus ihrer Tätigkeit ergibt. Über ihren dicken dunklen, abgetragenen

Baumwollhosen trägt Heide gern noch eine Kittelschürze und darüber eine abgewetzte grobmaschige graue Strickjacke. Und um ihren Kopf hat sie ganz fest ein Tuch gezwirbelt, das ihr Haar vor jedwedem Schmutz schützen und zugleich ihre schwere Weitsichtbrille stützen soll, damit diese beim Bücken nicht von der Nase in die Rabatten fällt.

Heide ist etwa im Alter unserer Postbotin, und wie diese ist sie mit schwerem Tritt immer mit ihrem alten schwarzen Damenfahrrad unterwegs. Ihr Dienstfahrzeug sozusagen, das sie stets direkt vor dem Küchenfenster abstellt, um gleich darauf mit voller Wucht mit der bloßen Hand gegen das dünne Glas zu schlagen und sich bemerkbar zu machen. Wehe, Mami reagiert nicht sofort und setzt ihr strahlendes Lächeln auf, dann kann es sein, dass Heide flugs beleidigt umkehrt und sich wieder auf und davon macht. Heides Stresstoleranz liegt bei null. Sie hört die Flöhe husten, wenn auch nur eine Ahnung im Raum liegt, dass man ihr etwas Böses will. Aber es gibt kaum eine Chance, sie quasi im Voraus zu beruhigen. Sie kann sich nur schlecht artikulieren und nicht vermitteln, was nun genau gerade nicht passt. Eine flüssige Unterhaltung, ein sinnvoller Dialog sind mit Heide nicht möglich. Wenn man ihr etwas sagt, starrt sie uns an, und in ihrem Blick ist nicht zu lesen, wie das Gesagte bei ihr angekommen ist. Das verrät immer erst ihre spät einsetzende Reaktion, die oft robust ausfällt.

Bevor Heide antwortet, muss sie extrem lange überlegen. Ihre Stimme ist dunkel, sie spricht tiefstes Holsteiner Platt. Manchmal gibt sie auch Laute von sich, die ich gar nicht verstehe. Oder sie beginnt einen Satz und bekommt ihn einfach nicht zu Ende, weil der Gedanke irgendwo feststeckt, wo wir sie nicht erreichen können. Und dass sie so ist, wie sie ist, hat natürlich Ursachen, denn kein Mensch sonst ist so wie Heide. Ihren Lebensunterhalt verdient sie als Feldarbeiterin, und sie bewohnt eine sehr einfache Hütte am Ortsrand. In einer Zeit, in der Botox und Hyaluron noch Science-Fiction sind, ist zu bemerken, dass Heide mit Ende fünfzig einen Teint hat, um den sie jede junge Frau beneiden kann. Er hat ein sehr feines Goldbraun, ohne große Poren oder andere Malaisen. Nur ganz zarte Lachfältchen untermalen ihre bernsteinbraunen Augen, die sehr warm schauen können, wenn sie friedlich gestimmt ist.

Sehr selten lässt sich darin etwas über ihre Seele und ihr erlittenes Schicksal erkunden. Sie wuchs ohne Eltern auf, immer hin- und hergeschubst zwischen entfernten Verwandten und Pflegeheimen, und sehr früh wurde sie sexuell missbraucht, erst als junges Mädchen, später von Soldaten als alleinstehende Frau. Jedes Erlebnis war eine Attacke auf Heides ohnehin angegriffene seelische Integrität. Sie wird das nie vergessen. Und dies ist der Grund, warum Heide immer in Habachtstellung ist. Sie ist tüchtig – aber sie überreagiert, wenn sie meint, Feinde zu wittern. Dann schimpft sie und droht mit der Forke, ihrem wichtigsten Arbeitsgerät.

Jedes Mal, wenn wir sie ärgern, ist Gefahr im Verzug. Dann sieht es so aus, als wolle sie auch auf meine Geschwister und mich losgehen, und sie tut das auch. »Kinder, ihr dürft Heide nicht reizen«, ermahnen uns die Eltern abwechselnd. Sie brauchen Heide, schätzen ihr liebes Wesen, das unter der verrückten Fassade schlummert, und ihre Arbeit, wenn sie die denn auch macht.

Aber natürlich wollen sie uns vor Heides unkontrollierten Ausbrüchen bewahren, was nur leider nicht immer gelingt. Wenn wir ihr Fahrrad verstecken oder die Sense fürs Heu, klingelt sie Sturm. Und wenn keiner öffnet, rast sie ums Haus und wütet und schreit. Und wenn sie uns nicht kriegt, weil wir schneller sind als sie, möchte sie alles stehen und liegen lassen und gehen. Nur mit eindringlichen Lobesarien wird sie wieder in einen Zustand gesungen, in dem sie verspricht, nächste Woche wiederzukommen.

Mit der Zeit gewöhnt sie sich an uns. Wie ein wildes Rehkitz, das langsam Zutrauen zu seinem Pfleger bekommt. Meine Mutter umsorgt sie mit einem wärmenden Mittagessen und schenkt ihr auch mal eine Bluse, die sie von ihrer Mutter hat. Und wenn Heide im Sommer zur Gemüseernte kommt, stellt sie ihr Unterstützung in Aussicht, indem sie mich nach der Schule in Heides Programm einspannt. Nichts erfüllt Heide mit so viel Stolz, als die Tochter des Pastors in die Geheimnisse der Landwirtschaft einzuweihen. Ich lerne, wie man staubfrei Kartoffeln ausgräbt und für den Winter einkellert und wie man die Bohnen pflückt und küchenfertig bekommt. Wie man Erbsen aus der Schale pult, Möhren zieht und die Erdbeerreihen frei von Gewächs hält, das dort nicht hingehört. Unzählige Körbe voll mit Johannis- und Himbeeren werde ich mit Heide füllen. Sie zeigt mir, wann die Radieschen und die Rüben reif sind und wie ich grünen Schnittlauch von verblühtem unterscheide. Und wenn noch Platz ist im Garten, bringt Heide mir bei, wie man Gemüse anbaut. Wir spannen Paketband in mehreren Reihen, um ganz gerade kleine Gräben zu ziehen. Und unter ihrer Anleitung darf ich sodann die Saat einlegen und sie mit Muttererde bedecken.

Meine Sommer mit Heide gehören zu meinen schönsten Kindheitserlebnissen. Unseren Tisch, an dem wir am Nachmittag eine Pause einlegen, stellen wir an Trennzäune im Feld, an denen sich duftende weiß-, rosa- und violettfarbene Wicken emporranken. Dort trinken wir in der Fünf-Uhr-Sonne unseren Muckefuck und stärken uns mit Süßem. Wenn mal kein Kuchen verfügbar ist, gibt es selbst gemachte Marmelade, wobei Heide immer den größten Spaß hat, wenn sie mit dem Silberlöffel weißen Zucker auf ihr fett gebuttertes Knäckebrot rieseln lässt. Nach jedem Bissen legen sich um ihren Mund neue Krümel, die sie mit der bloßen Hand und diese dann an ihrem Hosenbein abwischen wird, wobei sich ein schwarzer Rand unter ihren Fingernägeln zeigt.

Manchmal fragt sie mich, ob ich helfen wolle, wenn im Herbst in der Allee wieder Unmengen an Laub zusammengeharkt werden müssen, die einen ganzen Lastwagenanhänger füllen. »Klar, Heide, mache ich«, sage ich. Und dann geht ein stummes, ganz in sich gekehrtes Lächeln über ihr Gesicht. Mit nur einem halben Satz jemanden glücklich zu machen, das ist eine beeindruckende Erfahrung für mich, die für immer bei mir ist. Heide, die Wahnsinnige, und ich – wir sind jetzt Kolleginnen. Und mit jeder Ernte mehr wird sie ein Teil von mir und unserer ganzen Familie.

Wenn Heide später im Bus anreist, um uns in der Stadt zu besuchen, wird sie empfangen werden, als wäre sie Königinmutter persönlich. Heide ist da schon Rentnerin. Sie hat sich fein gemacht und trägt ein Kleid. Ihre Hände sind sauber. Sie hat eine neue Brille, die gülden glänzt. Ihr Haar, inzwischen weiß geworden, hat sie zum lässigen Chignon gesteckt, natürlich ohne zu wissen, was das eigentlich ist. Und auf einmal kann sie, wenn auch holprig, in zusammenhängenden Sätzen sprechen. Alle sitzen wir um den Tisch, wenn sie da ist und aus unserem Dorf »vertellt«. Und nach dem Mittagessen wird mein Vater sie zum Omnibusbahnhof fahren. Und Heide wird sich von uns allen mit einem Kuss verabschieden, wie es sonst nur unsere zauberhaften Großmütter tun. Voller Wehmut winke ich ihr nach.

*

Von Beginn an habe ich Begegnungen, die andere Kinder in meinem Alter nicht haben.

Es ist ein ungemütlicher Sommertag, wie wir ihn im hohen Norden immer mal wieder erleben können. Es regnet Bindfäden. Und es huschen Windböen um die Ecke wie aus dem Nichts. Kein Mensch geht auf die Straße. Nur zwei Gestalten im Dorf sind zu Fuß unterwegs – meine Mutter und ich. Wir sind auf dem Weg zu einer Familie, bei der die Geburt des zehnten Kindes erwartet wird. Meine Mutter fühlt mit der Frau, hat sie doch gerade selbst wieder ein Baby bekommen. Am Stichtag hat Mama einen Zehn-Liter-Topf für eine Rindfleischsuppe angesetzt. Sellerie, Wurzeln, Petersilie, Lauch, das alles hat sie vorher aus dem Garten geholt. Ich habe genau zugeschaut, wie sie das Gemüse geputzt und die

Knochen und das Fleisch zum Kochen gebracht hat. Die Suppe köchelte leise einen ganzen Tag vor sich hin, und durch das Pastorat wehte das Aroma einer köstlichen Kraftbouillon. Nur haben meine Geschwister und ich leider nichts davon.

Am nächsten Morgen sagt meine Mutter zu mir: »So, Claudia, da Papa heute nicht da ist, bringen wir selbst das Essen hin. Ich denke, dass das Kind jetzt da ist …« Den Suppentopf stellt meine Mutter in die Sportkarre, in der sonst mein kleiner Bruder Rolf spazieren geführt wird, und sagt: »Du schiebst den Topf, ich nehme den Kinderwagen mit der Kleinen.«

Dreißig Minuten dauert der Weg bis an das andere Ende des Dorfes. Mein kleines Schwesterchen Ricarda, die Vierte von uns, ist gerade ein paar Monate alt und schlummert selig. Aber das Gefährt, das ich schiebe, wackelt bedenklich, weil das Wetter uns vor sich hertreibt. Ich fürchte mich ein wenig. Es ist mir unheimlich, auch weil ich nicht weiß, was mich erwartet. Ich mache mir viele Gedanken, denn mit den Kindern dieser Familie spiele ich nicht. Nicht, weil sie aus einem anderen sozialen Milieu stammen, sondern weil sie einfach zu weit entfernt leben, um schnell mal zu ihnen herüberzugehen.

Und dann ist da die bange Frage, auf die mir niemand eine Antwort gibt: Wie überhaupt kommt ein Baby auf diese Welt? Vom Klapperstorch sprechen nur die anderen, aber nie meine Eltern. Und ich weiß nicht, wo ich dies aufgeschnappt habe, aber ich habe mitbekommen, dass eine Geburt eine diffizile Angelegenheit ist. Nur ein paar Jahre vorher wurde meine zweite Schwester geboren, mein Vater kam grün und weiß im Gesicht aus der Klinik zu Hause an, und ich vernahm ein Wort, das ich mir erst sehr viel später habe merken können: Contergan. So hieß das Medikament, das gegen morgendliche Schwangerschaftsübelkeit verschrieben wurde. Papa war nicht bei der Geburt dabei gewesen. Das war damals so. Er saß im Wartezimmer und blätterte in einer Zeitschrift und las über den damals aktuellen Arzneimittelskandal. Es war zu gravierenden Missbildungen unter Einnahme von Contergan gekommen. Meinem Vater war schlecht vor Angst gewesen, als er das so konkret in der Zeitschrift vor sich sah, obwohl meine Mutter das Zeugs trotz ihrer Beschwerden nie geschluckt hatte. Er sagte: »Als ich die Fotos sah, musste ich das Heft zuschlagen, ich musste aufstehen und die Klinik verlassen und erst mal eine Zigarette rauchen.«

Sollte ich jetzt auch so etwas sehen? Die Aufregung, die sich vor jeder Niederkunft im Pastorat entfaltete, erfasste als Älteste auch mich. Ich war zu klein, um die Einzelheiten genau zu begreifen, aber wach und groß genug, die mögliche Gefahr nicht zu ignorieren.

Und auch auf diesem Marsch durchs schleswig-holsteinische »Schiedwetter« steigt meine innere Anspannung, je mehr wir uns dem Haus dieser armen Familie nähern. Muss ich jetzt eine Hausgeburt mit ansehen? Hat die Gebärende das Ereignis gut überstanden? Und wie geht es dem Neugeborenen? Ich fürchte mich, ohne zu wissen, was eigentlich alles eintreten kann, wenn ein Mensch auf die Welt kommt. Ich male mir viele Szenarien aus, die uns erwarten können. Aus der Kapuze meiner Regenjacke schaue ich vorsichtig zu Mami herüber. Doch stark und zielbewusst stapft sie gegen den Sturm, und das beruhigt mich, und ich stapfe tapfer mit.

Wir klingeln, und die Tür geht auf, und wir werden mit Erstaunen empfangen. »Frau Pastor!«, bricht es ungläubig aus dem frischgebackenen Vater hervor. »Ist das Kind da?« Er bejaht mit einer Kopfbewegung. »Dürfen wir hereinkommen?« Wieder ein stummes »Ja«. »Wo ist denn Ihr Baby?« Seine Hand bewegt sich Richtung Wohnzimmer, in dem wahrscheinlich die Geburt stattgefunden hat. Und er geht schon mal voraus. So eine wortlose Begrüßung habe ich noch nie erlebt. Aber meine Mutter redet die peinliche Stille weg.

Und dann stehen wir schon am Wochenbett seiner Frau. Völlig ermattet liegt sie da. Ihr Gesicht ist gerötet, und als sie meine Mutter erblickt, huscht ein verlegenes Lächeln über ihr Gesicht. In ihrem halb geöffneten Mund blitzen ein paar Zahnlücken auf. Ein Umstand, den man mir später so erklärt, dass eine Frau pro Schwangerschaft einen Zahn verliere. Das Baby als Baby kann ich nicht erkennen. Am Hals der erschöpften Frau grunzt ein kleines Bündel. Eingewickelt in ein Tuch hat es sich der Säugling am Herzschlag der Mutter gemütlich gemacht. Die Hebamme wirtschaftet noch im Haus und stellt die Suppe auf den Herd. Nur die neun älteren Kinder gackern entspannt und haben sich stolz und neugierig um das Bett der Wöchnerin platziert. Wie die Orgelpfeifen links und rechts hocken sie auf dem rosa glänzenden Bettüberwurf. Und wie eine Primadonna thront die Zehnfach-Mutter in der Mitte.

Ich stehe am Fußende und gucke auf das frische Wunder. Ich höre Mamis Fragen nicht. Ich merke nur, wie schwach die Frau, die da im Bett liegt, noch ist. Auch sie antwortet nur mit einem müden Nicken, das ein »Ja« bedeuten soll, als Mami fragt, ob sie noch mal wiederkommen solle. Und wieder ein »Ja« per Lidschlag, als sie die Frau, die nur noch schlafen will, mit gut gemeinten Mahnungen, sich jetzt bitte nur zu schonen, traktiert.

Für mich ist es die Stunde, in der ich eine infantile Vorstellung von einem Begriff bekomme, der auf dem Land häufiger fällt als in der Stadt, nämlich dann, wenn die Rede von einem »Muttertier« ist. Hier sehe ich es: Es liegt da, es kann sich nicht rühren, ihm fallen immer wieder die Augen zu, es gähnt, kann nicht sprechen und will einfach nur seine Ruhe haben. Mit strengem Blick brieft meine Mutter eindringlich den Ehemann samt seiner großen Brut, »ihrer Mama mit dem Baby jetzt zu helfen«. Schnell wird noch erklärt, wie die Nudeln zur Suppe zubereitet würden und bei wie viel Grad das Essen erwärmt werden müsse. Wieder ein befangenes Nicken bei allen.

Und dann stehen wir erneut im Regen und treten den Heimweg an. Das Wort »kinderreich« und »hilfsbedürftig« hat jetzt für mich Gestalt angenommen. Und diese Geste meiner Mutter, ohne großes Tamtam eine mittellose Familie mit einer warmen Mahlzeit zu überraschen, wirft in mir neue Fragen auf, die ich nicht explizit stelle, die aber gefühlt da sind: Haben die sich wirklich über unseren Besuch gefreut? Oder konnten sie es nur nicht so zeigen? Und muss man überhaupt jemandem helfen, wenn er gar nicht darum gebeten hat? Meine Mutter erklärt es mir später zu Hause so: »Wir können nicht die Probleme dieser Familie lösen, aber wir können ihnen Respekt erweisen und ihnen das Gefühl geben, dass sie nicht allein sind mit ihren Sorgen.«

*

Es ist selbstverständlich, dass ich in den Job der Nächstenliebe sehr früh einsteige. Und ich werde nicht gefragt, ob ich das überhaupt will.

Ich bin gerade zwei Jahre alt, da fahre ich mit meinem Vater zu einem engen kirchlichen Mitarbeiter, der Geburtstag hat. Es ist wichtig, dass Papa ihm gratuliert, nicht nur, weil eine runde Zahl gefeiert wird. Der Mann hat Probleme, und zwar gleich mehrfach. Er lebt in einer Ehe, in der es regelmäßig hoch hergeht. Wenn von ihm und seiner Frau die Rede ist, sprechen meine Eltern nur von Fritz und Marie.

Gleich zu Beginn der Jahre im Landpastorat fordern ausgerechnet sie die ganze seelsorgerische Kompetenz meines Vaters aufs Höchste heraus. Fritz und Marie streiten nämlich wie die Kesselflicker. Und Kumpel Korn ist mittendrin und immer dabei. Es ist nur eine Frage der Zeit, bis es zum Eklat kommt, der einen reibungslosen Ablauf in allen kirchlichen Angelegenheiten infrage stellt.

Bei einem der vielen Ehekräche wird Fritz wie schon zuvor handgreiflich. Oft hat Marie sich darüber bei meinen Eltern ausgeweint, aber diesmal hat sie sich gewehrt. Und das in einer Form, die in der Gemeinde kaum unter dem Deckel zu halten ist.

Zuerst erfahren meine Eltern davon. Marie hat es nicht mehr ausgehalten, von ihrem betrunkenen Mann attackiert zu werden. Ob sie deshalb ein Unschuldslamm ist, bezweifeln meine Eltern manchmal. Wenn sie zuweilen Maries herrschsüchtigen Umgangston erleben, kommen ihnen Zweifel, ob die Darstellung, so wie Marie sie gibt, die einzig wahre ist. Aber wer schaut schon wirklich in eine Ehe hinein? Was man »weiß«, ist ein Puzzle aus den Erzählungen von beiden, und so ist man im Pfarrhaus hin- und hergerissen, wem von beiden denn nun zu glauben sei. Aber der besagte Vorfall schlägt nun wirklich dem Fass den Boden aus. Und er schreit nach einer Lösung. Was diesem bedauernswerten Pärchen widerfährt, wird für Jahre immer wieder Gespräch bei uns sein.

Während Fritz schreit und den Arm zum Schlag erhebt, gelingt es Marie trotz Tretens und Zeterns nicht zu entkommen. So schildert es Marie. Meine Mutter erwähnt diesen Vorfall auch mehrfach in Briefen: »Wir haben großen Kummer. Als Neuestes ist Fritz die Frau weggelaufen, weil er ihr einen Zahn ausgedroschen hat. Sie hat ihm dafür die Hand kaputtgebissen.« Ein Vorfall, der weder von den Streithähnen beschämt verschwiegen noch offiziell angezeigt und zur Strafverfolgung übergeben wird. Bei brutalen Ehezerwürfnissen suchen die Leute lieber den Pastor auf anstelle der Polizei.

»Er kam ganz aufgeregt hier an, um zu erzählen, dass er seine Alte verwamst hat«, schreibt meine Mutter, »und auf unsere Nachfrage, ob er sich und seine Frau dabei verletzt habe, meinte er: Sie habe einen Zahn verloren, und er habe eine geschwollene Hand. Abends um zehn Uhr haben wir ihn besucht. Mein herrlicher Mann wollte ihm zur Beruhigung sechs Zigaretten schenken. Da halten die Männer zusammen, dachte ich. Der arme Kerl war aber auch zu erregt gewesen am Mittag. Doch inzwischen saß er ganz gemütlich zu Hause am Radio in der guten Stube, in die er sonst nicht käme und dürfte. Im Gasthof hatte er zur Beruhigung schon zwei Schnäpse getrunken. ›Das war richtig‹, sagte mein Mann (!!!). Am nächsten Tag ist ›Herr Pastor‹ dann zu der Frau gefahren. Sie ist zu ihrer Familie geflüchtet. Er wollte hören, wie sie sich die Zukunft vorstellt. Nun stellte sich heraus, dass nicht nur ein Zahn durch Faustschlag heraus war, sondern eine ganze Partie vorn. Fritz hat sie fürchterlich zugerichtet, grün und blau hat sie ausgeschaut. Sie hat zuerst eine unverschämte Wucht bekommen, dann ist er raus aus dem Zimmer und nach ein paar Minuten wiedergekommen, und er hat ihr eine zweite Ladung verabreicht. Danach ist sie dann fort. Eigentlich auch nicht verwunderlich. Nun soll sie erst mal bei ihren Geschwistern bleiben, und ›der Pastor‹ soll dann die Versöhnung einleiten. Das ist auch in Fritz' Sinne. Er kam am vergangenen Samstagabend zu uns mit feiner Zigarre in der Hand und bestens rasiert und gekämmt mit vornehmem grauen Anzug (englisches Vorkriegsmodell), kaum zum Wiedererkennen, und wollte mit uns plaudern. So ein Selbstbewusstsein – wir waren platt.«

Gleichwohl haben meine Eltern ihn nicht weggeschickt. Sie haben sich mit ihm zusammengesetzt und über alles gesprochen. Es musste ein Weg gefunden werden, wie nun mit dieser verfahrenen und schmerzlichen Situation umzugehen wäre. Mein Vater wollte wissen, wo er seine Frau denn kennengelernt habe. Und er antwortete: »Och, in Berlin auf so ›nem Verknüchen‹.« Das sächsische Wort für »Vergnügen« steht bei Fritz für Ball. Mein Vater wird lange darüber lachen, und so wird »Verknüchen« eines der vielen Bonmots bei uns, die sich immer wieder aus den schicksalhaftesten Wendungen ergeben.

Die Vorfälle sind natürlich alles andere als zum Lachen gewesen. Trotzdem wird bei uns selbst in traurigsten Momenten auch immer der lustige Aspekt gesehen, wenn es einen gibt. Selbstredend ist eheliche Gewalt ein absolutes Tabu, das nach Konsequenzen verlangt. Nur sind die nicht so drastisch, wie es eigentlich nötig wäre. Es ist nicht die Zeit, in der Frauen ihre Siebensachen packen und verschwinden. Sie haben nichts. Kein Geld, kaum Unterhaltsansprüche. Es gibt kein Frauenhaus. Und auf die Idee, den Mann vor ein Gericht zu bringen oder ein Anti-Aggressionstraining anordnen zu lassen, kommt auch niemand. Und so ist es nur eine Frage von wenigen Tagen, bis Marie am Ende zu »ihrem Schläger zurückgekehrt«, wie man bei uns zu Hause erschüttert feststellt und sich wundert, warum sie dies tut.

Das komische Paar bleibt mit allen Höhen und Tiefen zusammen. Und so werde auch ich, als wenn gar nichts weiter wäre, nach diesen Auswüchsen zum Gratulieren an den Tatort mitgeschleppt, damit meine Mutter im Pfarrhaus ein bisschen Ruhe zum Schreiben hat. Es ist eng, und ich erinnere mich, dass es sehr warm und stickig ist und sehr laut. Nur aus den Aufzeichnungen meines Vaters erfahre ich, wie deprimierend unser Besuch dort war: »Für eine Stunde machte ich gerade Geburtstagsbesuch bei meinem Mitarbeiter Fritz. Das Geburtstagskind lag aber besoffen im Bett, und so blieb nichts anderes zu tun, als eine Unterhaltung mit dem Vater des Jubilars zu führen. Er war aus der Ostzone angereist. Wir plauderten im Schrei-Ton, er ist ja so schwerhörig, fünfundachtzig Jahre …«

Doch Fritz steht immer wieder auf. Er wird weiter seinen kirchlichen Dienst verrichten und gleichzeitig unter noch mehr Beobachtung durch meinen Vater stehen. Was mir von Fritz in Erinnerung bleibt, ist seine devote Haltung meinen Eltern gegenüber. Kein Wunder, wenn ich bedenke, wie viel er ihnen zu verdanken hat.

*

Die Dramen im Pfarrhaus wechseln. Immer wieder Weinen und Lachen, Trauer und Freude. Ich erlebe ein Schauspiel mit Geschichten und Requisiten, welche die Protagonisten selbst mitbringen.

Es ist Hochsommer. Und wie in der Persil-Werbung wehen unsere weißen Bettbezüge auf der Wiese vor der Scheune. Ich komme gerade vom Spielen, als meine Mutter die Berge von feuchtem Tuch zu entwirren versucht und zum Trocknen aufhängt. Und wie im Theater geht plötzlich der Vorhang auf. Es folgt der Auftritt einer Nachbarin, die ich sehr mag. Zu den vielen Kindergeburtstagen in ihrem schönen neuen Heim, zu denen auch ich eingeladen bin, begleitet sie uns mit ihrem Akkordeon, wenn nach dem »Topfschlagen« die »Reise nach Jerusalem«, das Tanzspiel um die Stühle, folgt. Sie ist eine große Frau, die auf mich immer so gewirkt hat, als habe sie alles im Griff. Ihr strahlendes weißes Haus, ihre Töchter, ihren Beruf. Wenn ich dort zu Besuch bin, fühle ich mich gut aufgehoben. Ihr Garten wirkt sehr gerade und sauber. Er ist nicht verwunschen wie unser Pastorats-Idyll, sondern das genaue Gegenteil. Der Rasen ist perfekt getrimmt und hat ein so leuchtendes Grün, dass ich ihn kaum betreten mag.

Doch in diesem Augenblick, als sie in Schürze und Pantoffeln bei uns auf der Wiese steht, scheint die ganze schöne Fassade zu bröckeln. Ängstlich schiebt die Frau die nassen Bettlaken auf der Leine zur Seite. Sie sucht meine Mutter, die hinter ihrer Wäsche-Kulisse zu versinken scheint. Mami bückt sich gerade zu ihrem Korb, da hört sie ein ersticktes Weinen. Und als sie hochschaut, guckt sie auf einen großen sehr offiziellen Briefumschlag, mit dem die Frau direkt vor Mamis Nase wedelt. »Ich kann ihn nicht öffnen«, schreit sie auf, »das ist unser Ende …«

Ich erkenne, dass meine Mutter sehr erschrocken ist. Ich sehe, wie sie der Frau den Arm um die Schulter legt und sagt: »Es wird sich eine Lösung finden.« Aber die Verzweiflung ist da noch stärker: »Wir verlieren alles, unsere ganze Existenz.«

Mami reißt den Brief auf, und was sich daran anschließt, ist immer das gleiche Prozedere, wenn die Frau mit ihren Sorgen kommt. Meine Mutter wird in Ruhe die Zeilen durchgehen, einen roten Kopf vor Anspannung haben, um sodann in schonenden Worten mitzuteilen, was genau in dem Schreiben steht. Und wie durch ein Wunder schafft es meine Mutter, auch die widrigsten Nachrichten so zu übermitteln, dass das atemlose Schluchzen in ein sanftes Seufzen übergeht.

Die Nachbarin wird immer wieder mit ihrer Post zu uns kommen, die sie aus Sorge vor vernichtenden Zahlungsaufforderungen nicht allein zur Kenntnis zu nehmen wagt. Wir sind ihr Filter, ohne den sie die vielen Hiobsbotschaften, die sie ob ihrer zerfahrenen geschäftlichen Situation hat, nicht ertragen kann. Bei uns wird sie vorbereitet, die richtigen Worte zu finden, um auch ihren Mann mit der Wahrheit zu konfrontieren. Eigentlich ist er derjenige, der seine Familie an den Rand des Ruins gebracht hat. Nach allem, was meinen Eltern erzählt wird, hat er sich bei seinen Planungen finanziell übernommen.

Und auch wenn am Ende noch Rettung für die Familie naht, so ist der Weg dorthin zehrend und lang. Und jedes Tal, das diese Leute durchschreiten, laufe ich als Kind durch Mithören mit ab. Wenn die Frau kommt und die Tränen fließen, habe ich ein so schweres Gefühl in mir, das ich nie vergessen werde.

Aber noch viel bedrückender sind die Schicksale, über die meine Eltern auch sonst zu allen gebotenen Gelegenheiten sprechen. Wir sitzen in der Küche und haben einen schnellen Mittagsimbiss, wie immer, wenn Papa zwischen mehreren Terminen eine Lücke frei hat. Es klingelt an der Tür. Es ist die Postbotin, ganz aufgeregt mit kreideweißem Gesicht und einer noch durchdringenderen Stimme als sonst. Sie hat ein Telegramm für Papa.

Und statt es wortlos zu überreichen, erzählt sie aufgeregt, was drinstehe, was ja eigentlich gar nicht sein darf. »Furchtbar, Herr Pastor!«, und sie weint fast. Wir kriegen mit, dass etwas Schlimmes passiert sein muss. Wir legen Gabel und Löffel zur Seite, und es hält uns nicht mehr auf den Stühlen. »Was ist los?«, ruft meine Mutter.

Mein Vater fährt sich mit der Hand durchs Haar und sagt: »Manche Menschen erfahren Heimsuchungen, die nicht zu ertragen sind.« Papa wird gebeten, einer Witwe persönlich mitzuteilen, dass ihr Sohn tödlich verunglückt sei. Schon das ist eine Tragödie für die Mutter und eine schwere Aufgabe für meinen Vater, eine solche Nachricht zu überbringen. Nur hat die Frau bereits zwei Söhne verloren: einen ebenfalls durch Unfall, und ein anderer hat sich erhängt.

Diese Umstände werden noch schnell zwischen meinen Eltern in der Küche ausgetauscht, während Mama unsere noch halb vollen Teller wegräumt. Erst als mein Vater sich auf den Weg macht, wird meine Mutter den vorbereiteten Schokoladenpudding servieren.

So geht es alle Jahre weiter. Ich höre, dass Papa ein sechsjähriges Mädchen beerdigen müsse, das an Masern gestorben sei. »Das regt Papa sehr auf«, sagt meine Mutter zu mir, wohl ohne zu bedenken, dass auch ich und meine Geschwister nacheinander diese Kinderkrankheit haben und vielleicht eine Angst entwickeln könnten, ebenfalls daran zu sterben.

Und dann ist da die Trauerfeier für eine 59-jährige Frau im Dorf. »So jung«, höre ich meine Mutter sagen. Und mein Vater erzählt, dass sie sich totgetrunken habe. »Neben ihrem Bett standen sechs leere und noch eine halb volle Flasche«, sagt er. Man wisse nicht, was sie zum Trinken getrieben habe, und er liefert dann selbst seine Bewertung der Dinge: »Die ersten Jahre wohnte sie als Flüchtling in einem Hühnerstall, später in einer halbwegs unterirdischen Baracke. Viel Schuld mag aber auch bei der Dorfgemeinde liegen.« Die Flüchtlinge »aus dem Osten« seien nicht immer willkommen gewesen …

Und ich lausche den Geschichten über Krankheitsfälle, die ohne Aussicht auf Heilung sind, wenn mein Vater von Klinikbesuchen zurückkommt und gerade wieder einen Bauern mit Magenkrebs und einen jungen Mann mit einem Gehirntumor getröstet hat.

Manchmal mischt sich ein Lachen in seine Berichte, und zwar immer dann, wenn es um die diversen Ehedramen im Dorf geht und es besondere Momente gibt, die nicht ohne Komik sind. Manches bekomme ich live mit. Eine Frau schimpft bei uns im Flur auf die Geliebte ihres Mannes. »Der reiße ich die Haare aus«, tobt sie und erzählt meinem Vater, dass sie die »Dame« bereits verprügelt habe, aber sie trotzdem nicht von ihrem Mann ablasse. Und da ist eine andere Frau, die sich in unserem Büro bei geöffneter Tür darüber beschwert, dass ihr Gatte sie finanziell über den Tisch gezogen habe. Nach der Trennung von ihm habe sie per Unterschrift zugestimmt, auf sein Vermögen zu verzichten, wenn er sterbe, dafür erhalte sie ein kleines monatliches Salär an Unterhalt.

Beim Abendessen, kurz vor dem Zubettgehen, wird darüber diskutiert. Meine Eltern sind sich am Ende einig, dass beide wohl »ihren Anteil« trügen an der Situation. »Er ist ein Trinker«, sagt meine Mutter, »und er haut ihr viel auf die Fresse.« Und Papa entgegnet: »Und sie hat ihrem Mann beim Richtfest des neu gebauten Hauses den vollen Erbsensuppen-Pott vor die Füße geworfen – und das in Gegenwart der Maurer …« Aber mit diesen Feststellungen wird es im Pfarrhaus natürlich nicht sein Bewenden haben. Mein Vater sagt: »So ein Elend, ich werde da wohl mal ein paar verbindende Worte sprechen.«

Auf die Idee, dass man als Kind mit solchen Verhältnissen vielleicht überfordert ist, kommen meine Eltern nicht, oder sie vergessen für den Moment, dass ich danebensitze. Und selbst auf dem Weg zum Zähneputzen höre ich noch, dass mein Vater erzählt, wie er einem über Achtzigjährigen zum Geburtstag am Krankenbett das Abendmahl gereicht habe. »Über den nahenden Tod durfte ich kein Wort verlieren, das hatte mir seine Frau verboten. Wie soll man da das Evangelium verbreiten? Und als ich das Krankenzimmer ihres Mannes verließ, zwang sie mich zu allem Übel noch anlässlich seines Ehrentages mit ihr allein ein Glas billigsten Samos-Wein zu trinken …«

8. BESUCHER
VON EINEM ANDEREN STERN

Mir geht es gut. Das ist die Grundmelodie, die in mir schwingt. Mein Pfarrhaus ist meine Insel, auf der ich mich sicher fühle. Und dennoch gibt es Momente, in denen das Gefühl des Beschütztseins ins Wanken gerät. Da sind Wesen auf unserem Areal, die dort schon lange hingehören, mit denen ich mich aber nicht anfreunden oder sie im schlimmsten Fall nur verabscheuen kann. Und es kommen Leute zu uns, denen ich nicht täglich begegne, mit denen ich fremdele, die mich verärgern oder die mich einschüchtern. Ein Zusammentreffen mit wem auch immer muss nicht überschäumend fröhlich oder gar euphorisch stimmen, diese Erfahrung mache ich auch an diesem paradiesischen Platz meiner Kindheit.

An heißen Sommertagen, wenn ich im Schatten der Allee mit dem Fahrrad fahre oder Seil hüpfe, schaue ich immer nach oben in die tuschkastengrünen Baumkronen. Auf dem Geäst hocken Eulen. Wohl Waldkäuze. So genau weiß ich das nicht. Meistens ist da nur einer, manchmal sind es zwei, ganz selten drei. Mein Vater will auch schon einen Uhu entdeckt haben. Aber mein naturwissenschaftliches Interesse an solchen Differenzierungen hält sich in Grenzen. Mir sagt das nichts, und mir ist es auch egal. Es reicht, wenn ich die Greifvögel nachts schreien höre und ängstlich die Decke über den Kopf ziehe. Wage ich mich am späten Abend doch kurz in die Dunkelheit hinaus, sehe ich nichts außer ihren leuchtenden Augen, die wie Glühwürmchen aus den Blättern blitzen. Aber auch das weckt keine Neigung, mich näher mit ihrer Herkunft zu befassen. Am Tag scheinen sie müde zu sein. Sie sitzen da, fast statisch. Selten drehen sie den Kopf. Es sieht aus, als würden sie schlafen. Nur manchmal, wenn wir den Ball zu ihnen hochwerfen, öffnen sie ihre Lider. Und ich weiß nicht, ob sie mich sehen, ob sie überlegen, sich auf mich zu stürzen, oder überhaupt Interesse an mir haben. Einer Eule sehe ich nicht an, wie sie drauf ist.

Bei aller Faszination für diese besonderen Geschöpfe sind meine Eltern etwas in Sorge um uns. »Sie können gefährlich werden, wenn sie Junge haben. Haltet euch fern«, heißt es immer wieder. Nur, so einfach ist das nicht. Die Eulen haben ihren Stammplatz auf den Bäumen direkt vor dem Rondell, um das wir Kinder täglich herumrasen. Diese fast autistisch wirkenden Wesen haben ihren Kopf direkt auf unser Haus gerichtet. Warum sie dies tun, wird sich mir erst in der Rückschau erschließen. Und wenn wir sie mit Rufen locken, weil sie auf nichts reagieren, sieht es manchmal so aus, als ob sie auf uns herunterstarren.

Doch es kommt einfach keine Kommunikation zustande. Ich muss hinnehmen, dass sie Kreaturen sind, die sich auf einer anderen Ebene mitteilen. Was nicht heißt, dass ich nicht immer wieder ihre Aufmerksamkeit zu erhaschen versuche, um am Ende in Panik ins Haus zu fliehen, wenn doch mal ein Vogel unerwartet seine Flügel ausbreiten und fort auf einen anderen Baum oder in unsere Scheune mit dem löchrigen Strohdach davonfliegen wird. Ist das schon bedrohlich für mich? Wenn sich Eulen am Tag zeigen und laut schreien, kündigen sie den Tod eines Menschen an, so besagt es der Aberglaube in der Antike. Auch William Shakespeare hat ihn in seine Werke eingebaut. So zitiert meine Mutter aus dem »Sommernachtstraum«: »Und das Käuzchen kreischt und jammert, dass der Krank' es ahnend hört und sich fest ans Kissen klammert.« Nur ist dies halt klassisches Repertoire für Theaterbühnen, das immer willkommen ist, aber es wird in meinem Pfarrhaus nicht als Bekenntnis gepflegt.

Doch ausgerechnet ich bin für Hokuspokus immer zu haben. Ich bin anfällig für ungewöhnliche Gesetzmäßigkeiten, die beobachtet werden und Raum für kryptische Interpretationen lassen. »Das ist das Heidnische in dir, das hast du von den Bauern in unserer Familie geerbt«, sagt mein Vater häufig, wenn ich später über die in der Familie vorkommenden Sternzeichen doziere oder laut protestiere, wenn Mama in der Heide ihre Dänemark-Lieblingssommer-Pflanze im August pflückt, weil dies nach alter Überlieferung nur Unglück ins Haus bringen wird. Alles, was dem Bereich »Spökenkiekertum« zugeordnet wird, macht mich neugierig und beschäftigt mich. Und so bin ich schon als Mädchen davon überzeugt, dass dieser merkwürdige Kauz da oben in unseren alten dicken Buchen einfach nichts Gutes verheißt. Die Gattung Eule bleibt ein Rätsel, das mich anzieht und abschreckt zugleich. Aber sie ist nicht das einzige Lebewesen, das mir Respekt einflößt. Das Trauma meiner Kindheit ist nicht der Beruf meines Vaters mit seinen Besonderheiten. Es sind die widrigen Umstände, unter denen wir leben.

Es ist Herbst, ich bin neun Jahre alt. Eigentlich sieht alles so aus, als dass sich unsere Wohnverhältnisse verbessern werden. Das Gemeindehaus, dessen Bau mein Vater von der Planung über den ersten Spatenstich bis zum Ende begleitet und verantwortet hat, ist schon länger fertig. Die gesamte kirchliche Administration ist in die neuen Räume gewandert. Auch die Konfirmanden stiefeln nicht mehr durch unseren Flur. Das Pfarrhaus gehört nun uns allein, was nicht heißt, dass wir jetzt ausschließlich »privée« sind. Natürlich wird nach Büroschluss weiter an unserer Tür geklingelt. Aber wir haben mehr Platz für uns, und nach und nach werden wir Geschwister anders im Haus verteilt.

So werde auch ich mit meiner zweiten Schwester Hossa ein neues Zimmer beziehen. Meine Mutter lässt die alte Mustertapete entfernen und durch eine sehr schlichte Raufaser-Beschichtung ersetzen. Als Wandfarbe wählt sie »Russischgrün«, eine Entscheidung, auf welche die Maler mit Unverständnis reagieren. »Wie sieht das denn aus?«, meinen sie, als sie die Töne mischen und die Nuancen abstimmen, worauf Mama sehr bestimmt antwortet: »Ich bin sicher, sehr gut!« Und als sie den Wunsch äußert, am oberen Wandstück noch eine helle Blumenbordüre bis zur weißen Decke zu haben, wird dies mit hochgezogenen Augenbrauen kommentiert. Am Ende ist der Meister aber selbst angetan von seinem Werk, wobei er vergessen hat, dass man ihn dazu zwingen musste. Und als er sich tatsächlich zu einem »Ja, kann man machen« hinreißen lässt, müssen wir alle einfach nur lachen.

Überhaupt sind die Handwerker eine Spezies Mensch, die offenbar wenig mit einem Pfarrhaus anzufangen versteht. Sind die Männer allein im Zimmer und fühlen sich unbeobachtet, lästern sie, was das Zeug hält, über »den Preester«. Durch das geöffnete Fenster höre ich sie palavern. Ich verstehe nicht jedes Wort und auch nicht den Sinnzusammenhang. Aber ich nehme wahr, dass sie sich abfällig äußern.

Eigentlich freue ich mich, wenn diese Leute bei uns vorfahren. Wenn sie fertig sind, funktioniert wieder alles, und es sieht schöner aus. Nur warum benehmen sie sich so bescheuert? Ich bin zu jung, um zu begreifen, was da vor sich geht. Man hat ihnen nichts getan, sie werden sehr freundlich behandelt von meinen Eltern, wie jeder, der bei uns aufkreuzt. Aber irgendwie mischen sich mangelhafte Manieren mit wenig Achtung vor allem »Christlichen«, einem tief innewohnenden Komplex und nicht zuletzt dem tiefen Unwissen, wie ein Pfarrer in seinem persönlichen Leben überhaupt tickt. Aus diesen Zutaten brauen sich eine Sichtweise und ein Verhalten uns gegenüber zusammen, die offenbar ein Ventil brauchen, sobald man sein Werkzeug in den Privaträumen eines Pastors ausgepackt hat.

Ganz deutlich wird dies, als die Wände des alten Amtszimmers meines Vaters ausgebessert werden müssen. Das ist richtig viel Arbeit mit lauten Bohrern und Betonmischmaschine vorm Haus. Es wird geklopft und gehämmert, gespachtelt, gesägt und geschraubt. Papa hat den Handwerkern Schlag sieben Uhr die Tür geöffnet.

Er ist noch im Schlafanzug, weil es am Abend vorher sehr spät geworden ist und er erst einmal mit uns Kindern vor der Schule frühstücken will.

Schon der Anblick vom »Pastor im Pyjama« ist für die Arbeiter ein erster Anlass, ungeniert ihren Auftraggeber auszulachen. Und in ihrem Blick liegt die Frage: »Warum arbeitet der noch nicht?« Nun, Papa macht ein Pokerface und tut so, als merke er von alledem nichts. Natürlich bleibt ihm der Spott nicht verborgen. Aber mein Vater weiß sich Respekt zu verschaffen – und zwar ohne Worte. Als gerade erneut eine Lachsalve losgeht, kommt er ganz entspannt immer noch im Nachtgewand mit meinem kleinen Bruder an der Hand ins Zimmer geschlendert. Fröhlich pfeifend, die Herren überhaupt nicht beachtend. Sie lachen laut weiter, weil sie so einen Typen wie den »Preester in Schlaf-Büx« überhaupt nicht ernst nehmen können. Aber Papa wird ihnen etwas husten: Er sieht einen sehr länglichen sehr massiven Nagel auf dem Tisch liegen, nimmt ihn auf, betrachtet ihn eingehend und wird ihn von einer Sekunde zur nächsten mit bloßen Händen in einen 90-Grad-Winkel biegen. Das ist nicht leicht. Das schafft vielleicht Mister Universum, aber doch nicht der Pastor in seinen Puschen.

Aber doch, Papa kann das. Man sieht es ihm nicht an, aber er ist zäh, und er hat sehr viel Kraft in seinen schönen feingliedrigen Händen. Er wird dieses Phänomen später so erklären: »Die Kraft liegt nicht im Muskel, die Kraft liegt im Kopf. Mit deinem Verstand und geistiger Disziplin kannst du alles!« Auch fast nackt, wenn es denn es sein muss. Und das führt er diesen »dummen Bengeln« gerade vor. Ganz ruhig legt er das Teil wieder an den alten Platz zurück, verlässt pfeifend den Raum und sagt: »Ich komme wieder.«

Zuerst ist es still, aber irgendwann beginnt man wieder damit, sich über den Pastor auszulassen. Und kurz darauf ist Papa zurück im Raum – im Anzug! Gleich fährt er los zum Kirchenamt. Aber vorher nimmt er noch den Nagel wieder auf und bringt ihn mit einem kurzen Griff in die alte gerade Form zurück und geht abermals pfeifend fort. Staunend glotzen die jungen Männer ihm nach, völlig benommen von einem Schauspiel, mit dem man Typen wie sie faszinieren kann. Mit dem Geläster ist von Stund an Schluss.

Über alle Pastorenjahre wird mein Vater sich an diese Geschichte erinnern und diese in fröhlicher Runde auf seine unnachahmlich lustige Erzählweise zum Besten geben. Für mich als Kind bleibt diese Anekdote eine von vielen Lektionen darüber, dass es Menschen gibt, die geistige Arbeit und höfliche Umgangsformen einfach nicht zu schätzen wissen und denen nur ihre eigene vertraute Tätigkeit und die eigene Form ihres zuweilen schlechten Benehmens imponiert. Deshalb werden mich ähnliche Erfahrungen in meinem späteren Leben nie aus der Fassung bringen.

Ganz anders dagegen sieht es mit den Besuchern aus, die wir nicht freiwillig zu uns gebeten haben. Viele Nächte bringen sie mich um den Schlaf. Und brisant wird es ausgerechnet, als wir unser frisch renoviertes schönes Zimmer beziehen. Die Veränderungen machen uns stolz. Wir haben einen neuen Teppichboden, der gleichermaßen weich wie widerstandsfähig ist und zudem in einem Farbton gehalten, der perfekt zu unserer Tapete passt. An jedem Türrahmen links und rechts hängt je ein französischer Garderobenhaken für unseren Bademantel, dessen Kopf eine Metall-Rose ziert, die eine rot und die andere roséfarben bemalt. Eigentlich fühlen wir uns wie Prinzessinnen in diesem schicken bäuerlichen Gemach – bis dunkle Schatten sich unter dem Bett meiner Schwester zu schaffen machen.

Mir wäre es vielleicht gar nicht aufgefallen, wenn nicht der Vollmond in unser Zimmer geschienen hätte. Normalerweise schlafe ich tief und fest. Allein schon deshalb, weil sich um Mitternacht unerlaubterweise unser Hund zu meinen Füßen legt. Ich bemerke es gar nicht, wenn er durch die nur angelehnte Tür hereintrottet und mit einem schnellen leisen Satz auf meinem Laken landet. Seine Wärme und sein ruhiger gleichmäßiger Atem wirken wie ein Narkotikum auf mich.

»Bumme« ist ein Mischling. Er schielt, und er ist, das lässt sich nicht leugnen, nicht der intelligenteste unter seinen Artgenossen, um nicht zu sagen wirklich ein bisschen blöd. Aber er ist lieb und kann keiner Fliege etwas zuleide tun. Um ihn herum können wildfremde Leute wuseln, nie würde er einen Laut von sich geben. Und so gibt er auch keinen Mucks von sich, als eine ganze Meute nun wirklich unerbetener Hausbewohner den Raum erobert.

Ich weiß nicht, warum ich wach werde. Aber als ich die Augen aufmache, sehe ich, wie unter dem Bett meiner Schwester fettgefressene Mäuse mit langen dünnen Schwänzen an der Wand entlangjagen. Oder sind es gar Ratten? Meine Schwester, nicht einen Tag so ängstlich wie ich, schläft seelenruhig die ganze Nacht durch, während ich schreiend aus den Federn springe. Nur manchmal steht später auch sie auf, wenn es mir gelingt, sie zu wecken und ihr die dramatische Invasion dieser ekligen Nager klarzumachen. Dann ziehen wir mit unserem Bettzeug ins Frühstückszimmer um und schlagen unser Nachtlager auf den harten Holzbänken auf, die wir vorher notdürftig mit Sofakissen als Ersatz für eine Matratze auslegen werden.

Aber selbst dort sind wir nicht sicher vor diesen grauen Flitzern. Huschen sie hinter uns her bis unter den Esstisch, um sich an den letzten Brötchenkrümeln vom letzten Morgen zu laben, laufe ich kreischend zu meinen Eltern. Es ist der Job meines Vaters, sich um diese tierische Plage zu kümmern. Also begleitet er mich zurück in mein Zimmer und wird mich mit dem immer gleichen Satz zu beruhigen versuchen: »Ich sehe gar keine Mäuse, mein Kind.« Manchmal schlafe ich dann wieder ein. Oder ich erspähe den nächsten Mäusetrupp, der sich aus seiner Höhle wagt, kaum dass wieder das Licht aus und die Tür zu ist. Dann muss mein Vater wieder raus und eine Lösung des Problems finden. Er holt Speck aus der Speisekammer. Mitten in der Nacht sitzen Papa und ich am Küchentisch und fingern den fetten weißen Köder in Mausefallen und stellen sie zusammen auf.

Es wird nichts nützen. Die Viecher werden immer mehr. Und sie sind schlau und frech wie Oskar. Selbst am helllichten Tag spazieren sie durch die Zimmer und flüchten ins Harmonium, wenn sie sich durch unseren Lärm in den Räumen ertappt fühlen. »Es muss ein Kammerjäger her«, sagt meine Mutter eines Morgens in einem Ton, der keine Widerrede duldet. Der kommt tatsächlich. Er stellt Aluminiumschalen auf mit einem hellen Pulver darin. Eindringlich werden wir ermahnt, das Zeug nicht anzufassen. Und meine Geschwister und ich müssen nun lernen, mit Gift zu leben.

*

Mein ländlicher Kosmos im Pfarrhaus ist trotz der vielen Erlebnisse, die der Beruf meines Vaters mit sich bringt, dennoch begrenzt. Spielen, basteln, die Jahreszeiten, meine Freunde, Tante Wally. Das sind die Koordinaten, zwischen denen ich mich bewege. Wir wohnen sehr abgelegen, und jeder Besuch aus der großen weiten Welt ist ein Fest. Ich bin aufgeregt, wenn sich Gäste anmelden. Ich ziehe mein schönstes Kleid an. Lange, bevor die Leute eintreffen, bin ich fertig und gehe die Allee auf und ab, um zu schauen, wann denn nun endlich ein fremdes Auto in unsere Auffahrt einbiegt. Doch steigen die Menschen aus ihren Wagen, möchte ich am liebsten weit weglaufen und mich verstecken.

Entgegen der Offenheit, die wir Fremden gegenüber haben, bin ich bei den Freunden und Bekannten meiner Eltern und allen Verwandten, wenn es nicht gerade um meine geliebten Großeltern geht, eher schüchtern. Das städtische Milieu, das zu uns kommt, ist mir nicht vertraut. Die Leute sehen anders aus. Sie haben eine viel feinere Garderobe, zumindest kommt es mir so vor. Sie sprechen ganz anders, einige so ein fast überheblich vorgetragenes Hochdeutsch, das wir mindestens so gut wie sie beherr schen, nur nicht so zeigen. Andere haben einen sächsischen oder badisch-elsässischen Akzent. Es sind Töne im Haus, die meinen Alltag sehr durcheinanderschütteln, aber mich am Ende immer weiterbringen.

Am ehesten überwinde ich meine Scheu, wenn Familienmitglieder kommen, die meinen Eltern sehr nahestehen, egal, wie selten ich sie auch sehe. Die Wärme, die zwischen ihnen herrscht, überträgt sich auch auf mich. Da ist etwa der Großvater meiner Mutter, mein »Uropi«, der aus der Ostzone anreist, mit mir zeichnet, meine Schulaufgaben betreut und mir selbst ausgedachte Märchen erzählt, während er auf einem gemütlichen Rattanstuhl im Garten seinen Kaffee oder Apfelsaft dazu schlürft. Diese Stunden sind für mich schöner als jedes Kindertheater, und es kehrt Ruhe ein. Wenn Uropi da ist, muss alles seine Ordnung haben. Ich finde dies klasse, rücken doch die Gemeinde-Schicksale für einen Moment in den Hintergrund. Schließlich ist er ein betagter Herr, der fast hundert Jahre alt wird. Und auf seinen sehr preußisch geprägten Tagesrhythmus wird sich für die Dauer seiner Anwesenheit im Pfarrhaus ohne Murren eingestellt.

Wesentlich unorganisierter, wenn nicht gar ein wenig verlottert, sind die Abläufe, als der Onkel meines Vaters aus Süddeutschland nahe der französischen Grenze kommt. Er ist eine Gestalt, wie man sie höchstens als Fiktion aus Filmen oder der Literatur kennt, aber niemand, auf den man in unserer Provinz treffen würde, obwohl er gebürtig ein nordischer Junge ist. Das Frühstück mit ihm kann schon mal bis zum Mittag dauern. Und da ist er – nach bürgerlichen Vorstellungen – noch nicht einmal richtig angezogen. Er trägt zwar schon eine Tageshose, aber seine Füße stecken barfuß in Espadrilles, bunt gestreiften Leinensommerschuhen, deren Sohle wie aus altem Gras gewebt zu sein scheint und die zu dieser Zeit nur Leute aus der Provence oder Spanien tragen. Über sein Hemd, das ein wenig schief und auch nur halb zugeknöpft ist, hat er einen ebenso bunt gestreiften fußknöchellangen Bademantel übergezogen, den er offen lässt und dessen Schlaufen er über die sandigen Wege bei uns hinter sich herzieht. Wie Salvador Dalí stakst dieser kleine zarte Mann im Zeitlupentempo an unseren Beeten und Büschen vorbei. Er ist sehr gebildet. Sehr früh studierte er das Sanskrit, die heilige Sprache Indiens, bei einem Kieler Professor. Und diese Liebe zu alten Sprachen hat er meinem Vater mitgegeben.

Mein Onkel ist ein sehr besonderer Mann. Er ist der Bruder meiner Großmutter – und wie sie ist er jüdisch. Während der Nazizeit hat er sich bei Freunden über Jahre im Keller versteckt. Er hat die schlimme Zeit unter vielen Ängsten überlebt, aber diese haben zu Verhaltensweisen geführt, die sich in einem sehr ausgeprägten Bewusstsein für sich selbst ausdrücken. Er ist Arzt mit eigener Praxis geworden: ein Verfechter der Naturmedizin wie auch ein wacher Geist, der zeit seines Lebens weiter und weiter studiert. Während der Mahlzeit zieht er es vor, immer mal aufzustehen und durch den Garten zu wandern. Er weiß jede Pflanze zu benennen. Und wenn er spricht, gestikuliert er ausladend und reißt uns mit seiner Begeisterung über seine neuesten Erkenntnisse mit.

Er erzählt von seinen vielen Kindern. Eine Tochter, unsere Großcousine, hat er mitgebracht. Sie ist eine wunderbare Malerin und wie viele Künstler etwas wortkarg und zurückhaltend und in sich gekehrt wirkend. Auch ihre Geschwister haben künstlerische Berufe gewählt. Mich faszinieren diese ungewöhnlichen Lebenswege. Zum ersten Mal höre ich, dass man »Geigerin« mit »Examen auf einer Musikhochschule« werden kann. Und gebannt folge ich den Schilderungen über einen Sohn, der zwei Jahre auf Weltreise gewesen ist.

»Zuletzt schrieb er aus Mombasa, südlich vom Äquator ist das bereits«, erklärt mir mein Onkel, als er sich an die Rückkehr seines Sohnes erinnert. Ein leichtes Schaudern überkommt mich, als er sagt, warum die Reise irgendwann gegen den ursprünglichen Plan zu Ende gegangen sei: »Seine Absicht, umzukehren, rührte allerdings weniger aus Heimweh oder dergleichen her als aus den furchtbar vielen Schikanen, die er dort mit Behörden und Polizei hatte.« Der Onkel spricht über Kenia und Äthiopien und von »der einzigartigen, reichhaltigen Tierwelt, die überhaupt das größte Erlebnis ist«. Ich kenne Afrika ja nur aus Kinderbüchern, aber jetzt lausche ich den Berichten von einem, der sich auskennt, und sei es nur aus Erzählungen.

Aber mein Onkel hält sich damit nicht weiter auf. Er berichtet von Abenden, an denen er bis tief in die Nacht über antiken Studien sitze. Gerade habe er »die gesamten griechischen Tragödien gelesen und durchstudiert«. Natürlich in Originalsprache. Er erzählt auch noch von einem Sternatlas, den er sich zu Weihnachten »selbst geschenkt« habe, und klagt ein wenig über den Himmel, der »leider nicht klar und dunkel genug ist, um Neues zu lernen«. In die Sterne sehen werde auch ich, als mein Vater, immer noch angeregt von den Gesprächen mit seinem Onkel, ein großes Teleskop kaufen und mit mir und meinen Geschwistern durch die Planetenbahnen cruisen wird.

Mit jedem privaten Besucher im Haus bekomme ich einen Eindruck von den Sphären draußen, die mir noch verschlossen sind. Mich zieht da nichts hin, denn ich kann mir nicht vorstellen, dass es irgendwo anders so paradiesisch und geborgen wie in unserem Pfarrhaus sein kann. So irritiert es mich, als der beste Freund meines Vaters rasant im dicken Daimler vor der Tür vorfährt. Ein ganz anderes Tempo, ein ganz anderes Bremsen, alles lauter, fast ruppig. Die Städter fahren ganz anders, denke ich.

Der Mann ist Rechtsanwalt, und er hat mit meinem Vater studiert. Er spricht ein wenig laut und nasal. Seine Frau hat schöne kinnlange blonde Locken, um die ich sie sehr beneide, weil meine Haare dunkel und raspelkurz geschnitten sind. Sie trägt die schönsten Kostüme und immer sehr teure Bally-Schuhe. Sie hat ein freundliches Lächeln, aber es ist nicht so herzlich, wie ich es aus meinem Zuhause kenne. Doch ihre Erscheinung ist imposant. Es ist, als würde Fürstin Gracia Patricia persönlich in unserer Pastorats-Diele stehen.

Die Männer nehmen sich in die Arme und klopfen sich laut lachend auf die Schultern. Meine Mutter führt die Lady in unser gemütliches Wohnzimmer mit den gut gefüllten Bücherregalen. Als alle sitzen, folge ich Mama und hocke mich auf die Armlehne ihres Sessels. Und schon höre ich wieder etwas aus Afrika. Papas Freund erzählt von einem Prozess, den er auf diesem fernen Kontinent bei schlimmster Hitze habe führen müssen. Er sagt weniger von dem faszinierenden Land. Im Vordergrund steht der Bericht, wie schick er ausgesehen habe: »Weißer Anzug, weiße Schuhe – und Privatjet.« Ich staune Bauklötze. Ein Richard Burton für Arme. Das absolute Gegenteil von meinem Vater, der häufig vollkommen schwarz gekleidet daherkommt.

Papas Freund ist ein sehr erfolgreicher Jurist. Und er ist sehr von sich überzeugt. Immer wieder fällt der Satz: »Wenn ich den Gerichtssaal betrete, fangen die Richter zu zittern an.« Und jedes Mal brechen daraufhin alle um unseren Tisch in schallendes Gelächter aus. Natürlich ist mit dem Erfolg auch ein gewisser Wohlstand eingetreten, mit dem mein Vater mit seinen spärlichen Einkünften nicht im Ansatz mithalten kann. Aber es interessiert ihn nicht. Geld ist kein Indikator für Glück bei uns. Papa gönnt es dem engsten Kumpel von Herzen, dass er sich zu Weihnachten beim besten Feinkosthändler der Stadt gleich pfundweise mit echtem russischen Kaviar belohnen kann, während wir gerade von Gans auf Würstchen und Kartoffelsalat umstellen, damit Mami mit den vielen Kindern nicht so viel Arbeit hat.

Papa ist es auch schnuppe, dass der Freund seine Frau mit dem teuersten Schmuck überhäufen und damit sein schlechtes Gewissen als Ehemann, der nie zu Hause ist, beruhigen kann. Diese Form von Luxus ist ihm und unserer ganzen Familie nicht wichtig, wenn wir auch ein wertvolles und geschmackvolles Juwel zu schätzen wissen. Und was bedeutet so viel teures Geschmeide schon, wenn man sich spätestens im Scheidungsfall darum kloppen und die ganze Bijoutrie, eingeschlagen in ein Betttuch, heimlich rechtzeitig aus der ehelichen Wohnung schaffen muss.

Die enge Freundschaft meines Vaters mit dem Studienfreund hält bis zum Ende. Der gefürchtete Advokat wird der Patenonkel meiner Schwester Ricarda. Und auch seine Frau hat ihr Herz für uns Pastorenkinder entdeckt. Ich muss einen ziemlich erbärmlichen wie bemitleidungswürdigen Eindruck bei ihr hinterlassen haben. Ein paar Tage nach ihrer Abreise jedenfalls fährt die Post bei uns vor – und ein Beamter hievt ein Riesenpaket ins Pastorat. Darin ganz viel zum Anziehen für mich. Kein Tante-Wally-Look, sondern richtiger City-Chic: ein naturweißes Dirndl mit gelben Rosen bedruckt, ein blaues College-Kleid mit weißem Kragen. Fortan trage ich »second hand«, was in dieser Zeit noch nicht so genannt wird. Ich habe jetzt Kleider, die bereits getragen sind von der einzigen Tochter der besten Freundin der Anwaltsfrau. Und plötzlich bin ich das schickste Mädchen im Dorf.

9. ES GIBT KEINEN GOTT

Auch eine behütete Pastorentochter wird vom »Ernst des Lebens« nicht verschont. Im Gegenteil: Ich werde von einer Realität eingeholt, auf die ich nicht vorbereitet bin. In diesem Ausmaß bin ich nicht darauf gefasst, was es bedeutet, die Tochter des örtlichen Pfarrers zu sein. Ich habe keinen Schimmer davon, was passieren kann, wenn ich mein beschauliches Strohdachhaus und meine Gärten hinter mir lassen und mich »da draußen« bewähren muss. Nicht mit einem Wort werde ich von meinen Eltern darauf eingestimmt.

Wahrscheinlich haben sie es selbst nicht für möglich gehalten, welchen Anfeindungen ich als Mädchen ausgesetzt bin. Ausgerechnet im April, einer Zeit, in der ich dem Frühsommer entgegenfiebere, werde ich eingeschult – und damit ist die schönste Zeit meines Lebens vorbei. So zumindest fühlt es sich an. Ich bin nicht mehr frei. Dies ist eine sehr erschütternde Erfahrung für mich, nachdem ich wie eine Dschungel-Prinzessin ganze Tage durch unsere grenzenlose Natur gestreift bin. Nach dem Aufstehen geht es nicht mehr hinaus zum Spielen, sondern auf einen kleinen harten Holzstuhl in einen stickigen Raum. Und es gibt feste Uhrzeiten, die ich auf die Minute einzuhalten habe. Kein Verweilen mehr auf Wegen, kein Trödeln beim Zähneputzen, kein noch so zaghafter Schlendrian mehr. Schon das Klingeln, ein letzter Aufruf, dass man seinen Platz einzunehmen hat, ist Zwang, den ich nicht mag. Es gibt auch kein Schulfach, das mich wirklich begeistert, außer Malen, also Tuschen, vielleicht.

Ich bin eine Träumerin. Meine Gedanken schweifen immerzu ab. Überhaupt sind mir Stillsitzen und Zuhören ein Gräuel. Wenn meine Klassenlehrerin, ein »Fräulein« von gefühlt vierzig Jahren, etwas sagt, bin ich eigentlich ganz woanders. Das ist umso bedauerlicher, als sie eine unglaublich liebenswürdige Person ist. Sie hat eine mädchenhafte Stimme, spricht selbst fast wie ein Kind, wohl weil sie sich wie auch andere Pädagogen ein jugendliches, ja zuweilen gar auch »infantiles« Verhalten bewahrt hat. Nicht nur ihr freundliches Wesen ist mir sympathisch. Auch wie sie sich zurechtmacht, begeistert mich. So gestylt, wie sie bereits am frühen Morgen vor uns tritt, geht meine Mutter nur aus dem Haus, wenn sie zu einer Hochzeit eingeladen ist. Ihr schwarzes Haar hat sie hochgebunden. Ihre eleganten Kostüme sind hell bis pastellfarben. Sie trägt Lack-Pumps. Und ihre perfekt manikürten Fingernägel leuchten zart korallenfarben. Auf ihren Lippen schimmert Perlmutt über strahlend weißen Zähnen, wenn sie lacht, was sie meistens tut.

Mit sieben Jahren ist sie meine absolute Fashion-Ikone, und ich studiere sie sehr genau. Meine Beobachtungen bleiben natürlich nicht ohne Folgen. Sie lenken mich ab von den Dingen, die sie uns nahebringen will. Mir fällt es schwer, eine Geschichte nachzuerzählen. Ich mag die vorgelesenen Storys nicht hören. Ich bin unkonzentriert, weil sich immer Wichtigeres vor die Pflicht, im Unterricht aufzupassen, schieben wird. Das Fach »Rechnen« geht gerade so. Am besten bin ich im Lesen und Schreiben. Bis auf mein mitteilsames, zuweilen flatterhaftes Wesen als Kind habe ich kein Problem mit dem Unterrichtsstoff. Mir macht ganz anderes zu schaffen, nämlich die Tatsache, dass ich offenbar keine Schülerin wie jede andere bin. Mir wird eine Aufmerksamkeit zuteil, die mir Unbehagen bereitet.

Es beginnt mit meinen Mitschülern. Da sind nicht nur diejenigen, die ich kenne und die meine Freunde sind. Mit ihnen komme ich natürlich gut zurecht. Aber es kommen neue Kinder hinzu. Den einen oder anderen habe ich schon einmal gesehen. Aber wir haben keinen Kontakt.

Die unerspießlichen Begegnungen in ihrer ganzen Härte finden zunächst in der Pause auf dem Schulhof statt. Wie aus dem Nichts rempelt man mich an. Angeblich aus Versehen, in Wahrheit aber geschieht dies mit voller Absicht. Das sind Zusammenstöße, die so heftig sind, dass mir das Schulbrot aus den Händen fällt. Vorher hat man mir den Vogel gezeigt oder die Zunge rausgestreckt. Eigentlich können mir diese hässlichen Gesten ja vollkommen egal sein. Alle Kinder sind einmal unflätig, auch ich bin keine Heilige. Was mir aber wehtut, ist der Umstand, dass nur ich so schlecht behandelt werde, aber kein anderer meiner Klassenkameraden.

Unerträglich wird es für mich nach Unterrichtsende, wenn wir zu Fuß nach Hause gehen. Jeder Heimweg wird für mich zur Tortur. Schon von Weitem ruft da eine Gruppe im Chor: »Preesterstochter … Preesterstochter …« Niemand ruft mich mit meinem Namen. Eine Erfahrung, die schon mein Vater als Pastorenkind auf dem Land gemacht hat. Er wurde ausgelacht, wenn er zu einem Spielkameraden in seinem Dorf sagte: »Sech nich immer Preesterssohn to mi.« Aber davon weiß ich nichts, als ich mich nach dieser Bande umdrehe, die nur mich meint, als sie mir hinterherschreit.

Bereits aus den Augenwinkeln sehe ich, wie sie auf mich zurennen und mich jagen und ich eine bis dato nicht gekannte Angst aufsteigen fühle. Sie haben ihren Schulranzen vor ihre Brust gehängt. Und sie benutzen ihren Tornister, um mich wie mit einem Panzer wegzuschieben. Einer bedroht mich von links, ein anderer von rechts, und ein weiterer rast um mich herum und stürmt von vorn auf mich zu. Eine weitere Meute johlt vor Begeisterung in unmittelbarer Nähe. Man kesselt mich ein und schubst mich. Ich verliere meinen Turnbeutel. Ich taumele, und manchmal falle ich auch hin. Jede Attacke verursacht mir Beulen, blaue Flecken und Schmerzen. Und es kommt vor, dass mir die Tränen über die Wangen laufen und ich daheim ziemlich verheult in die Arme meiner Mutter laufe.

Was ist da passiert? Was habe ich falsch gemacht? Warum geschieht dies nur mit mir? Das Pastorale meines Vaters scheint mich wie eine giftige Aura zu umgeben, die bekämpft werden muss. Das Themengemisch aus Moral und christlichen Geboten, das die Kirche predigt, aber niemand hundertprozentig so in seinem Alltag lebt, mag für die Menschen immer wieder eine Aufforderung zum Widerstand gegen alles Heilige sein. »Pastor« ist wohl ein Reizwort, das alle widerstreitenden Gefühle bündelt, die sich aus schlechtem Gewissen, Unsicherheit und Überheblichkeit sowie Komplexen speisen. Da muss man sich Luft machen, um wieder frei atmen zu können.

Und offenbar verleitet dies auch die Kinder, sich über mich lustig zu machen, zu lästern, zu lügen, mir mit Häme zu begegnen und mich zu verletzen. Es sind vor allem die Jungs, die mich angreifen. Die wenigen Mädchen, die mitmachen, sind keine, die je meine Freundinnen werden könnten. Sie sind immer sehr laut, und ihre gesamte Diktion ist sehr ordinär.

Ich erlebe Menschen wie von einem anderen Stern. Die neue Erfahrung, körperlich wie auch verbal angegriffen zu werden, bringt mein inneres Gefüge aus dem Takt. Ich gerate vollkommen aus meinem System. Bisher bin ich ein Mädchen, das geliebt, geküsst, geachtet und wertgeschätzt worden ist. Aber seit ich eingeschult bin, werde ich behandelt, als sei ich der letzte Idiot. Das Wort Mobbing gibt es Anfang der Sechzigerjahre noch nicht. Aber ich werde gemobbt – und zwar massiv.

Und eine weitere Erfahrung belastet mich: Meine Eltern helfen mir nicht. Sie haben nicht vor, zu den Lehrern zu gehen und dies zur Sprache bringen. Wollen sie dies nicht? Sie haben mich doch sonst auch immer beschützt. Warum funktioniert es jetzt nicht mehr? Keineswegs ist man bei uns zu feige, den Mund aufzumachen, wenn etwas nicht stimmt. Es wird schon erkannt, dass da im Umgang mit mir etwas schiefläuft. Aber man weiß auch, dass alles nur noch schlimmer für mich wird, wenn die Vorfälle offiziell zum Thema in der Schule gemacht werden.

Denn es gibt da eine Vorgeschichte aus einer Zeit, in der ich noch gar nicht auf der Welt war: den Sturm im Wasserglas, den eine Predigt meines Vaters auslöste. Ich muss die Konsequenzen dieser Geschichte später ausbaden, ohne dass meine Eltern je darüber mit mir sprechen werden. Der Grund für ihr Schweigen liegt nicht darin, dass sie etwas verheimlichen müssen, sondern weil der Auslöser für diesen Vorfall einfach zu banal gewesen ist und er nun auch schon zehn Jahre zurückliegt. Daher ist es nur ein schwacher Trost, wenn mein Vater mir einige Male nach Schulschluss entgegenläuft. Naht er von Weitem, lassen die bösen Buben sofort von mir ab, weil »de Preester kümmt«.

Doch im Unterricht nützt mir das nichts. Auch im Klassenzimmer erfahre ich eine Ungleichbehandlung, die mich verunsichert. Ich nehme sehr genau wahr, dass ich bei einigen Lehrern auf der Sympathie-Skala ziemlich weit unten stehe. Zum Teil sogar unter der Stufe des am schlechtesten erzogenen und faulsten und dümmsten Klassenclowns. Zu den anderen Schülern sind sie sehr viel netter als zu mir. So lassen sie keine Gelegenheit aus, mich zur Strafe in die Ecke zu stellen. Für jedes Dazwischenreden muss ich dort ausharren, und die Mitschüler, die mich ärgern, feixen sich eins.

Bei einem der Lehrer wird sehr deutlich, dass er mich einfach nicht ausstehen kann. Er spricht nicht mit mir, schaut mich kaum an. In seinem Unterricht darf ich nichts sagen, weil ich Luft für ihn bin. Einmal wage ich es doch, weil auf seine Fragen aus der Klasse nur falsche Antworten kommen. Ich melde mich, und in meiner Antwort auf seine Frage fällt das Wort »Gott«. Abrupt dreht er sich zu mir um und entgegnet barsch: »Es gibt keinen Gott!« Und ich antworte: »Doch, mein Vater ist Pastor, und er spricht jeden Sonntag in der Kirche von Gott, natürlich gibt es ihn!«

Ich bemerke, wie der Lehrer im Gesicht rot anläuft vor Wut. Er kann nicht fassen, dass ich es wage, ihm zu widersprechen. Er stellt sich vor mir auf und guckt spöttisch auf mich hinab. Er sagt, ich könne dies gern glauben, was in der Kirche erzählt werde, aber es sei totaler Blödsinn. Er wiederholt: »Es gibt keinen Gott! Das müsste dein Vater mir schon beweisen, aber das kann er nicht.«

Ich bin mit dieser Diskussion komplett überfordert und kann dem nichts mehr entgegensetzen. Ich weiß noch nicht, dass evangelischer und katholischer Religionsunterricht, bei dem es um nichts anderes als um den Glauben an Gott geht, als ordentliches Unterrichtsfach in unserem Grundgesetz verankert ist. Ich kann noch nicht ermessen, was es bedeutet, dass ein beamteter Lehrer einer staatlichen Volksschule aus seiner privaten Meinung eine vermeintlich allgemeingültige Tatsachenbehauptung vor minderjährigen Schülern formuliert, die dem Lehrstoff in dem Fach »Reli« zuwiderläuft. Der Gedanke, dass ein solches Verhalten vielleicht Anlass gibt, gegen diesen Lehrer ein wie auch immer geartetes Verfahren einzuleiten, kommt mir natürlich in meinem Alter noch nicht.

Und mir fehlen Reife und Kenntnis, um ihn zu fragen, woher er denn so genau wisse, was er da sage: Wer »weiß« das denn wirklich? Glauben oder Nichtglauben sind eine sehr persönliche Angelegenheit, die jeder für sich beantworten soll. So haben meine Eltern es mir beigebracht. Aber darf ein Lehrer – in dieser Weise – unsere christlich geprägte abendländische Kultur infrage stellen? Und warum schleudert er ausgerechnet mir, einer Pastorentochter, diese Dinge ins Gesicht?

Ich kann diese Fragen noch nicht stellen. Aber ich fühle, wie ungeheuerlich das Auftreten dieses »Pädadgogen« ist, der sein Gehalt aus Steuergeldern bezieht.

Ich sage nichts mehr. Ich spüre, dass in diesem Moment unser ohnehin nicht unproblematisches Verhältnis endgültig im Eimer ist. Mich beschäftigt aber, warum mein Lehrer, der angeblich alles immer besser weiß, schlauer als mein Vater, der Pastor, sein will.

Brühwarm erzähle ich beim Mittagessen davon. Und wie immer, wenn da etwas ist, das ich nicht wissen oder mir nicht so zu Herzen nehmen soll, wird auch diese Geschichte als »nicht so dramatisch« heruntergespielt. »Man muss nicht immer alles so ernst nehmen, was man hört, mein Kind«, sagt mein Vater, »und auch Lehrer wissen nicht alles und erzählen manchmal komisches Zeug.«

Und während meine Eltern etwas über die Sache vor sich hin murmeln, höre ich zum ersten Mal das Wort »Atheist«. Das seien solche Menschen, die von Gott nichts wissen wollten. Und das müsse man so hinnehmen, erklärt mir mein Vater und zitiert aus dem Johannesevangelium: »Selig sind, die nicht sehen und doch glauben.«

Macht er es sich da aber nicht ein bisschen zu einfach? Er redet doch sonst ganz anders. Warum stellt er den Mann nicht zur Rede? Ich werde dies nie verstehen. Deshalb wird meine bisher sichere Überzeugung, dass meine Eltern immer recht haben, in ihren Grundfesten erschüttert. Ich habe eine Lektion bekommen, wie verschieden Menschen ticken. Und ich gewinne eine neue Haltung zu dem, was man mir bisher über »den lieben Gott« vermittelt hat. Ich glaube selbstverständlich weiter an ihn, nur jetzt mit einem Fragezeichen.

Wenig später sehe ich den Lehrer beim Kaufmann. Er steht in sehr gebeugter Haltung da. Er weint. Er kann nicht sprechen. Eine Frage, die der Kaufmann ihm stellt, beantwortet er nicht. Er dreht sich wortlos um und verlässt das Geschäft. Ich höre die Anwesenden tuscheln, dass seine Frau Krebs habe und gerade operiert worden sei. »Verstehst du jetzt, warum er an Gott zweifelt?«, fragt meine Mutter.

Nein, das verstehe ich nicht. »Warum glaubt er nicht mehr an Gott, wenn seine Frau krank ist, warum betet er nicht um Hilfe …?« Eine Antwort bekomme ich vor den vielen anderen Kunden nicht. Wir würden später darüber sprechen, verspricht Mami, obwohl wir es dann vergessen werden.

Irgendwann aber folgt ein Beispiel, das ihre These bestätigen kann, ohne dass sie mir in diesem Moment ein Trost sein wird: Ich bekomme eine neue Klassenlehrerin. Sie ist das komplette Gegenteil der ersten. Nicht so schick und weit davon entfernt, so lieb zu sein. Auch sie hat mit Religion nichts am Hut. »Alles Quatsch«, sagt sie zu mir vor der versammelten Klasse, die wieder zu kichern beginnt, sobald man mich rüffelt.

Die Frau ist felsenfest davon überzeugt, dass Gott eine Fantasiefigur sei, die niemand ernst nehmen kann. Es geht um die Frage, wann wir den nächsten Schulgottesdienst haben, von dem sie sichtlich nicht begeistert ist. Wie sie denn darauf komme, dass das »alles Quatsch« sei, frage ich unverblümt. Ich bin nun ein paar Jahre älter, und in mir formt sich eine Widerspenstigkeit, die rausmuss. Jetzt bin ich diejenige, die Beweise dafür haben will, dass »alles Humbug« sein soll, was mein Vater in der Kirche erzählt. Und wie um meiner Frage etwas Nachdruck zu verleihen, habe ich mich ganz gerade gemacht an meinem Schulschreibtisch.

Mit einem sehr unangenehmen Lächeln humpelt die Lehrerin auf mich zu und überprüft meine Hausaufgaben, die man zweifelsfrei besser machen kann. Unwirsch blättert sie durch die Seiten meines Heftes, streicht ganze Passagen mit dem Rotstift durch und nimmt meine Fehler zum Anlass, mich für meine selbstbewusste Haltung in Glaubensfragen zu züchtigen. »So, du willst uns also sagen, dass es Gott gibt, aber sag mir erst mal, warum dein Heft so unordentlich ist. Guck da mal hinein …« Und während sie dies sagt, nimmt sie mein rechtes Ohrläppchen in die Hand und zieht daran meinen Kopf nach unten – und zwar so quälend lange, bis ich mit der Stirn auf die harte Holzplatte aufschlage. Es ist nicht nur schmerzhaft, sondern vor allem ein extrem erniedrigender Augenblick für mich. Ich kann mich nicht wehren.

Als die Stunde zu Ende ist, weiß ich, dass etwas passieren muss. Ich erwarte von meinen Eltern, dass sie jetzt einschreiten. Sie müssen mit dieser Lehrerin sprechen. Aber sie tun es nicht. Wieder lassen sie mich hängen. Ich muss allein damit klarkommen, und ich bin verzweifelt, weil ich nicht weiß, warum ich so verlassen bin. Ich bin zu jung, um zu begreifen, dass mein Vater als Pastor nicht so frei auftreten kann wie andere Eltern. Er ist kein »Privatmann«, der seinen Unmut ohne Rücksicht auf andere mitteilen kann. Er ist eine öffentliche Person, die nicht einseitig *gegen* etwas oder einseitig *für* etwas sein darf. Nicht einmal dann, wenn es um sein eigenes Kind geht, dem Unrecht widerfährt.

Aber so erklärt es mir mein Vater nicht. Immerhin gibt er mir recht, wie immer, wenn es um Lehrer geht. Was mir widerfahren sei, hielten sie für unmöglich, sagen meine Eltern beide, auch wenn sie sich am Ende auf das Gebot der christlichen Nächstenliebe zurückziehen. Sie erklären mir, warum es besser sei, das Verhalten des Gegenübers zu verstehen: Die Lehrerin habe als junge Frau bei einem Unfall ein Bein verloren und trage jetzt eine Holzprothese. Sie sei genug gestraft. »Da hat sie wohl den Glauben an den Schöpfer verloren …«, sinniert mein Vater, während er beim Essen mit den Fischgräten kämpft. »Die Frau ist schlimm, ja, aber im Grunde kann sie einem ja nur leidtun, mein Kind«, höre ich, »und bald wird sie für dich auch gar keine Rolle mehr spielen.«

Daran habe ich zu schlucken, und zum ersten Mal keimt in mir ein Aufbegehren gegen dieses »Immer-verstehen-Müssen«, wenn da mal jemand wieder vollkommen falsch und daneben und von der Rolle ist mit seinem Benehmen. »Wichtig ist, dass du höflich bleibst, auch wenn dir Unrecht geschieht«, sagt meine Mutter. Und mein Vater doziert: »Es kann kommen was will – man muss das Dekorum wahren, mein Kind!«

Ich denke: Gut gesagt, Papa, wenn du wüsstest, was ich deinetwegen alles aushalten muss! Wer meinen Vater oder die Kirche nicht leiden mag, lässt es an mir aus. Ich bin die schwache Stelle, an der Revanche genommen wird. Aber davon ahne ich als Viertklässlerin noch nichts. Erst über fünfzig Jahre später werde ich in seinen Aufzeichnungen lesen, welche Kämpfe er mit »meiner« Schule hatte: Mein Vater war erst ein paar Monate im Amt. Und in seiner Predigt hatte er eine Bemerkung gemacht, die zum Anlass genommen wurde, »ein großes Hallo vom Zaune zu treten«, wie er schreibt. Er hatte beklagt, dass der Religionsunterricht an den Schulen »Mangel leide« und die Kinder nicht mehr durch den »einfachen Kinderglauben« gingen. Daran schloss er die Frage an, wie sie denn so später einen Glauben haben könnten. Diese harmlosen Sätze reichten Mitte der Fünfzigerjahre aus, um wochenlange Auseinandersetzungen im gesamten Dorf nach sich zu ziehen. In der Schule fühlten sich die Verantwortlichen persönlich angegriffen. Es begann ein Hin und Her, bei dem mein Vater einige Anschuldigungen hinnehmen musste, die er zwar widerlegen konnte, was ihn aber sehr viel Mühe gekostet und ihn fast um sein Ansehen in unserem kleinen Ort gebracht hatte.

Die ganze Elternschaft, quasi die gesamte gläubige Gemeinde, wurde in Aufruhr versetzt. Aus Protest blieben alle Lehrer geschlossen dem Reformationsgottesdient am 31. Oktober fern, und insgesamt dreihundertfünfzig Schüler lärmten ohne Aufsicht im Gotteshaus. Das kam zu dieser Zeit an diesem Ort einem Aufstand gleich – nicht nur gegen den Pastor, sondern auch gegen die Kirche als Institution. Man wollte den Pfarrer in die Knie zwingen und ihm de facto vorschreiben, was er sagen und was er nicht sagen dürfe.

Und es gab Lehrer, denen diese Entwicklung höchst willkommen kam. Sie waren aus der Kirche ausgetreten. Ob sie dies aus persönlichen Erwägungen oder aus politischen Gründen taten, war nicht zweifelsfrei klar, es konnte nur vermutet werden. Und welche Austritte im Zusammenhang mit dem Nationalsozialismus gestanden haben mochten, blieb auch deshalb am Ende reine Spekulation, weil mein Vater sich darum nicht kümmern konnte. Aber die Nachwirkungen dieser Ära waren noch sehr gegenwärtig, als er, ein erklärter Nazi-Gegner, sein Pastorenamt antrat. Zehn Jahre nach Kriegsende war nicht klar auszumachen, wer zu welcher Zeit auf welcher Seite gestanden hat – und wo man jetzt stand.

9. ES GIBT KEINEN GOTT

Mein Vater mit seinem jugendlichen Enthusiasmus für seinen Beruf, seiner klaren Haltung gegen die Verbrechen der Nazizeit und zudem mit einem nicht sehr nordischen Aussehen mit dunklen Haaren und einem sehr schmalen Gesicht bedacht, passte wohl auch aus politischen Motiven dem einen oder anderen nicht, ohne dass dies je explizit so benannt wurde. Es hat ihn jedenfalls tief bestürzt, wegen eines harmlosen Predigtsatzes eine solche Wucht an Empörung auf sich zu ziehen, die im Urteil des Schulrektors gipfelte: »Ja, Herr Pastor, da haben Sie aber auch ein Ding gedreht ...«

Das war eine bittere Stunde für ihn. Aber er wusste sich zu wehren. Am Ende der vielen Gespräche sagte er: »Wissen Sie, ich habe in meiner Predigt zu kirchlichem Engagement aufgerufen, nicht mehr und nicht weniger. Aber ich habe kein Ding gedreht. Und in dieser Weise redet man natürlich nicht mit einem Pastor, gleichgültig, ob er nun dreißig oder sechzig Jahre alt ist ...« Mein Vater verbat sich Respektlosigkeit. Und das signalisierte er immer sehr klar.

Die Schuloberen hatten nicht damit gerechnet, dass der neue Pastor, ein so junger Mann, sich das traut. Und ebenso hatten sie nicht erwartet, dass die Dorf-Honoratioren eine Zensur in »ihrer Kirche« nicht dulden wollten. So hohe Wellen dieser Eklat in der kleinen Landgemeinschaft hervorgerufen haben mag, so stand sie am Ende erneut felsenfest zu ihrem Pastor. Der einzige Arzt weit und breit, sowieso immer an der Seite meiner Eltern, kam und gratulierte. Und es kehrte Frieden ein. Und gleichwohl hatte mein Vater in seinem ersten Berufsjahr viel dazugelernt, was sein späteres Verhalten erklärt.

In einem anderen Zusammenhang schrieb er 1956: »Ich kann nicht mehr frei reden, ohne dafür zur Verantwortung gezogen zu werden. So langsam merke ich, dass man als Pastor in der Öffentlichkeit steht. Was das heißt, habe ich bisher nicht gewusst.« Doch vergessen wurde diese alte Geschichte offensichtlich nie. Fast zehn Jahre später will man es dem Pastorentöchterlein nun zeigen, als es zur Schule kommt. Jeder unfreundliche Blick, jede Gemeinheit, jede Ungerechtigkeit, die ich von einigen der Lehrer erdulden muss, gelten nicht mir, sondern meinem Vater.

Ich werde es aushalten. Es ist die erste große Bewährungsprobe in meinem Leben, die mich herausfordert und trotz mancher Blessuren am Ende stark und selbstbewusst macht. Dem immer leicht spöttischen Grinsen des damaligen Schulrektors sei Dank.

*

Doch Disziplin ist auch zu Hause immer wieder ein Punkt, an dem gearbeitet wird. Meine Pastoren-Eltern beginnen, strengere Saiten aufzuziehen. Es sind meine typischen Kind-vom-Land-Allüren, die besonders meiner Mutter zu viel werden. Staubige Füße, aufgeschlagene Knie, Mückenstiche, Sonnenbrand, verschmierter Schokoladenmund – sie hat das Gefühl, dass wir verlottern auf diesem Dorf.

Gerade in der Sommerzeit sehe ich am Abend manchmal aus, als gäbe es kein Zuhause für mich. Mich zieht es hinaus, sobald die Sonne scheint und es wärmer wird. Kaum sind die Schularbeiten mehr schlecht als recht fertig, landet der Schulranzen unter meinem Schreibtisch, und weg bin ich. Nicht anders halten es meine jüngeren Geschwister. Wir haben ein zuweilen überschießendes Temperament und machen gern die Gegend unsicher, was meinen Eltern den letzten Nerv raubt. Und je mehr Unbill es in der Schule gibt, selbst wenn mich keine Schuld trifft, desto mehr wächst die Erkenntnis, dass noch mehr Ordnung in meinem Leben und dem meiner Geschwister nötig ist.

Man entschließt sich zu drakonischen Maßnahmen, um uns große Kinderschar besser in den Griff zu bekommen. Es gibt neue feste Regeln. Um achtzehn Uhr wird gebadet. Um neunzehn Uhr liegen alle »im Lager«, wie mein Vater oft lachend sagt. Es ist einer der vielen Begriffe aus seiner Zeit als Soldat, die er sich nicht scheut im Umgang mit uns Kindern einzuwerfen, als sei unser Temperament wirklich mit militärischem Drill zu bändigen. Aber er versucht es. Selbst an warmen hellen Sommerabenden geht es bis auf wenige Ausnahmen gleich nach dem Abendbrot ins Bett. Wer nicht hören will und sich doch wieder aus dem Zimmer schleicht, muss damit rechnen, dass Papa mit einem Häkchen die Tür verschließt, bis man eingeschlafen ist. Zur Nacht wird er sie wieder öffnen. Dabei haben wir alle schnell den Trick heraus, wie wir selbst die Sicherung aufheben, nur kriegt er davon natürlich nichts mit.

Ich bin auch kein Kind, das mit dem Sandmännchen aufwächst. Wir sind die Einzigen, die keinen Fernseher haben, und damit sind wir Aliens in unserem Ort. TV wird betrachtet wie eine Droge, die es zu dieser Zeit im landläufigen Sinne noch gar nicht gibt. »Mit dem Fernsehen vertrödelt ihr nur eure Zeit, außerdem macht es dumm, wenn man sich immer nur berieseln lässt«, heißt es bei uns. Doch ich bin bereits süchtig, nur meine Eltern wissen es noch nicht. Da läuft eine Spätnachmittagsserie, deren Titel ich nicht kenne, aber die ich auf keinen Fall verpassen will. Eine Protagonistin hört auf den Namen »Veronika«, den ich himmlisch schön finde. Ich würde gern selbst so heißen, weil ihr Spitzname »Vroni« so viel freundlicher als »Claudia« klingt.

Unter dem Vorwand, noch mit meiner Freundin zu spielen, gehe ich zu den Nachbarn, bei denen ich jede Folge schaue. Und das Bewusstsein, etwas Verbotenes zu tun, steigert die Qualität dieser Serie enorm. Es ist der schönste Moment, wenn ich die Liebesgeschichte von »Vroni« und ihrem Freund verfolgen kann und mir dabei die Sorge im Nacken sitzt, dass es klingeln könnte und mein Vater an der Tür steht und nach mir fragt. Das passiert häufiger, als mir lieb ist, weil er mich sofort von »der Flimmerkiste« wegholt. Während ich schon mal nach Hause vorgeschickt werde, verharrt er selbst dann noch bei den Leuten, um sich für den späteren Abend anzumelden, weil ein Fußballspiel im Fernsehen übertragen wird.

Diese Widersprüchlichkeit in der Erziehung hindert meine Eltern auch nicht, weiter an einem rigiden Programm für mich zu feilen. Mein Tag bekommt eine neue Struktur. Ich soll noch mehr lesen, damit ich gut schreiben und mich noch besser ausdrücken lerne. Außerdem werde ich ungefragt zusammen mit meiner Schwester im neu gegründeten Kirchenchor angemeldet. Einmal in der Woche ist Probe im großen Saal des neu gebauten Gemeindehauses unter der Leitung des Organisten. Alle Kirchenlieder rauf und runter studieren wir ein. Ich bin »Sopran«, weil ich noch eine helle kindliche Stimme habe. Meine musikalische Ausbildung haben bisher meine Eltern und die Schule übernommen. Ich beherrsche alle »Volkslieder«, und die gängigsten Advents- und Weihnachtslieder kann ich nicht nur singen, sondern auch auf der Flöte spielen. Von »Es kommt ein Schiff geladen« bis »Alle Jahre wieder« reicht mein Repertoire – sowohl auf der »C«- als auch auf der »Alt-Flöte«, die größer und viel satter im Ton klingt und mir deshalb angenehmer ist.

Aber meinen Eltern ist das an musikalischer Förderung noch nicht genug. Sie beschließen, dass ich ein Tasteninstrument erlernen soll, weil sie meinen, dass ich dafür eine Begabung mitbringe. Sie organisieren einen »Klavierlehrer«, an den ich mich nie gewöhnen werde. Dafür wird auch ein gebrauchtes Klavier gekauft, weil das Harmonium, auf dem meine Mutter spielt, zu schief klingt. Es ist schon sehr betagt und vollkommen falsch eingestellt. Wenn also meine Freunde in die Sonne zum Spielen dürfen, studiere ich meine kleinen Sonaten und Etüden ein. Eine Woche habe ich jeweils Zeit, bis sich mein Lehrer aus einem der Nachbarorte wieder aus dem Taxi pellt und mit seiner großen Notentasche auf unsere Eingangstür zueilt und meine Fortschritte kontrolliert.

Er ist ein Mann, der immer sehr aufgeräumt wirkt. Aber er ist mir nicht sympathisch. Er hat ein rotes Gesicht und Pausbacken. Den Speck an seinem Hals hat er in den Hemdkragen gepresst, wobei immer ein Teil über den Rand hinausquillt. Er spricht in höherer Tonlage, die nicht zu seinem beeindruckenden Körper-volumen passt. Seine Hände sind keine Pianistenhände, sondern haben eher etwas Zupackendes wie die Gliedmaßen eines Bier-kutschers. Seine wulstigen Finger sind eine Spur zu warm. Immer wieder drückt er sie auf mein Knie, damit ich die Klavierpedale an der richtigen Stelle aktiviere, um den Klang meines Spiels zu nuancieren. Einen bleibenden Eindruck dieses Unterrichts hinter-lässt sein Rasierwasser. Es riecht so penetrant, dass ich von ihm abrücken muss und er mich jedes Mal erneut zu sich heranziehen wird, damit ich auch richtig »mittig« vor dem Instrument sitze.

Aber auch hier heißt es jetzt: Zähne zusammenbeißen und durch. Ich kann nicht verstehen, warum ich überhaupt zum Kla-vierspielen gezwungen werde. Obwohl ich durchaus Spaß daran empfinde, wenn mir ein Stück endlich gelingt, so ist dieser Mann, der mir so nah auf die Pelle rückt, ein Problem für mich. Außerdem komme ich mit dem Üben nicht so nach, wie es sein sollte. Und je häufiger er mich einer wiederholten Nachlässigkeit überführt, desto intensiver droht er, den Unterricht mit mir abzubrechen, wenn ich nicht endlich beginne, täglich konsequent zu arbeiten.

»Wenn Ihre Tochter nicht mitmacht, wird es nichts werden mit dem Klavier und ihr.« Ich stehe mit glühendem Kopf dane-ben. Sagt er das nur, um seinen Job zu retten? Oder will er mich loswerden? Nun, mir würde es recht sein, weil einfach die Chemie zwischen uns nicht stimmt. Meine Mutter rauft sich die Haare und schimpft: »Warum bist du so faul, wenn es ums Lernen geht? Ach, das hast du von Papa ...« Ich fühle mich unverstanden. Warum begreift niemand, dass ich Musik liebe, aber keine Zwänge mag.

Ja, wir sind musikalisch, und wir singen gern, wenn auch manchmal ganz schön schief. Mein Vater stimmt gern alte Stu-dentenlieder an oder »Ännchen von Tharau« und »Der Mond ist aufgegangen«, wenn er die Jüngsten beruhigen will. Abends dringt Chopin, gespielt vom Meister Arthur Rubinstein durch die Wände, wenn meine Eltern sich in Ruhe ein Glas Rotwein gönnen. Die Chansons der Knef können wir auswendig. Die Lieder von Mireille Matthieu sowieso. Und da sind auch noch die alten Schellackplatten der Großeltern. Die krame ich mit meinen Geschwistern gern in der Faschingszeit heraus, wenn wir allein sind, uns schminken und verkleiden und singen und tanzen. »Salome«, »In einer kleinen Konditorei«, »Die Männer sind alle Verbrecher« … Wir drehen den Plattenspieler bis zum Anschlag auf und schmettern die Schlager der Zwanzigerjahre, bis meine Eltern zurück sind, ins Zimmer stürmen, an das Gerät eilen und »Aus!« schreien.

10. HOCHWÜRDEN GREIFT DURCH

Nichts bleibt, wie es ist. Manche Veränderungen habe ich erwartet. Andere kommen einem Umsturz gleich, weil ich in diesem einen Moment nicht damit gerechnet habe. So kann es ratzfatz gehen, dass Dinge endlich angepackt werden, die schon lange als Problem schwelen. Die Abläufe im Pastorat folgen keiner Logik. Auf den Schlendrian folgt Strenge und umgekehrt.

So ist es auch, als der erste große Abschied meines Lebens naht. Tante Wally soll weg. Das musste irgendwann so kommen. Sie ist schon fast im Rentenalter. Nur ist das allein kein Grund, sich von ihr zu trennen. Es ist ihr Wesen, das auf Dauer das Miteinander mühsam macht. Meine Eltern sind hin- und hergerissen in der Frage, wie man die Ära Tante Wally mit Anstand beenden kann. Die kleine Frau einfach entlassen, das geht so nicht, da ist man sich einig. Wenn sie gut drauf ist, ist sie ja eine Perle, der man im Pfarrhaus ganz viel zu verdanken hat. Sie ist tüchtig, sie ist gründlich, sie ist zuverlässig. Und auch jetzt ist die Speisekammer bis zum Platzen gefüllt, weil sie kurz vor Sommerschluss wie verrückt noch mehr Gemüse als sonst einmacht. So, als wolle sie eine drohende Kündigung mit einem unermüdlichen Arbeitseifer im Keim ersticken. Auch deshalb hat man sich zu einem harten Schnitt noch nicht entschließen wollen.

Zu alledem kommt eine unausrottbare Inkonsequenz, die häufig wider besseres Wissen bei mir zu Hause obsiegt. Auf der einen Seite ist da die Erkenntnis, dass etwas nicht in Ordnung ist und gelöst werden muss. Auf der anderen Seite gibt das Gewissen meinen Eltern ein, dass man lange Wegbegleiter nicht einfach vor die Tür setzen kann, nur weil sie nicht so funktionieren, wie man sich das vorstellt. Das Für und Wider, Tante Wally auf die Reise zu schicken, wird hin und her gewälzt. Meine Eltern machen es sich wirklich nicht einfach. In den Diskussionen über eine mögliche Entlassung fließt auch immer wieder das Eingeständnis ein, wie sehr sie uns alle unterstützt habe. Schon allein darum wird sie mit Dankes- und Lobeshymnen und kleinen Geschenken bedacht, egal, wie trotzig sie sich gerade aufgeführt hat. Und das ist bei uns kein Widerspruch. Es wird sauber getrennt: Was gut ist – und was noch sehr viel besser werden kann.

Bis zum Schluss wird überlegt, wie man Tante Wally bei Laune hält. Es keimt ja immer noch eine leise Hoffnung, dass man um ein Abschiedsgespräch mit ihr herumkommen wird. So laden meine Eltern sie hin und wieder ein. Zu einem Essen in einen Gasthof oder zu einem Ausflug an die See, zu dem sie auch ihren Sohn Erwin mitnehmen darf. Und wie glücklich sie darüber ist, zeigt, wie sie sich vorbereitet auf diesen Trip. Ihr Junge wird in den besten Anzug mit ordentlichem Schlips gesteckt. Sie trägt ein neues Kleid und zieht ihren schwarzen Mantel mit weißem Kragen an, den sie ebenso wie alles andere selbst geschneidert hat. Auf ihre Pumps mit breitem Absatz, Schuhgröße 34, eine Sonderanfertigung, ist sie nicht nur stolz, weil meine Mutter sie spendiert hat. Nein, mit diesen Ausgehschuhen ist sie mit ihr zumindest gefühlt auf Augenhöhe. Es ist ein Nachmittag, an dem absoluter Frieden herrscht.

Wenn da nur nicht die frechen Eigenmächtigkeiten von Tante Wally wären. Schon einen Tag später ist die ganze Harmonie wieder dahin. Da ist eine junge Frau, die seit einiger Zeit bei uns wohnt und ihr von Anbeginn ein Dorn im Auge ist. Seit meine Mutter mit dem dritten Kind schwanger war, haben wir ein Kindermädchen, das in einem der oberen Zimmer wohnt. Lisa wird nicht lange bei uns sein, weil sie heiraten und fortziehen will. Trotzdem lässt es sie nicht kalt, wenn Tante Wally ihr mit kleinen Spitzen zu verstehen gibt, wie faul sie eigentlich sei. Es folgt ein Gezicke um die Zuständigkeiten. Lisa soll auf die Kinder aufpas

sen, Tante Wally das Haus führen. So haben es meine Eltern vor-
gegeben. Aber natürlich mischt sich die Ältere permanent in den
Job der Jüngeren ein und herrscht sie an, »rasch mal ein Zimmer
zu wischen«. Wehe, wenn meine Eltern nicht da sind, dann knallen die Türen.

»Es geht so nicht weiter«, höre ich meine Mutter sagen. Sie ist
sehr selbstbewusst mit jedem weiteren Kind geworden. Und sie
sorgt dafür, dass unser »kleiner Feldwebel« nicht mehr mit allem
durchkommt. Nach dem letzten Krach mit Lisa steht fest, dass
man Tante Wally jetzt reinen Wein einschenken wird: Sie muss
gehen. Doch es wird eine Kündigung light. Sie wird nicht ganz vor
die Tür gesetzt, nur halb. Sie wird zukünftig auf Abruf zu uns kommen, und wir werden freundschaftlich mit ihr verbunden bleiben.
Aus der »Pfarrhaus-Familie« wird niemand verstoßen, gleichgültig,
wie unmöglich man sich gerade benommen hat.

Zur Überraschung aller nimmt sie diese Mitteilung erstaunlich
gefasst auf. Sie lächelt ein wenig spöttisch. Und in ihren leicht
distanzierten Blick mischt sich vorauseilende Schadenfreude, die
sagt: »Ihr werdet schon sehen, wie sehr ihr mich noch vermissen
werdet.« Wie bei jeder Scheidung wird auch Tante Wally das Recht
eingeräumt, die Kinder zu sehen. Alles wird ihr zugestanden, solange man die tägliche Zusammenarbeit doch bitte nun einver-
nehmlich beenden könne.

Tante Wally bleibt unsere Hausschneiderin. Und so trete ich
zur Anprobe an, wenn ich mal wieder ein neues Kleid brauche. Ich
komme gern in ihr kleines Siedlerhäuschen. Seit ihr Sohn ausgezogen ist, hat sie ein Zimmer frei, in dem ich einmal übernachten
darf. Und sie wirft sich ins Zeug, damit dieser Besuch für mich
unvergesslich bleibt. Sie hat mich jetzt ja allein ohne das Störfeuer
meiner Mutter, die ihr mit Verboten und Maßregelungen immer
die Hölle heißgemacht hat. Also dreht Tante Wally jetzt richtig
auf, und wir beide haben volles Programm. Verschiedene Stoffbal-
len breitet sie auf ihrem überdimensional großen Ehebett aus, das

fast den ganzen Raum füllt und in dem sie immer allein liegt. Ich suche mir etwas Buntes aus, und mit hochrotem Kopf schneidet Tante Wally die Maße zu.

Den ganzen Tag röttert die Nähmaschine, während ich mit ihren Klatschzeitungen danebensitze und so viel Schokolade in mich hineinstopfe, bis mir schlecht wird. Abends ist das »Hängerchen« fertig. So nennt Tante Wally die poppigen Kleider mit Paisley-Muster, die gerade richtig angesagt sind. Nach der letzten Anprobe klatscht sie in die Hände und tischt zum Abendbrot auf: Mettwurst, Griebenschmalz, dicke Scheiben Graubrot, die sie per Hand mit einem langen Messer daumendick säbelt, während sie den Laib an ihre Brust presst und mit jedem Anschnitt bei mir die Sorge aufflammt, sie könne sich bei dieser Aktion womöglich die Kehle durchschneiden. Sie stellt ihre berühmten selbst eingelegten Senfgurken dazu und schenkt mir gefühlt literweise Malzbier ein.

Nachdem schon das Mittagessen mit Würstchen und Mayonnaise-Kartoffelsalat und die folgenden vielen Süßigkeiten meinen Kindermagen über alle Maßen strapaziert haben, gibt mir die Völlerei am Abend den Rest. Mir ist so übel, dass ich am liebsten nur noch nach Hause möchte. Aber das komme gar nicht infrage, so Tante Wally. »Ich habe ein Mittel, das mir immer hilft, wenn es im Bauch zwickt.« Sagt es und eilt an ihren Küchenschrank mit den vielen Fächern in der Mitte, in denen sie alle Grundnahrungsmittel und ein paar Gewürze aufbewahrt. Sie stellt sich auf die Zehenspitzen, und mit Schwung schließt sie die Glastür auf und holt flink ihren Schatz hervor, den sie hinter einer großen Porzellanterrine versteckt: Es ist ein schmales Fläschchen mit wasserklarem Inhalt in durchsichtigem Glas und darauf eine Beschriftung, die mir noch nichts sagt.

»Das würde auch deinen Eltern gefallen, das trinken sogar die Nonnen im Kloster!«, sagt sie und hantiert mit geübtem Griff. Schüttelt den hochprozentigen Inhalt wie ein Barkeeper, taucht einen Esslöffel in die Zuckerdose, schraubt die Flasche auf und schüttet laut zählend so viele Tropfen hinzu, bis der Heiltrank über den Löffelrand zu schwappen droht.

»Mund auf«, sagt sie bestimmt, »und … runter damit!« Die Süße kann die Schärfe dieser »Medizin« nicht vollkommen eliminieren. Aber ich muss zugeben, dass die wohlige Wärme, die sich in mir ausbreitet, zusammen mit der folgenden Erlösung von allem Bauchdrücken sehr angenehm ist. »Ich weiß, was gut ist«, sagt Tante Wally, »das ist mein Wundermittel für alles.«

Und so holt sie immer wieder ihren Zaubertrank hervor, wenn ich mich bei ihr überfressen habe. Wahlweise zaubert sie zum Nachtisch auch »ganz feine Pralinen« aus dem dunklen Vitrinenschrank in ihrem engen Wohnzimmer. Auch die würden ihrem Magen so gut tun, erklärt sie mir, und reicht eine Schachtel Weinbrandbohnen herüber, in der bereits eine erkleckliche Anzahl ihrer wohlschmeckenden Kostbarkeiten fehlt. Das geht ein paarmal gut, bis meine Eltern auf meine Fahne aufmerksam werden, wenn ich ins Pfarrhaus zurückkomme. Und so ist es eines Tages für mich mit den Besuchen zu Hause bei meiner Kinderfrau vorbei.

*

»Nie wieder kommt mir ein Offizier ins Haus!«, sagt mein Vater, als Tante Wally aus unserem täglichen Leben verschwindet. Meine Eltern haben das Gefühl, dass ihnen das Pastorat zum ersten Mal allein gehört. Niemand mehr da, der ihnen Vorschriften macht. Man ist in Hochstimmung, die sich auch auf mich überträgt. Mama und Papa lachen mehr. Und auch unser Essen bekommt mir besser. Es ist würziger und weniger fett, vor allem das Gemüse schwimmt nicht mehr in üppigen Mehlsoßen. Auch Butter wird nur noch zur Sonntagstafel gereicht. Als zudem noch das Kindermädchen nach ihrer Hochzeit geht, sind meine Eltern in Aufbruchsstimmung und schmieden Pläne. Es muss neue Unterstützung her. Und dieses Mal soll Hilfe kommen, die nicht in allem perfekt sein, aber verträglich um sich zu haben sein muss. Auf keinen Fall darf eine Frau kommen, die gleich wieder weg ist, weil sie ein Mann an den Traualtar lotst.

Es bleibt nicht aus, dass ich im Detail mithöre, wie das Anforderungsprofil einer neuen Arbeitskraft im Pfarrhaus auszusehen hat. Mein Vater sagt: »Ich will nur noch junge Menschen um mich, die …« Und meine Mutter führt den Satz fort: »… die nicht so anstrengend und herrisch sind.« Und das Mädchen müsse aus »ordentlichen Verhältnissen kommen …«, sagt Papa, und Mama ergänzt: »… und sie muss gut zu den Kindern sein.« Und voller Zuversicht sagen sie abschließend: »Den Rest bringen wir dem Mädchen bei, und es wird sich alles finden.«

Das also sind die Grundvoraussetzungen, die für eine Anstellung beim Pfarrer zur Bedingung gemacht werden. Und genauso wird es auch kommen. Auf eine Suchanzeige in der Tageszeitung stellt sich eine Sechzehnjährige vor, von der man bei uns sehr angetan ist, weil sie ein »sehr liebes Auge hat«. Für meine Eltern ein vielversprechendes Indiz für ihre Tauglichkeit, einen Haushalt mit zurzeit vier Kindern zu schmeißen. Und so ist die ganze Familie voller Erwartung, als sie ihr Zimmer bei uns bezieht und mit der »Hauswirtschaftslehre« beginnt.

Das Mädchen heißt Rosi. Und Rosi ist eine Riesin. Sie misst über eins achtzig. Wir Kinder staunen: »Du bist ja fast so groß wie Papa!« Rosi trägt Brille und hat einen Silberblick. Obwohl sie einen knielangen blauen Rock und eine weiße ärmellose Bluse trägt, wirkt sie sehr burschikos. Und so ist es kein Wunder, dass mein kleiner Bruder, nur mit quirligen und manchmal zickigen Schwestern geschlagen, begeistert ist. Rosi und Rolf junior sind ab sofort ein Team. Keine Eskapade, die mit Rosi nicht möglich ist. Kaum ein Moment, in dem sie nicht die jüngeren Geschwister auf ihr stattliches Kreuz schultern wird. Was ihre kameradschaftliche Umgangsweise mit uns betrifft, ist sie ein Volltreffer.

Doch es dauert nicht lange, bis die Begeisterung über Rosis Anwesenheit einen ersten Dämpfer erhält. Sie ist nicht gern im Haus, sondern treibt sich am liebsten auf dem dörflichen Sportplatz mit uns herum. Sie spielt Fußball wie ein Kerl, und so stößt sie mit meiner zweiten Schwester, die sie beim Rennen gerade Huckepack trägt, voll gegen die Torlatte. Es gibt ein Riesengeschrei, und ich muss meine Eltern rufen. Mein Schwesterchen trägt eine schwere Gehirnerschütterung und zudem eine stark blutende Platzwunde auf der Stirn davon. Und so wird unser wunderbarer Doktor alarmiert, der Gott sei Dank bei jedem Notfall die Ruhe selbst ist, und das Kind in seine Praxis bugsiert, wo die Stelle genäht werden muss. Nicht nur einmal wird fortan der Satz fallen: »Rosi, bitte nicht so wild toben mit den Kindern.«

Aber von diesem Vorfall mal abgesehen, macht sich Rosi eigentlich gar nicht schlecht. Ich mag sie, weil ich sie in der Mittagspause auf ihrem Zimmer besuchen darf. An der Wand neben der Tür hat sie Starfotos zum Sammeln aus der »Bravo« mit Heftzwecken angebracht. Die hätte ich auch gern, aber meine schöne grün gestrichene Raufasertapete mit billigem Papier zukleistern, das darf ich nicht. Rosis schönste Aufnahmen sind die von Rex Gildo mit Gitte, dem schlagersingenden Liebespaar, das, wie sich später herausstellen wird, nie ein wirkliches Paar gewesen sein kann. Aber davon weiß man offiziell nichts, und ich schon gar nicht. Viel wichtiger jedoch ist, dass Rosi und ich zusammen singen. Am liebsten Rosis Lieblingshit, der, wie sollte er auch anders heißen, wie für sie geschrieben klingt: »Ich will nen Cowboy als Mann …« Besser kann es für meine Geschwister und mich nicht laufen.

Auch meine Eltern schätzen, dass sie sich willig zeigt zu lernen und »ein gutes Menschenkind ist«. Und noch ein Vorteil kommt hinzu und darf nicht unterschätzt werden: Rosi kann gut mit Tante Wally! Zu besonderen Familienfeiern wie einer Taufe oder runden Geburtstagen, bei denen in der Küche alles reibungslos laufen muss, wird sie um Hilfe gebeten. Und natürlich geht es Tante Wally wie Öl runter, wenn meine Mutter ihr sagt, dass sie an diesem Tag »nun bitte das Regiment im Haus übernehmen« müsse und zu Rosi gewandt anordnet: »Und du, Kind, machst, was Tante Wally sagt. Guck dir das genau an, wie sie alles macht!« Rosi nickt dann beflissen und lässt sich anstandslos von Tante Wally in die Kunst einweisen, wie man die weiße Servierschürze über das dunkle Kleid anzulegen und mit einer perfekten Schleife zuzubinden hat.

Es gibt also gar keinen Grund zur Annahme, dass sich an der neuen Lösung mit Rosi auf absehbare Zeit etwas ändern könnte. Aber da sind Vorgänge, die ich nicht mitbekomme, weil ich schon lange schlafe, wenn sie passieren. Rosi macht den schlimmsten Fehler, den man in meinem Pfarrhaus machen kann – sie ist nicht pünktlich. Sie kommt abends nicht zur verabredeten Zeit nach Hause. Bis zweiundzwanzig Uhr hat sie Ausgang, aber sie kehrt erst um Mitternacht zurück. Mein Vater als ihr Dienstherr und Hausvorstand, in dessen Obhut das minderjährige Mädchen steht, ist in heller Aufregung. Zuerst redet meine Mutter mit ihr und erklärt, warum sie sich an die Vereinbarungen halten müsse. Rosi verspricht, dass die Verspätungen nicht mehr vorkommen würden.

Das geht gerade zwei Wochen gut. Dann ist es wieder so weit – und diesmal noch fataler als sonst: Erst um ein Uhr schleicht sich Rosi ins Pastorat. Und noch viel beunruhigender als die späte Stunde ist, dass unübersehbar ihr Hals bis hinters Ohr mit allerlei blauen und tiefroten Knutschflecken übersät ist. Meine Eltern sind wach, sitzen im Bademantel in der Küche und erwarten sie. Und so wird mein Vater verkünden, dass sie ihre Hauswirtschaftslehre bitte woanders zu Ende bringen möge und er sie nach dem Frühstück zu ihren Eltern nach Hause fahre. Noch in der Nacht muss Rosi die Koffer packen. Meine Mutter hält diese Maßnahme für überzogen, aber sie fügt sich. Und es ist nicht das erste Mal, dass

ihr Herz blutet, weil ein junges Mädchen bei uns die Moralkeule
eines Pastors der Nachkriegszeit zu spüren bekommt.

*

Bei allem Verständnis für menschliche Schwächen gibt es für meinen Vater bestimmte Punkte, über die er nicht mit sich reden lässt.
Wie schnell er dann »kurzen Prozess« machen kann, hat er schon
lange vor Rosi gezeigt. Wenn es um Liebesdinge geht, hat Papa
eine Haltung, wie man es nicht anders von einem Pastor erwartet,
zumindest in den Jahren, in denen ich noch Kind bin. Auch später,
als die Gesellschaft liberaler wird, soll sich die sehr konservative
Sicht auf das Leben wie ein roter Faden durch die Biografie meines Vaters ziehen und damit auch Einfluss auf meine Erziehung
nehmen.

Papas Mantra ist: »Das Solide ist unterm Strich das Beste, weil
es sich auf die Lebenslänge betrachtet am meisten bewährt.« Das
wird er mir predigen, solange er lebt. Warum er darauf so beharrt,
weiß ich nicht. So tugendhaft, wie er rote Linien aufzeigt, redet
weit und breit niemand in unserem großen Familienclan. Schon
als er selbst noch ein Kind war, ist er deshalb manchmal »Papst«
gerufen worden. Und es sieht so aus, als fühle er sich in dieser Rolle
richtig. Er will nicht in den Vatikan einziehen. Und keineswegs
kommt er je auf die Idee, in ein Kloster zu gehen. Aber gern hält
er die Fahne hoch, wenn es um alles Moralische geht. So gilt in
jeder Situation das Motto: Was bei anderen möglich ist, geht bei
uns noch lange nicht.

Entsprechend hoch wird die Richtschnur gehängt, als die einzige Tochter seiner Schwester aus Bremen anreist. Zwei Wochen
möchte sie einen Teil ihrer Sommerferien auf dem Land bei ihrem Onkel verbringen. Eine schöne Idee, von der alle begeistert
sind. Vor allem ich, habe ich doch auch einmal so etwas wie »eine
große Schwester« im Haus. Sibylle, meine um ein paar Jahre äl-

tere Cousine, ist ein bildhübsches Mädchen von vierzehn Jahren. Ihr blondes Haar ist »très chic« geschnitten, ein Mix aus »Pixie« und »Pilzkopf«. Etwa so, wie auch die Minirock-Erfinderin Mary Quant ihren Bob gerade trägt. Ebenso flott sind »Billchens« Outfits. Ganz schmale Hosen, tolle Shirts. Und sie schminkt sich schon ein bisschen. Natürlich hält es das Mädchen aus der Stadt nicht lange auf unseren Wiesen. Auch die Beschäftigung mit mir, ich bin noch sehr klein, ist nicht tagesfüllend.

Und so ist es denn nur eine Frage der Zeit, bis sie durch unseren Ort flaniert. Die Hauptstraße, die sich schnurgerade wie ein Lineal durch das Zentrum zieht, ist wahrlich keine Shoppingmeile. Aber ein Eis oder Bubblegum aus einem Automaten kann man da schon kaufen, so wie es auch die Dorfjugend macht, die des Weges kommt. Klar, dass niemand an diesem hübschen Girl vorbeisieht. Mit ihrer lässigen Erscheinung wirkt sie wie ein Mannequin, ein Wort, das auf dem Land bei uns »Mannekwien« gesprochen wird, der angesagte Begriff für die Models zu dieser Zeit. Und an der »schicken Deern von weither« glotzen sich die Jungs die Augen aus.

Es dauert nicht lange, da beginnt das Werben um sie. Hier ein Spruch, da ein kurzer Plausch. Mehr geht erst mal nicht, weil sie schnell wieder zurückmuss – ins Pastorat. So lässt es sich auch nicht verheimlichen, dass sie mit dem »Preester« verwandt ist. Das macht die Kontaktaufnahme der Burschen mit ihr schwierig, wenn nicht gar unmöglich. Erstens haben die Jungs Respekt vor Papa, weil sie in seinen Konfirmandenunterricht gehen. Und zweitens passt er auf seine Nichte wie ein Schießhund auf. Zu meiner Mutter sagt er: »Ich habe ja Verantwortung für das Kind!« Und je länger meine Cousine im Dorf unterwegs ist, desto unruhiger wird er.

Mit jedem weiteren Tag, an dem »das Kind« wieder mal »poussieren« geht, wie Papa sagt, gibt es Diskussionen daheim. Meine Mutter meint: »Du übertreibst!« Mein Vater aber malt weiter den

Teufel an die Wand. Was solle werden, wenn etwas »passiert«, da könne er ja seiner Schwester gar nicht mehr unter die Augen treten. Nur bedingt lässt er sich beruhigen, als meine Mutter ihm sagt, dass man »von ein paar Gesprächen auf der Straße – coram publico – ja nicht gleich schwanger wird«. Doch es dauert nicht lange, und es ist kurz davor, dass theoretisch doch etwas »passieren« kann. Zumindest in der Wahrnehmung meines Vaters.

Meine Cousine schläft schon, als sie von einem Geräusch wach wird. Es hört sich an wie Hagelschauer, aber das kann es nicht sein. Es ist Hochsommer und die Nacht ruhig und lau. Sie setzt sich im Bett auf und horcht genau hin. In unregelmäßigen Abständen macht es leise »Tick« an dem dünnen Fenster. Huch, was ist das? Schmeißt jemand Kieselsteinchen ans Glas? Sie schaut heraus und entdeckt ihre Casanovas vom Vormittag. Sie haben ihr Zimmer ausgespäht und sich postiert, um sie in die herrliche Sommernacht zu locken. Zu dieser Stunde, in der auch »de Preester pennt«, kann man sich, so denken sie, aufs Pastorats-Grundstück schleichen.

Tatsächlich scheinen sie Erfolg zu haben. Sie wird aufstehen, sich anziehen und auf den Weg machen. Aber mein Vater hat bereits Wind von den Vorgängen bekommen, stürmt aus dem Haus und wird die Bengel vertreiben, nicht ohne ihnen vorher eine Standpauke zu halten. Danach ist mein armes Cousinchen dran. Mein Vater wird ihr erklären, dass er »unter solchen Umständen« nicht mehr die Verantwortung für sie übernehmen könne und sie deshalb am nächsten Morgen abreisen werde. Ein klarer Fall von Überreaktion – und ein familiärer Eklat dazu. Wegen harmloser Teenager-Flirts die Nichte aus dem Haus werfen, so etwas mache »ja nicht einmal der Papst«, schreit Mami. Doch alle Beschwichtigungsversuche fruchten nichts. Papa bleibt bei seiner Entscheidung. »Das Kind« muss nach Hause zu seiner Mutter.

Es folgen hitzige Gespräche am Telefon und auch zu Hause bei uns am Küchentisch. Meine Mutter ist sehr traurig, »weil dem Mädchen die Ferien bei uns kaputtgemacht werden«. Und mein Vater versucht sich selbst mit stundenlangen Vorträgen zu beruhigen. Er sinniert darüber, was in einem Pastorat gehe und was nicht erlaubt sei. Ausgeschlossen sei doch, dass »meine Konfirmanden bei uns am Fenster stehen und den Mädchen im Haus nachsteigen«. Meine Mutter wird mit ihm streiten, weil sie seine Reaktion für »maßlos« hält. Aber da kommt er mit dem Totschlagargument, mit dem auch ich in meiner gesamten Kinder- und Jugendzeit in Schach gehalten werde: Er habe ein öffentliches Amt, und deshalb könne man auch zu Hause nicht machen, was man wolle. Wir sollten Vorbild sein. Und überhaupt, dass es nun schon so weit sei, dass die Dorfjugend sich bis ans Pfarrhaus traue, um ein Familienmitglied mitten in der Nacht auf die Straße zu holen, das sei ein Unding. Zustände also, die nach einer unmissverständlichen Haltung riefen.

Doch so drastisch sich mein Vater auch als Moralapostel geriert, kann er doch nicht verhindern, was der liebe Gott für seine Schäfchen manchmal vorherbestimmt.

*

Als Rosi weg ist, gucken wir ziemlich bedröppelt aus der Wäsche. Meine Mutter erklärt die Gründe für ihren Abflug. Wir Kinder können das überhaupt nicht verstehen. »Auch ich bin nicht immer pünktlich«, sage ich, »würdet ihr mich auch wegschicken?« Meine Mutter beruhigt mich und sagt: »Nie würden wir euch weggeben, aber Rosi ist nicht unser Kind, und wenn sie nicht macht, was wir ihr sagen, muss sie zu ihren Eltern zurück.«

Das müssen wir schlucken. Wer nicht hört, muss fühlen. Das erfahre ich immer wieder in meinem Pfarrhaus. Mitten im Schuljahr lässt sich kein neuer Lehrling finden. In unserem Haushalt geht es drunter und drüber. Und so wird erneut Tante Wally aus der selbst verschuldeten Versenkung geholt. Wieder kräuseln sich ihre Lippen zu einem triumphierenden Lächeln, das ausdrückt: »Tja, so was wie mich kriegt ihr nie wieder …«

Aber es ist nur ein kurzes Gastspiel, in dem sie wieder alle Register zieht, um deutlich zu machen, wie unentbehrlich sie eigentlich ist. Keine Matratze, die sie nicht im Garten ausklopft. Kein Teppich, den sie nicht fleckenfrei kriegt. Ganz zu schweigen von ihrem segensreichen Wirken in der Speisekammer, deren Vorräte unter Rosis Ägide vollkommen aufgebraucht, aber nie wieder richtig aufgefüllt worden sind.

Trotzdem sind meine Eltern froh, als nach den Sommerferien an einem Sonntagnachmittag ein roter VW-Käfer vor unser Rondell vorfährt. Vom Rücksitz klettert ein junges dunkelblondes Mädchen. Sie ist fünfzehn und wird unsere neue Hauswirtschaftsschülerin. Mit meinen Geschwistern habe ich Iris-Margrit sofort ins Herz geschlossen. Begeistert hüpfen die Kleinen um sie herum. Sie können ihren komplizierten Vornamen nicht aussprechen und rufen sie immerzu »Iggi, Iggi«. Und so wird sie alle Jahre für uns heißen. Auch meine Eltern rufen sie so.

Iggi ist ein Goldschatz. Sie ist meine ältere Freundin, meine Schwester, mein Vorbild. Meine Mutter herzt und drückt unsere Iggi, als sei sie ihre eigene Tochter. Mami hat einen ausgeprägten Beschützerinstinkt, der bei Iggi zur Hochform aufläuft. Denn Iggi braucht besondere Zuwendung, weil sie stottert. »Wahrscheinlich tut sie sie dies, weil sie es zu Hause nicht immer leicht hatte«, wird mir erklärt. Und wir alle werden aufgefordert, zu Iggi immer »ganz lieb zu sein, dann spricht sie ohne Angst und gerät beim Sprechen weniger ins Stocken«. Aber auch Pastorenkinder können grausam sein, und so werden wir diese sprachliche Schwäche mit üblen Streichen herausfordern und damit zeitweise auf ein Höchstmaß treiben.

Iggi hat alle Hände voll zu tun. Sie muss Vorbereitungen für das Mittagessen treffen. Sie muss einkaufen und Geschirr spülen.

Und zwischendurch immer schauen, dass wir keinen Blödsinn machen. Sie holt uns von Fensterbänken und Bäumen herunter. Sie passt auf, dass wir uns beim Basteln nicht mit der Schere verletzen. Sie füttert die Kleinen, während die Größeren ihre schmutzigen Hände in den Bananenbrei stippen. Von morgens bis abends wird sie uns ermahnen, worauf wir mit wüsten Beschimpfungen reagieren. Je wilder wir sind, desto schwerer fällt es ihr, einen ganzen Satz herauszubringen, was ihre Arbeit damit unmöglich macht.

Es kommt der Tag, an dem wir für unser schlechtes Benehmen mit Taschengeldentzug, Stubenarrest und ganz harten Ansagen unserer Eltern überrascht werden. Das tut weh im Moment. Aber ich lerne, dass Menschen, die Schwächen haben, unsere Rücksicht brauchen und wir sie nicht noch extra triezen dürfen. Natürlich geht dies nur sehr langsam in unsere Köpfe hinein.

Aber es gibt auch viele friedliche Stunden mit Iggi. Zum Beispiel, wenn meine Eltern abends ausgehen und sie am Wohnzimmertisch ihre Hausaufgaben für die Berufsschule macht. Eigentlich liege ich schon im Bett. Aber das Wissen, dass Iggi nebenan sitzt, macht mich neugierig. Im Schlafanzug setze ich mich zu ihr und erfahre, was sie neben der Arbeit bei uns noch zu leisten hat. Ganze DIN-A4-Seiten muss sie aus Büchern abschreiben. Ich staune, wie gerade und wie leserlich ihre Handschrift ist. Nur wozu das bloße Abschreiben von Inhalten wie der Zubereitung von Pudding gut sein soll, darüber rätsele ich die ganze Zeit, aber ich darf den Mund nicht aufmachen und fragen. Iggi darf nicht gestört werden. Und bevor sie mich zum Schlafen schickt, bleibe ich lieber mucksmäuschenstill.

Meine Achtung vor ihren Aufgaben nimmt ungeahnte Ausmaße an, als sie ein weiteres Heft mit ganz vielen Linien und Spalten aus einem Stapel zieht. Sie trägt irgendwelche Zahlen ein und addiert und subtrahiert Beträge und Summen und erklärt mir, dass »Rechnungswesen« ihr schwerstes Fach sei. Was immer sie da gelernt hat, mir flößt es größten Respekt ein. Denn Sachgebiete wie »Rechnungswesen« bleiben nicht nur in diesem Moment böhmische Wälder für mich.

So freunden wir uns an. Und für mich beginnt ein neues Zeitalter. Dank Iggi werde ich jetzt zur leidenschaftlichen »Bravo«-Leserin. Kommt sie mit der neuen Ausgabe vom Kaufmann, laufe ich gleich hinter ihr her, obwohl sie in ihrem Zimmer verschwindet. Wenn ich klopfe und frage, ob ich hereinkommen dürfe, macht sie bereitwillig auf, obwohl sie Pause hat. Zusammen sitzen wir auf ihrem Bett und schmökern in den Liebesgeschichten der Leute, die für Teenager gerade die wichtigsten Personen der Zeitgeschichte sind. Aber auch Iggi, wie schon vorher Rosi, interessiert sich am meisten für den Starschnitt im Heft. Eine Art Fotopuzzle. Jede Woche kommt ein Teil hinzu, um am Ende seinen Star in Lebensgröße an die Wand heften zu können.

Iggis Held ist Roy Black, der schönste und tollste deutsche Schlagersänger seiner Zeit. Darüber und danach gibt es niemanden, der Iggi so begeistern kann wie »Roy«. Sein Jahrhunderthit »Ganz in Weiß« ist Iggis Hymne, die tagein und tagaus im Pastorat aus allen Lautsprechern dringt. Beim Abwaschen, beim Bügeln, beim »Mensch-ärgere-Dich-nicht«-Spiel. Bei uns im Pfarrhaus singen wir alle: »… ja dann reichst du mir die Hand, und du siehst so glücklich aus … ganz in Weiß … mit einem Blumenstrauß …« Iggi hat regelmäßig Tränen in den Augen, wenn dieses Lied erklingt. Und die hübsche Blümchentapete, mit der meine Mutter Iggis Zimmer hat herrichten lassen, ist zugeklebt von Roy Black in allen Posen und Perspektiven inklusive der von ihm persönlich unterschriebenen Autogrammkarten.

Es dauert nicht lange, da stelle ich meiner Mutter auf einmal Fragen, die ich noch nie gestellt habe. Zum Beispiel: Wie kommen eigentlich die Kinder auf diese Welt? Meine Mutter reagiert erst einmal mit einer Gegenfrage: Warum ich das denn jetzt wissen wolle. Ja, weil Iggys »Bravo« darüber schreibt. Etwas holprig hat sie mir daraus vorgelesen. Nun will ich verifizieren, ob das auch so richtig ist, was da steht. Bereitwillig gibt meine Mutter mir Antworten auf alles, was ich wissen will.

Zudem nimmt das Thema Liebe über die Zeitungsrubrik hinaus nun auch reale Formen an. Auf einmal kann ich nicht mehr so häufig zu Iggi ins Zimmer. Zumindest dann nicht, wenn sie Besuch hat. Immer häufiger kommt da ein junger Mann auf dem Motorrad angebraust. Er trägt Lederjacke und hält ganz lässig seinen Schutzhelm in der Hand, den er erst absetzt, kurz bevor er das Pastorat betritt. Darauf hat mein Vater bestanden. »Ich will sehen, wer zu uns kommt«, sagt er dem jungen Mann, als dieser bei seinem ersten Besuch behelmt durch unseren Flur schnurstracks auf die Tür zur Treppe zusteuert. Er muss sich namentlich vorstellen. Und er bekommt die Ansage, dass er spätestens abends um zweiundzwanzig Uhr das Haus zu verlassen habe. Denn »Besuche über Nacht kann ich nicht dulden«. Er nickt wortlos dazu und verschwindet mit Iggi.

Der junge Kerl, selbst noch keine achtzehn, heißt Werner, und er sieht aus … wie sollte es auch anders sein … wie ein Doppelgänger von Roy Black, zumindest hat er sehr viel Ähnlichkeit mit dem Star. Vielleicht ist er nicht so hübsch wie Deutschlands größte Schlager-Ikone, aber ein bisschen der Typ. Er hat ein markantes Gesicht. Dunkle Haare. Eine nicht unmännliche körperliche Präsenz. Werner ist ein sehr ruhiger Typ, der zumindest in meiner Gegenwart nie den Mund aufkriegt. Nicht mal »Hallo« wird er zu mir sagen, und das, obwohl ich Iggis beste Freundin bin. Aber ich müsse das verstehen, wie Iggi mir einmal erklärt. Seine Zeit sei knapp. Er kommt meistens in seiner Mittagspause angedüst und will mit Iggi allein sein und die freie Stunde auskosten.

Da auch ich mit meinen Schularbeiten inzwischen ziemlich eingespannt bin, kriege ich nicht mit, dass Werner eines Tages wegbleibt und auch nicht mehr wiederkommt. Ausgerechnet an einem schönen sonnigen Tag sehe ich unser Hausmädchen in

Tränen aufgelöst. Mit meiner Mutter lehnt sie an unserem Auto. Es muss etwas Fürchterliches passiert sein. Immer wieder flüstert Mama: »Iggi, wir finden eine Lösung, wir werden dir helfen …« Am Abend bin ich mit meiner Mutter allein. Ich bin jetzt zehn Jahre alt und will wissen, was los ist. Ich brauche gar nicht zu fragen. Meine Mutter weiß, dass sie mir eine Erklärung schuldet. »Iggi bekommt ein Kind, aber pssst … mit deinen Geschwistern sprichst du bitte noch kein Wort darüber.«

Iggi ist noch nicht einmal achtzehn Jahre alt, und mündig ist man 1968 erst mit einundzwanzig. Es ist ein Skandal, dessen Tragweite ich in diesem Augenblick noch nicht erkennen kann. Minderjährig, schwanger und verlassen – damit ist eine junge Frau gesellschaftlich geächtet und erledigt.

Meine Mutter ist stiller als sonst. Und mein Vater zieht ein Gesicht, als hätte er lebende Frösche geschluckt. Seine schlimmsten Befürchtungen sind wahr geworden. Ein Mädchen, das unter seinem Schutz steht, ist schwanger. Und das Ungeborene sehr wahrscheinlich gezeugt in der Mittagsstunde in der Gesindekammer im Pfarrhaus. Heiliger Jesus, wie konnte das passieren? Es herrscht eine Stimmung, als würde die Welt untergehen. Auch mir ist das Lachen vergangen – aber nicht meine anerzogene Hilfsbereitschaft, die meine Eltern mir ja täglich vorleben. Ich sehe, dass mit Iggi nichts mehr anzufangen ist. Sie heult von morgens bis abends, immer wieder streicht sie sich mit ihrem pitschnassen weißen Taschentuch verstohlen über die Augen. Nicht mal zum Friseur geht sie, bei dem sie zum »Minipli« angemeldet war.

Ich schlage meiner Mutter vor, dass Iggi ihr Kind bei uns bekommen und großziehen könne. Auf ein kleines Wesen mehr oder weniger komme es doch gar nicht an. Ja, so denke ich und freue mich schon auf das nächste Baby in unserem Haus. Meine Mutter nimmt mich in den Arm und sagt: »Wie bin ich stolz auf dich, dass du Iggi helfen willst. Ich habe auch schon an diese Möglichkeit gedacht. Aber das geht nicht, da macht Papa nicht mit …«

10. HOCHWÜRDEN GREIFT DURCH

Mein Vater rotiert. Und es geht gar nicht mehr nur darum, dass Iggi jetzt schwanger ist. Meinen Vater empört vielmehr die Tatsache, dass Werner sich aus dem Staub gemacht hat. »Der junge Mann muss sich seiner Verantwortung stellen«, höre ich ihn aufgeregt in den Telefonhörer sprechen. Aber weil das allein nichts nützt, setzt er sich ins Auto und fährt mit einem sehr viel höheren Tempo als sonst aus unserer Allee davon. Seine Mission ist klar: Er will Iggi unter die Haube bringen. Das ist nur nicht so einfach, weil Werner nicht will. Da ist auch noch ein anderes Mädchen im Rennen um ihn.

Mein Vater fährt den ganzen Tag über Land. Von einem Dorf ins nächste und zurück. Zu Werners Eltern. Zu Iggis Eltern. Zu den Eltern der anderen jungen Frau. Immer hin und her. Mein Vater schimpft. Er verhandelt. Hält Vorträge, die an das Verantwortungsgefühl aller Beteiligten appellieren sollen. Die aufgebrachten Eltern werden immer stiller. Werner schweigt sowieso zu allem. Und am Ende der ganzen Bemühungen, die offenbar zu keinem Ergebnis führen, bestimmt mein Vater, was zu geschehen hat: »Du wirst Iggi heiraten«, sagt er zu Werner. Und zu den Eltern gewandt: »Ich dulde nicht, dass Iris-Margrit mit den Folgen einer lustigen Stunde von allen fallen gelassen und allein mit ihrem Baby dastehen wird.«

Es gibt keinen Aufschrei. Nicht ein einziges Widerwort. Niemand kommt auf die Idee, den Pastor auf der Stelle aus dem Haus zu weisen. Es wird gemacht, was er gesagt hat. Es wird so hingenommen, als habe der liebe Gott persönlich gesprochen. An diesem Tag. In diesem Dorf. Zu dieser Zeit. Unsere Iggi und Werner heiraten tatsächlich. Sie werden noch viele weitere Kinder bekommen. Irgendwann feiern sie Silberhochzeit. Da rufen sie meinen Vater an und bitten ihn, zu ihrem Ehrentag zu ihnen zu sprechen. Er wird kommen und das Paar mit einer lustigen Rede feiern und an die dramatischen Anfänge erinnern. Und Werner, inzwischen ein reifer Mann, wird Papa zur Seite nehmen und sagen: »Herr

Pastor, danke für alles. Sie haben mir das Glück meines Lebens geschenkt. Wenn Sie mich damals nicht gezwungen hätten … ich wäre nie wieder so einer lieben Frau begegnet. Es war die beste Entscheidung, die Sie für mich getroffen haben!«

11. MIT GRIECHISCH ...
DAS WAR WOHL NICHTS

Nicht alles läuft glatt im Leben. Das erfahre ich sehr viel früher als andere Kinder. Die Biografien mit allen Bruchlandungen, die den Berufsweg meines Vaters kreuzen, gehören zu meinem Alltag wie Essen und Trinken. Ich habe mich nicht daran gewöhnt. Das werde ich nie tun. Aber ich bin daran gewöhnt, dass es immer nur die anderen trifft. Doch jetzt mit zehn Jahren erlebe ich selbst, wie es ist, auf die Nase zu fallen.

Es ist das erste große Fiasko meines Lebens. Ich plumpse mit Karacho durch die Aufnahmeprüfung für das Gymnasium. Ein Erlebnis, das nicht nur mich kalt erwischt, sondern vor allem meine Eltern. Mit ihren Überlegungen, mich auf den richtigen Weg zu bringen, haben sie sich vollkommen verzockt. Völlig unkritisch haben sie bei der Entscheidung, welche Schule die richtige für mich sein kann, ihr Wertefundament auf mich übertragen. Es ist nicht irgendein Gymnasium, auf dem sie mich gern sehen wollen. Es muss ein humanistisches sein. Altsprachlich mit Griechisch, Hebräisch und Latein, und ich werde nicht gefragt, ob ich das überhaupt will.

»Eine gute Bildung hilft dir ein ganzes Leben weiter«, sagt der Theologe im Haus. Deshalb steht es außer Frage, dass ich mich dieser wohlmeinenden Absicht ebenso unkritisch unterordne. Mir bleibt auch gar nichts anderes übrig. Ich kann noch gar nicht ermessen, zu was man mich überhaupt angemeldet hat. Ich kann nicht beurteilen, ob Altgriechisch wichtiger als Englisch oder Französisch ist. In meinem Dorf »snackt man Plattdütsch«, und zwanzig Kilometer weiter nördlich von meinem Kinderzimmer beginnt

Dänemark. Ich habe also kein Bild für richtig oder falsch. So gehe ich frohgemut in die schriftliche Prüfung, die man in den Sechzigerjahren noch ablegen muss, bevor man eine »weiterführende Schule« besuchen darf. Nicht eine Sekunde denke ich daran, dass es nicht klappen könnte – bis zu dem Tag, als der amtliche Brief kommt. Meine Kenntnisse reichen nicht aus, um mich auf das »Alte Gym« in Flensburg durchzuwinken.

Es trifft mich vollkommen unvorbereitet. Als Schülerin habe ich mich eigentlich ganz ordentlich gemacht. Ich bin nicht die Beste, aber bei Weitem auch nicht die Schlechteste. Lustlos zwar, aber leidlich diszipliniert. Doch ich habe noch eine Chance. Ich werde zur mündlichen Prüfung durch die Gymnasialdirektion geladen. Und das ist der größte Schock für mich. Drei Vormittage hintereinander sitze ich in einem großen mir unbekannten Gebäude und fühle mich einsam und fremd. Und ich bin nicht in der Lage, die Gelegenheit beim Schopfe zu packen und mich zumindest im Tagesunterricht für das Alte Gymnasium zu empfehlen. Ich präsentiere mich als verschlafenes Landei, das vor lauter Schüchternheit in der Stadt den Mund nicht aufkriegt – mit den zu erwartenden Folgen.

»Die Aufnahmeprüfung ist nicht bestanden«, steht in der Mitteilung, die ich Jahrzehnte in meinem Biedermeier-Sekretär aufbewahren werde, den meine Eltern einem Bauern anlässlich meiner Einschulung abgekauft haben. Da nutzt es auch nichts, dass der beurteilende Lehrer im Gespräch zu meinen Eltern sagt, dass ich »eigentlich sehr intelligent« sei, aber einfach »zu still«.

Der Traum, dass »die Kinder Griechisch lernen«, ist wie eine Seifenblase zerplatzt, und für mich ist der kommende Sommer, meine Lieblingszeit, gelaufen. Statt mich mit Nivea-Creme und Decken und Enid-Blyton-Büchern auf einem sonnigen Plätzchen im Garten niederzulassen und am Spätnachmittag mit meiner Freundin noch etwas Badminton zu spielen, wartet jetzt die Verbannung auf mich. Man richtet mir ein »Studierstübchen« im

ersten Stock des Pfarrhauses ein, in dem ich die heißesten Nachmittage des Jahres mit Lernen zubringe.

Meine Eltern haben analysiert, woran es hapert bei mir: Alles,
was nach Rechnen riecht, ist ein Buch mit sieben Siegeln für mich.
Da der zweite Prüfungsversuch nur ein halbes Jahr später ansteht,
werde ich jetzt speziell auf Mathe-Tests getrimmt, und ich muss
täglich ein bestimmtes Pensum schaffen. »Es wird jetzt so lange
gearbeitet, bis der Stoff sitzt«, sagt meine Mutter und klopft nervös
mit dem Bleistift aufs Papier, wie sie es immer tut, wenn sie ihren
Worten besonderen Nachdruck verleihen will.

Man besorgt mir ein Übungsbuch mit den von mir verhass-
ten »Textaufgaben«, die ich rauf und runter lösen muss, bis mir
der Kopf raucht. Als Nachhilfelehrer fungieren im Wechsel meine
Eltern. Aber auch ihnen ist alles Naturwissenschaftliche suspekt,
sodass sie mir nicht immer eine Hilfe sein können. »Papa, du ka-
pierst gar nichts«, sage ich, als mein Vater mit Kuli Zahlenketten
aneinanderreiht, die ich nicht verstehe. Jeder Versuch, mit ihm
zum richtigen Resultat zu kommen, was sich in einem Beiheft mit
der »richtigen Antwort« leicht überprüfen lässt, endet mit Streit
und Tränen. Und meine Mutter, selbst immer eine Vorzeigeschü-
lerin gewesen, ackert sich durch die Lektionen, sodass ich durch
ihren Einsatz zumindest für kurze Zeit in Sachen »Dreisatz« einigermaßen firm sein werde.

Aber der Schreck, versagt zu haben, wirkt nach. Ich bin weniger
verträumt. Ich weiß jetzt, dass ich so etwas wie Nachsicht von der
Welt da draußen nicht erwarten kann. Auf mich guckt niemand
mit Milde. Nicht einmal Mama und Papa, die für jedes Problem
und jeden Menschen immer das allergrößte Verständnis zeigen.
Ich erfahre, wie eine schützende Mauer bröckelt. Mein Pfarrhaus,
das jeden Fremden umarmt, entzieht mir die alles umhüllende
Wärme, mit der hier selbst der größte Trottel empfangen wird.

Das ist eine bittere Erkenntnis für mich. Aber natürlich bin
ich nach meiner Niederlage auch ziemlich empfindlich und wahr-

scheinlich ungerecht. Auf die Idee, dass diese verschiedenen Maßnahmen zur Erziehung gehören, komme ich nicht. Ich bin zudem enttäuscht, weil ich ein »Sommerkind« bin und diese wenigen schönen Wochen im Norden einfach auskosten möchte. Es fällt mir schwer zu akzeptieren, dass für mich Termine anberaumt werden, die ich auf die Minute einhalten muss. Meine Nachmittagsstunden sind mit einem festen Lernprogramm auch in den anderen Fächern belegt. So liest mein Vater mir Texte aus Zeitungen oder der Kinderbibel vor, die ich mitschreiben muss, um noch besser im Diktat zu werden. Und ich trainiere, Kurzgeschichten als schriftliche »Nacherzählung« noch besser wiederzugeben. Man will auf Nummer sicher gehen. Nicht noch einmal soll ich das »Schaf« sein, das naiv durch eine Prüfung rasselt.

Doch es fühlt sich an wie Isolationshaft. Ich bin voller Sehnsucht, wenn ich aus dem Fenster auf die blühenden Bäume schaue und meine Geschwister vor lauter Spielfreude dort kreischen höre. Aber es dämmert mir: Ich muss an mir arbeiten. Ich kann mich nur auf mich selbst verlassen. Ich pauke mit Widerwillen – aber ich weiß jetzt, wofür. Mit jeder gelungen Klassenarbeit wächst mein Sportsgeist. Und ein Jahr später darf ich endlich das Gymnasium besuchen.

*

Ich werde in die Sexta auf die Auguste-Viktoria-Schule aufgenommen. Ein früheres Lyzeum in Flensburg, 1886 als »höhere, vornehme Mädchenschule« gegründet, direkt neben der dänischen Schule. Dies ist der Beginn eines völlig neuen Lebens für mich. Es ist mein persönlicher Urknall, der mir Welten eröffnet, die es in meinem pastörlichen Refugium noch nicht gegeben hat.

Ich gehöre zu einem der ersten Jahrgänge, an dem auch Jungen zugelassen sind. Mein Sitznachbar heißt Carlo, er ist ein bildschöner schwarzäugiger Junge aus Indien und so ganz anders als die

Klassenkameraden, die ich vorher hatte. Er besitzt ein sehr verschmitztes Lächeln. Und er ist auf sehr entspannte Weise freundlich zu mir. Wir helfen uns im Unterricht. Carlo flüstert mir die richtigen Lösungen zu, wenn ich auf eine Frage nicht antworten kann. Ich lasse ihn bei mir »abschreiben«, wenn ich mit einer Klausur besser zurechtkomme als er. Er ist der erste Junge, der mir ohne alberne Vorbemerkungen bereitwillig in mein Poesiealbum schreibt: »Hab Sonne im Herzen, ob's stürmt oder schneit, ob der Himmel voller Wolken, die Erde voll Streit ...« Mein ganzes Leben werde ich mich an diesen Auszug aus diesem Gedicht erinnern. Hätte ihn mir beispielsweise ein »Bernd« geschrieben, wäre er in den späteren Jahren lange vergessen gewesen. Aber es ist Carlo, der mir diesen Reim mit auf den Weg gegeben hat. Und wenn diese Zeilen zu jemandem passen, dann zu ihm.

Neben Carlo zu sitzen ist so, wie einen Platz an der Sonne zu haben. Er hat ein sehr heiteres liebenswürdiges Gemüt. Einen so zauberhaften Mitschüler wie ihn werde ich nie wieder bekommen. Auch meine Klassenlehrerin, eine Frau Doktor – so etwas Kluges gab es auf meiner Grundschule nicht, und zudem ist sie Mutter von vier Söhnen –, ist eine Wucht. Sie lobt immer uns Kinder vom Land, die wir viel »wacher und aufmerksamer als die Stadtkinder« seien.

Aber da ist auch noch ganz etwas anderes viel Entscheidenderes, das mir neuen Schwung verleiht: Ich bin nicht mehr die »Tochter vom Preester«. Ich bin jetzt *ich*. Ciao, Dorfleben, welch eine Erleichterung für mich. Es ist eine wahre Errungenschaft, die mir ein bisher nicht gekanntes Leben beschert. Ich lasse alles Bedrückende hinter mir: die Volksschule, an der mich die Lehrer gängeln. Die früheren Mitschüler, die mich hänseln. Die Schmach, nach dem ersten verkorksten Start an einem Gymnasium noch ein weiteres Jahr auf die alte Schulbank zurückkehren zu müssen, was als Pastorentochter vor den Augen der Dorfgemeinschaft noch demütigender als ohnehin schon ist. Und es wird auch nicht mehr durch den ganzen Ort getratscht, wenn ich eine Klassenarbeit versemmele.

Das alles kann ich jetzt streichen. Hier werde ich als normales Mädchen wahrgenommen. Und das ist ein Hochgefühl, das mir Flügel verleiht. Nichts wird mir zu viel. Ich habe einen Schulweg, der jeden Morgen mindestens eine Stunde dauert. Und auf der täglichen Anreise fühle ich mich, als ginge ich in die große weite Welt hinaus. Ich stehe um halb sechs Uhr auf. Ich gehe zum Bäcker. Wenn das Ladengeschäft noch nicht geöffnet ist, klopfe ich in der Backstube und bekomme die Brötchen ganz warm direkt aus dem Ofen. Meine Mutter bereitet mein Schulbrot vor, meinen Kakao kaufe ich unterwegs. Um halb sieben verlasse ich das Haus und gehe zum Bahnhof. Auch im Winter, wenn der Schnee mir bis weit übers Knie reicht, stapfe ich in der Dunkelheit mit anderen Nachbarkindern los.

Steige ich in Flensburg aus, empfängt mich zuerst der Geruch vergorener Hefe von der Brauerei in der Nähe. Ein Aroma wie von faulen Eiern, das mich zügig auf den Hügel zu meiner Schule hochträgt, um ihm möglichst schnell zu entkommen. Ich gewinne Eindrücke, die vollkommen anders sind. Im Deutschunterricht nehmen wir ein dünnes Büchlein durch, das es in sich hat. Es geht um die Angriffe mit Atombomben im japanischen Hiroshima und kurz darauf in Nagasaki. Es ist ein Stoff, der mich bewegt und mein erster weiter Blick über den Tellerrand der nahen Pfarrhaus-Schicksale ist.

Klar, dass ich jetzt neue Fragen zu Hause habe. Und für dieses Thema nehmen meine Eltern sich Zeit für mich. »Der Mensch kann böse sein«, sagt mein Vater, der mich über die Historie des Grauens aufklärt. Und Mama überprüft meine Hausaufgaben zu diesem Buch und sagt: »Das geht so nicht, Kind. Da musst du noch einmal ran.« Und dann erklärt sie mir, wie ich meinen Aufsatz besser schreiben kann.

Für das Fach Biologie hievt die Lehrerin eine Riesentüte mit

Schweinsaugen aufs Lehrerpult, an deren Sektion ich mich vor lauter Ekel nicht beteiligen kann und Gott sei Dank auch nicht gezwungen werde. In der Gymnastikstunde studieren wir den Tanz »Kazachok« ein zu den Klängen des gleichnamigen russischen Volksliedes »Kasatschok«, in dem es um den »kleinen Kosaken« Iwan und seine Nikolaja geht. Und in einem kleinen Dachzimmer lernen wir Mädchen das Sticken und mit einer Nähmaschine umzugehen. Letzteres gelingt mir überhaupt nicht. Aber auch wenn mir regelmäßig die Nadel bricht und ich nach mehreren Pannen zur Strafe in einem Abstellzimmer auf dem Boden ausharren muss, so kann nichts meine Begeisterung über meine herrliche Freiheit fernab des Pastorats erschüttern.

Die Schule ist ja nicht alles. Meine Geburtsstadt lockt mit purem sinnlichen Vergnügen. Direkt am Ausgang des Gymnasiums wartet der Eismann mit seinem Wägelchen und einer großen Glocke, die schon vor Unterrichtsende verführerisch läutet. Meistens leiste ich mir zwei Kugeln für zwanzig Pfennige. Da wir noch Wartezeit bis zur Abfahrt des Zuges haben, schlendern meine Freundinnen und ich hinab in die City. Unser Weg mündet direkt in die Einkaufsstraße, und spätestens jetzt ist dieser kleine Grenzort so spannend wie New York für mich. Angetan hat es mir ein Stand in einer Hofeinfahrt, an dem sich eine Frau, immer mit weißem Hut, mit ihrem Softeis-Automaten in Stellung bringt. Die Warteschlange davor ist riesig. Also komme auch ich dort nicht vorbei, ohne den Rest des Taschengeldes aus meinem Portemonnaie zusammenzukratzen und für die herrliche kühle Sahnecreme mit bunten Streuseln anzustehen.

Ich finde Gefallen daran, durch die Stadt zu »ditschern«. Ich werde nicht müde, bei »Kepa« die Lippenstift-Tester durchzuprobieren, auf eigene Faust die neue Schuhmode zu entdecken und einen eigenen Geschmack zu entwickeln. Manchmal kehre ich mit meinen Freundinnen im Grillimbiss ein, in dem ich die Jahre vorher mit meiner Mutter Rostbratwürstchen gegessen habe, bevor es mit der Bahn nach Hause ging. Ich komme an Kneipen vorbei, aus denen eine Musik hämmert, die ich noch nie gehört habe. Und wenn plötzlich junge Männer laut rufend wie eine Horde Wikinger in den beschaulichen Boulevard einfallen, kann ich nicht anders, als ihnen nachzulaufen. Vor sich her tragen sie Transparente, und sie hampeln wie Clowns, die ich bisher nur aus dem Wanderzirkus im Frühjahr kenne. Automatisch stimme ich in ihren Schlachtruf ein, den ich weder verstehen noch zuordnen kann. Aber er setzt eine Energie frei, der ich mich in diesem Moment nicht entziehen kann. Im Chor schreien sie »Ho … Ho … Ho Chi Minh!« Und wieder »Ho … Ho … Ho Chi Minh!«

Mit jedem »Ho« und jedem »Chi« und jedem »Minh« ragt ihr Transparent noch höher aus der wüsten Menge heraus. Und ich, ein Hascherl aus der Provinz, bin mittendrin in einer typischen 68er-Demonstration. Den Kreuzzug des Protests erlebe ich auf Sparflamme, weil Flensburg nicht Frankfurt oder Berlin ist, wo es noch viel heißer zugeht. Aber das Bekenntnis gegen den Vietnamkrieg mit seinem Leid für die Bevölkerung und die Solidaritätsbekundungen für die vietnamesische Symbolfigur Ho Chi Minh, den kommunistischen Revolutionär und späteren Premierminister, der für die Einheit seines Landes kämpfte, beschäftigt mich.

Ein vages Ahnen von politischem Interesse lösen die Märsche kurz vor Zugabfahrt in mir aus. Mir gefällt das. Gegen einen Krieg aufzustehen, ist eine gute Sache, finde ich. Und wann immer sich die Menge mir vollkommen unbekannter Leute wieder auf die Straße begibt und ich sie erspähe, marschiere ich mit. Natürlich habe ich lange ein Auge auf die Anführer der Demonstrationen geworfen. Es sind die Primaner vom Alten Gymnasium, die ich täglich auf dem Schulhof hätte erleben können, wenn ich nicht die Aufnahme dort durch meine eigene Dummheit vermasselt hätte. So verfolgt mich dieses Desaster sehr viel länger, als es eigentlich nötig wäre.

Aber mich faszinieren diese Typen, die aussehen wie von einem anderen Stern. Das reizt mich. Manche sind bärtig, die meisten haben lange Haare, und sie tragen dschungelgrüne Parkas. Wenn sie sich später an ihrem Sammelplatz unterhalten und dabei an ihren selbst gedrehten Zigaretten ziehen und sich mit den Polizisten streiten und »Bulle, hau' ab!« schreien, dann bin ich hin- und hergerissen: Ist das jetzt unhöflich, was die da sagen? Oder flößt es mir Respekt ein, wie »die Großen« sich gegen Reglements zu wehren wissen? Das, was ich dort sehe und höre, hat nichts mit dem Benehmen zu tun, wie ich es von zu Hause kenne. Und da mir die spannenden Jungs am Ende doch ziemlich fremd sind und auch mich, dieses Kind, gar nicht wahrnehmen, wird meine Begeisterung für sie irgendwann versiegen.

*

Mein »politisches Engagement« führt zu Irritationen daheim. »Halt dich da fern«, sagt mein Vater, »große Menschenmengen können auch Gefahren bergen, mein Kind.« Und hin und wieder fällt der Begriff »Molotowcocktail«. Auf meine Frage, was das denn sei, höre ich, dass es sich um »Brandbomben« handeln würde, mit denen »diese Verrückten um sich werfen«. In heller Aufregung und aus Sorge um meine Sicherheit monologisiert Papa über Osterunruhen, die APO, Rudi Dutschke, Wasserwerfer, Krawalle etc. Alles Wörter, die zum ersten Mal in meiner Gegenwart fallen. Ich sitze mit offenem Mund da und verstehe nur Bahnhof.

Damit ist die Ära der Studentenproteste auch in meinem Paradies angekommen. Papa sitzt häufiger am Radio als früher. Rauchend und grübelnd sehe ich ihn über eine Zeitschrift mit einer farbigen Umrandung auf dem Cover gebeugt, die ich zu diesem Zeitpunkt noch nicht als »Der Spiegel« wahrnehme. Das bisher einzige Mal, dass Politik eine Rolle spielt und ich davon etwas mitbekomme, ist der Tag, an dem John F. Kennedy ermordet wird. Aber danach nicht wieder – bis eben zu diesem Moment, an dem ich aus der Schule komme und von meiner ersten Demo berichte.

Die Ermahnungen meiner Eltern, mich in keine Straßenschlacht verwickeln zu lassen, nehme ich hin. Ich bin selbst viel zu vorsichtig, um in den Hagel von Steinen oder Ähnlichem zu geraten, so bilde ich es mir zumindest ein. Aber bisher war alles sehr harmlos gewesen. Ich bin auch noch viel zu sehr Kind, um dieses Geschrei und Gehüpfe in der Stadt weiter zu einem beherrschenden Thema werden zu lassen.

Dafür ist mir eine andere Erfahrung, die ich jetzt machen darf, viel zu heilig. Ich bin erst gegen fünfzehn Uhr wieder zu Hause. Und das ist eine Zeit, in der ich meine Mutter ganz für mich allein habe. Komme ich um die Ecke in unserer Allee, steht sie schon an der geöffneten Pfarrhaustür. Wenn es nicht regnet, ist es eine mir sehr vertraute und lieb gewonnene Angewohnheit von ihr, dass sie täglich schaut, wann ich endlich heimkomme, und mich mit einer warmen Umarmung und vielen Küssen empfängt.

Mama, manchmal noch im hellrosafarbenen Frottee-Bademantel, weil sie sich für eine kurze Mittagsstunde mit den Kleinsten hingelegt hat, wird mein lebenslanges Bild für »Erwartet werden« und »Willkommen sein« bleiben. Wenn dann in der Pfanne auf dem Herd leise eine Rumpsteak im Zwiebelbett singt oder im Ofen der Rest vom Nudel- oder Gemüseauflauf auf mich wartet, tauche ich in eine Geborgenheit ein, die mir immer wieder signalisiert, wie geliebt ich in meinem Elternhaus bin.

Wir sitzen ganz allein am Küchentisch. Ich esse und erzähle – und meine Mutter hört zu. Sie erfährt alles. Wie die Deutscharbeit war, was in Mathe dran ist, wie weit ich im Sport bei der Leichtathletik gesprungen bin, wie wir unsere Tempotaschentücher in der Schule entsorgen müssen, nämlich immer in Plastiktüten, damit »die Bazillen nicht mehr durchs Klassenzimmer fliegen«, wie bescheuert der Physiklehrer ist, und wer heute aus dem Dorf welche

Faxen im Zug gemacht hat. Mit meiner ganzen Unbekümmertheit plaudere ich aus, was mir widerfahren ist und wer mir was erzählt hat.

So sind wir auch schnell bei meinen Freundinnen. Mami will immer alles ganz genau wissen. Und so gebe ich auch mein Gespräch mit einem Mädchen wieder, mit der ich schon früher viel gespielt habe und die mir nun eine treue Gefährtin auf der Reise nach Flensburg ist. Wir fahren nicht immer zusammen, aber sehr häufig. Wir sprechen über unsere Eltern. Und wir mokieren uns auch ein wenig über sie. Ich klage, dass wir immer noch keinen Fernseher hätten. Und wie frech meine Geschwister seien und dass meine Mutter oft müde sei. Und sie sagt, dass ihre Mutter immer »so komische Dinge« sehe, die sie »bis jetzt nicht entdeckt« habe. »So, was sieht sie denn?«, frage ich. Und meine Freundin antwortet: »Meine Mutter sieht immer weiße Mäuse.« Ich kann das gut nachvollziehen und sage: »Ja, ich sehe ja auch immer graue Mäuse, die meine Eltern auch nicht sehen.« Und voller Empörung erzähle ich von meinen Erlebnissen mit unserer Mäuseplage, die erst nach meinen vielen Beschwerden langsam in den Griff zu kriegen war.

Meine Freundin scheint dies zu beruhigen, und sie sagt: »Ja, dann wird das bei meiner Mutter auch so sein. Sie sieht ganze Horden, die durch unser Wohnzimmer flitzen. Und ich verstehe nicht, wo sie die sieht.« Diese Begebenheit ist schnell erzählt. Ich habe noch viel Wichtigeres zu besprechen, weil ich einen neuen Badeanzug für den Schwimmunterricht brauche und wir tags darauf einen Klassenausflug ins Gehölz an die Flensburger Förde machen wollen. Aber Mama hakt nach, sie will mehr »von den weißen Mäusen wissen ...« Mich stört das ein wenig. Und ich sage: »Die gibt es dort doch in Wahrheit gar nicht, Mami, die Mutter sieht die Mäuse doch nur, wenn sie die Augen schließt ...« Und noch einmal fragt meine Mutter: »Hat das Mädchen dir das wirklich so gesagt?«

Erst Tage später erfahre ich, warum meine Mutter so insistiert hat. Im Dorf ist es kein Geheimnis, dass die Mutter meiner Freundin ein Problem mit dem Alkohol hat. »Wahrscheinlich sieht sie die Mäuse im Delirium«, erklärt Mami mir, »und wenn es schon so weit ist, dass man weiße Mäuse sieht, muss etwas geschehen.« Auf einmal ergibt alles einen Sinn. Mich hat es gewundert, dass nach einem Sonntagsessen, zu dem ich eingeladen war, die besagte Frau, die zu mir immer sehr freundlich ist, nicht deutlich sprechen konnte und klagend den Kopf auf den Tisch legte und ihrem Mann kein Wort über die Lippen kam und er überhaupt nicht reagierte, als sie ihn ansprach. Das war eine Situation, die ich wegen ihrer vollkommenen Unwirklichkeit mein ganzes Leben nicht vergessen werde. Wie eine Inszenierung wird sie in meinem Kopf bleiben: Eine erwachsene Frau hat am helllichten Tag die Kontrolle über sich verloren – und die Menschen im Raum um sie herum verhalten sich so, als sei überhaupt nichts geschehen. Ich war zu klein, um zu verstehen, was da los war.

Auf einmal wird mir klar, woher die Berge von kleinen »Flachmännern« hinter dem Gerätehaus kommen, die wir so oft beim Spielen entdeckt haben. Es fällt mir wie Schuppen von den Augen – und diese Wahrheit löst in meiner Kinderseele ein heftiges Beben aus. Es gibt so viele Sorgen in der Gemeinde, und ich möchte mir Augen und Ohren zuhalten, weil es mich so traurig macht, als würden wir selbst diesen Kummer zu Hause haben. Zum Glück gibt es meinen Vater, der in solchen Situationen keine Scheu hat, zu Hilfe zu eilen. Er macht das, was er am besten kann: Er führt Gespräche. Mit dem Ehemann, der sich dem Problem nicht mehr verschließen und es nicht länger leugnen dürfe. Mit der Trinkerin, der er ihren zu erwartenden körperlichen Verfall in drastischer Weise bildhaft vor Augen führt mit allen Konsequenzen, die es für sie, aber vor allem auch für ihre Kinder haben werde, wenn sie nicht die Reißleine ziehe. Mit dem Kaufmann, den er eindringlich bittet, keinen Alkohol mehr an die Familie abzugeben. Wie er das im Einzelnen hingekriegt hat, bleibt Papas seelsorgerisches Geheimnis. Die Frau wird nie wieder ein Glas anrühren. Die Ehe ist gerettet. Und die Familie wird wieder glücklich sein. Wieder einmal erlebe ich, dass ein Pastor in den Sechzigern wie der »Heilige Vater« persönlich agieren kann.

12. AUF NACH SIBIRIEN

Es liegt eine Stille über dem Pfarrhaus, wie sie ungewöhnlich ist. Es ist Nachmittag. Wir haben frei. Keine Termine. Kein Besucher. Eine der wenigen Ausnahmen von dem täglichen Spektakel an kirchlichen Possen und menschlichen Dramen oder bürokratischem Hickhack.

Ich stehe neben meiner Mutter am Fenster in unserer Bauernküche. Gedankenverloren schaut sie auf die Allee hinaus und schweigt. Eigentlich möchte ich sie fragen, ob wir zusammen in den Garten gehen wollen. Von einem auf den anderen Tag ist der Frühling da. Wir haben das Jahr 1970, und ich bin sicher, dass mir der schönste Sommer seit Langem bevorsteht. Ich fühle mich stark und bin auf einem Weg, der sich für mich richtig anfühlt. Mein neues Selbstbewusstsein ziehe ich aus den anerkennenden Bemerkungen meiner Lehrer und meiner täglichen Flucht aus dem Dorf sowie meinen neuen Freunden, die meine Pastorenherkunft schlicht nicht interessiert.

Ich habe gerade keine andere Sorge, als zu überlegen, wann ich meine erste Party geben soll, weil dieses Thema so langsam spruchreif wird. Ich denke laut darüber nach. Doch meine Mutter springt auf meine Idee nicht an. Sie geht mit keinem Wort darauf ein. Ich stupse sie an, wie ein Welpen-Baby, das toben will. »Hey, Mami, sag doch was.« Sie druckst herum. Ich frage: »Ist was, Mama?« Sie seufzt und antwortet: »Wir werden nicht mehr lange hier sein.«

Mami macht Witze, denke ich. Wo sollen wir denn sonst sein als hier? »Papa geht als Pastor nach Kiel. Wir wollen jetzt in der Stadt leben. Das ist besser für euch, zumal ihr immer größer und damit auch andere Interessen haben werdet. Ihr braucht ein anderes Umfeld – und wir auch!«

Habe ich richtig verstanden? Träume ich? Es kann nicht sein, was ich gehört habe. Es *darf* nicht sein. Mit keinem Wort haben meine Eltern erwähnt, dass sie sich mit Umzugsgedanken tragen. Daher trifft mich diese Mitteilung so, als sei ich mit dem Kopf gegen eine Mauer gelaufen. In diesem Augenblick ist es unvorstellbar für mich, woanders hinzugehen. Weg aus meinem Hort der Geborgenheit, hin an einen Ort, an dem ich mich nie wohlgefühlt habe, wenn wir unsere Großeltern oder Tanten und Cousins besucht haben.

Einmal, ich war fünf Jahre alt, war ich ein ganzes Wochenende dort. Frostige Januartage. Es lag Schnee, hart wie Stein, der nicht schmelzen wollte. Meine Patentante hatte mich eingeladen. Aber ich habe nur geheult. Beim Spielen draußen war es mir zu kalt. Und in der Nacht rief ich nach meinen Eltern. Dieses Erlebnis ist – wenn es auch weit zurückliegt – immer noch da wie ein Antikörper, der lange nach einem Infekt im Blut nachweisbar ist, selbst wenn wir ihn lange vergessen haben.

So fällt es mir sehr schwer, mich mit dieser Veränderung abzufinden. Mit fast dreizehn Jahren soll ich einen Flecken Erde verlassen, auf dem mir jeder Grashalm vertraut ist. Dieses Pastorat mit allen Fehlern ist vor dem Hintergrund, es aufgeben zu müssen, plötzlich ein Juwel, das ich nicht loslassen mag. Ich empfinde eine Tristesse, die heftig wie ein böser Virus wütet und mindestens so schlimm wie Liebeskummer ist. Ich bin so traurig, dass ich nicht einmal weinen kann. Ich verstumme. Nur bleibt keine Zeit, den Kopf hängen zu lassen. Oder besser gesagt: Man lässt mir keinen Raum zum Jammern. Es muss ein ganzer Hausstand auf den Prüfstand und ein neuer eingerichtet werden. Und dabei muss ich als Älteste der Kinder helfen. Alles passiert Schlag auf Schlag. Der Sommer, auf den ich mich so gefreut habe, findet nicht statt, weil wir nur noch räumen, sortieren, entsorgen und über Kisten steigen.

Den Moment, als wir fünf Geschwister auf der Rückbank darauf warten, dass unser Vater den Wagen startet und zum Abschied bläst, werde ich nie vergessen. »So, Kinder«, sagt meine Mutter, »guckt noch mal alle hin, wir winken jetzt unserem alten Zuhause zu und sagen: ›Danke für all die schönen Jahre.‹« Die Kleinen wedeln mit ihrem Stofftier, die anderen mit einem Tempotaschentuch aus dem Autofenster und rufen laut »Tschüü … hüüüü … hüssss …!«

Für zwei Stunden sind wir jetzt fahrendes Volk ohne feste Bleibe. Ein paar Tränen fließen, nur bei mir nicht. Aus Trotz schlucke ich meine Traurigkeit herunter und schwöre mir: »Ich werd jetzt nicht weinen, den Gefallen tue ich dem lieben Gott nicht, wenn er das mit uns macht!« Ich mag nirgendwo hinschauen – weder auf mein altes Heim noch auf meine Eltern und Geschwister, geschweige denn auf die Zukunft. Und so zuckeln wir hinter drei Lastwagen mit je einem langen Anhänger her, und nicht nur ich habe das Gefühl, diese Fahrt endet nie.

Die Kleinen wollen schon nach fünf Kilometern wissen, »wann wir endlich da sind«. Aber am schlimmsten ist es für meinen Bruder, der als Neunjähriger sein Naturreservat verliert samt aller Abenteuer, die ein Junge mit seinen Kumpels auf dem Land erlebt. So hat jeder von uns Pastorenkindern seinen Schmerz, mit dem er gefühlt mutterseelenallein ist. Denn unsere Eltern sind seit Monaten und eben auch an diesem Tag besetzt mit lauter Organisationskram, und sie machen sich wohl gar nicht bewusst, was sie uns eigentlich antun. So beschwerlich das Aufwachsen in einem Pfarrhaus mit der Aufmerksamkeit einer Gemeinde manchmal auch sein mag, so intensiv ist es auch, wie sonst auch jede Wut und jeder Ärger, die zu einer großen Liebe dazugehören können.

Wir sind verschmolzen mit dem Job unseres Vaters und deshalb auch mit seiner Residenz, in der er verpflichtet ist zu wohnen. Sie ist unser Familiennest. Und diese beruhigende Gewissheit, hier eine Heimat zu haben, überwiegt auch mein Leid, »die Tochter vom Preester« zu sein. Aus diesem Paradies müssen wir uns als Kinder loseisen – und gänzlich schaffen werden wir dies nie. Es sind nur knapp achtzig Kilometer in die schleswig-holsteinische Hauptstadt. Aber auch mir kommt es so weit vor, als ginge es nach München.

Wir ziehen in ein neu gebautes, sehr kühl wirkendes Haus, das keinen richtigen Garten, sondern nur eine freie ungeschützte Grünfläche hat. In der Straße lärmt es, und unser Grundstück grenzt an einen Autohandel – und an die große Kirche. Meine Mutter hat versucht, allen Zimmern und dem großen Treppenhaus mit verschiedenen Farben etwas Charme zu verleihen. Sie hat die Türrahmen rot lackieren lassen. Zum Teil haben wir gelbe und grüne Wände. Und überall hängen Ölbilder eines von uns sehr geliebten dänischen Malers, in dessen Atelier wir ihn bis zu seinem Ende einmal im Jahr im langen Sommerurlaub besuchen werden. Auch schöne Drucke und unzählige Fotoaufnahmen finden ihren Platz und wirken in dieser Kulisse noch viel schöner als vorher. Und so kitschig man sich das neue Pfarrhaus mit dieser schrillen Interieur-Kreation meiner Mutter auch vorstellen mag – es passt. Unsere Villa Kunterbunt ist in den Siebzigern »le dernier cri«, der letzte Schrei. Nur der strenge Geruch von der vielen Streicherei mit den giftigen Materialien wird Wochen nicht weichen und sich auf unsere Atemwege legen und den ein oder anderen Kopfschmerz- und Asthmaanfall bei uns auslösen.

Es ist, wie es ist. Ich muss da durch. Denn alles, was ich für einige Zeit als Pastorenkind habe hinter mir lassen können, holt mich jetzt in anderer Weise wieder ein.

*

In Kiel beherrscht mich zunächst ein Thema, das an keinem anderen Ort der Welt derart aktuell für mich sein wird wie hier: das Wetter! Der erste Winter stellt alles Dagewesene an durch littener Kälte in den Schatten. Schon auf dem Land mochte ich nicht rodeln und Schlitten fahren. Ich sehe mich weinend durch den Schnee stapfen, wenn ich auch sehr gern »Gleitschuh« fuhr und darauf Pirouetten drehte wie die Eiskunstlaufstars, die ich heimlich vor dem Fernseher bei meiner Freundin bewundern konnte.

Offenbar leide ich an einer Kälteallergie, auch Morbus Raynaud genannt, die aber zu dieser Zeit kein Mensch diagnostiziert und schon gar nicht bei einem Kind auf dem Zettel hat. Bereits damals wärmte ich mich immer dort, wo man es gerade nicht tun sollte: an der heißen Heizung, die voll aufgedreht ist, und dies möglichst ohne Socken, die beim Spielen erst nass geworden und später steif gefroren waren. Umso heftiger trifft mich jetzt jedes sibirische Tief, das die Minusgrade mit seinen unverschämten Winden über die Ostsee direkt in die Kieler Förde peitscht. Die Mischung aus Frost und Feuchte kriecht mir nicht nur in die Knochen, sie lässt auch meine Hände und Füße zu leblosem Weiß bei gleichzeitiger Taubheit erstarren. Kurz, die eisigen Luftströme am Meer versetzen mir den Rest.

Noch nie habe ich so viele Mandelentzündungen in schneller Folge wie an unserem neuen Wohnort ertragen müssen. Und mit jeder weiteren Erkrankung fällt immer häufiger die hausärztliche Bemerkung, dass man dringend eine »Tonsillektomie« in Betracht ziehen müsse. Ich weiß nicht, wie viele Fläschchen Hexoral, eine hellrote Flüssigkeit, ich als Teenager vergurgele, um mir diese schmerzhafte Operation zu ersparen. Am Ende behalte ich meine Mandeln, ein Glücksfall, mit sehr viel Naturmedizin und einer gehörigen Portion Eigenwilligkeit erkämpft.

Aber darüber hinaus warten noch weitere Widrigkeiten, die mich eher seelisch frieren lassen. Man spricht hier einigermaßen klar Hochdeutsch, wenn es auch oft – je nach Bildungsgrad – mit dem Slang von der Küste gefärbt ist. Und aus der »Preersterstocher« vom Land wird deshalb jetzt die »Tochdärr vom Passdärr«. Ja,

»Tochdärrr« und »Passdärr« sagt man hier, wenn man Pastor und Tochter meint. Das bin ich nun also. Wieder und immer wieder werde ich im Zusammenhang mit dem Beruf meines Vaters wahrgenommen. Alles glotzt auf uns. Auch hier. Nur mit einem Unterschied: In Kiel schaut man bis in die Zimmer im Pastorat, und dies nicht nur, weil meine Mutter auf die üblichen weißen Vorhänge verzichtet, die ihr »einfach zu spießig« sind, und die Stores an den Seiten »doch vollkommen reichen«. Und »wenn es unbedingt sein muss, kann man die ja auch zuziehen«. Tut aber niemand bei uns. So ist da immer ein Unbehagen, wenn wir im Wohnzimmer sitzen und »die da drüben« durch die Blumen auf der Fensterbank hindurchsehen, wenn wir uns unterhalten oder streiten oder lachen oder weinen.

Ich habe jetzt Nachbarn, die ganz nah, fast Wand an Wand mit uns sind. Das neu gebaute Pastorat mit seinem täglichen Kommen und Gehen ist Kino für sie – und somit delektieren sie sich auch an meinem persönlichen Leben. Bei geöffnetem Fenster auf Kissen gestützt, starren sie rauchend und redend und auf uns zeigend zu uns herüber. Wann ich gehe, mit wem ich im Auto sitze, wie spät es abends wird. Und zu allem Übel halten sie meinen Vater auf der Straße an und fragen, ob »Herr Passdärr denn nicht endlich mal das Kirchengeläut am Sonntagmorgen abstellen« könne, weil es einen »Krach macht, der einfach störend« sei. Mein Vater wird einem solchen Ansinnen schnell einen »Riegel vorschieben«, wie er es gern formuliert. Es sei doch »vollkommen ausgeschlossen, dass wir unsere christliche Kultur, zu der auch das Geläut gehört, in irgendeiner Form einschränken« würden.

Papa kann auch mal ungestüm werden in seinen Äußerungen. Und so sagt er den Herrschaften: »Ich würde Ihnen vorschlagen, dass Sie Ihre Fenster schließen und nach Möglichkeit auch Ihre schönen weißen Gardinen, dann ist es sofort leiser …« Doch das »Public Viewing« auf unser Pastorat geht ungehemmt weiter. So schlimm kann also die Bimmelei aus dem Kirchturm dann doch wieder nicht sein. Das schließen wir zumindest daraus, wenn uns die Blicke der Leute verfolgen, bis wir unsichtbar sind. Und so wiederholt sich alles, nur in veränderten Ausprägungen. Der Beruf meines Vaters ist in jeder Ecke und in jedem Augenblick spürbar und gegenwärtig.

»Könnet Sie des Ihrem Ma gebe, des isch arg wichtig«, sagt die Gemeindehelferin, die im Büro ihren Feierabend vorbereitet und immer die Tür offen stehen lässt, damit ihr auch ja nichts entgeht. Kaum mache ich mich mit meiner Mutter auf den Weg in die Stadt, wedelt sie schon mit einem Zettel, auf dem sie wichtige Notizen für meinen Vater hat und Mami noch ein »Aber net vergesse!« hinterherwirft. Ein Umgangston, der eigentlich ziemlich respektlos ist und meine Mutter deshalb auch zeitweise ärgert. Aber sie hat Humor und findet den schwäbischen Dialekt, der in Kiel wie Chinesisch klingt, sehr lustig und spricht selbst in diesem Parlando mit der Bürohilfe, die eigentlich eine nette Frau ist, nur mit ihrem Job überfordert zu sein scheint.

Stehen zwei Personen zur selben Zeit vor ihr, sagt sie: »Des gehd grad net, bidde nacheinand.« Nicht selten ruft sie dann aufgeregt durchs Haustelefon die Pastoren-Ehefrau, der sie gerade zuvor einen frechen Satz hintergerufen hat, an und sagt im Befehlston: »Sie müsset mir helfe!« Nicht die besondere Ausdrucksform, sondern ihre Unfähigkeit, die Arbeit zu strukturieren, bringt alle auf die Palme. Und da nützt es auch nichts, dass sie im »Bastelkreis«, der mehrmals im Monat in zwei Zimmern im Souterrain unseres Hauses stattfindet, wohlgelitten ist.

Auch ich lerne unter ihrer Anleitung im Brennofen mit Emaille zu hantieren und meinen Schmuck oder andere Accessoires zu fertigen, weil ich als Pastorentochter jeden Kurs, den Papa anbietet, mitmachen muss. Die Kirche ist also mal wieder überall, wo auch unser Leben als Familie stattfindet. Zu Beginn finden alle wichtigen Konferenzen gegenüber dem Büro in einer Einzimmerwohnung statt, die später wahlweise auch an die Gemeindeschwester oder eine Vikarin vermietet ist. Daneben liegt das »Schwesternzimmer«, in dem den Senioren der Verband neu angelegt oder der Blutdruck gemessen wird oder sich Mütter ein Stillkissen und eine Babywaage leihen können. Alles dicht gedrängt neben dem Privateingang zu unserer Wohnung im ersten Stock.

Und wie selbstverständlich begegnen wir wildfremden Leuten auf dem Weg zu unseren Kellerräumen oder im Parterre, wo zwei Extraräume für die Pastorenfamilie abgezweigt sind. Alles mischt sich mal wieder – Berufs- und Privatleben. So auch, wenn ganze Trupps an jungen Leuten oder Senioren im sogenannten Annex am Pastorat verschwinden, der einen kleinen Saal mit Küche und Bad beherbergt. Dort finden alle weiteren Veranstaltungen statt, die zu den Basics einer Pfarrgemeinde gehören: Bibelstunde, Batikmalerei, Weihnachtsbasar. Auch der »Altenclub« inklusive seiner Feiern wie »Altengeburtstag« oder »Alten-Karneval«, zu dem mein Vater sich immer als Scheich oder Pirat verkleiden und mit jeder Oma entweder Walzer oder Foxtrott und zum Abschluss mit allen zusammen eine Polonaise tanzen wird.

Auch die Jugendtreffs finden hier statt. Samstags mit Disko, die der Pastor persönlich pünktlich um zweiundzwanzig Uhr beendet, indem er die Tür öffnen und sich in der Dunkelheit wie ein Blinder an den Lichtschalter tasten wird. Kaum hat er die grellen Deckenleuchten angeknipst, werden alle knutschenden Pärchen mit geblendeten Augen und hochrotem Kopf aufgeschreckt, was mir als ebenfalls anwesende Tochter dieses Spielverderbers mehr als nur peinlich ist. Auch die Musikgruppe hat hier ihren Probenraum. Nicht fehlen darf die Gitarre, das tollste Instrument überhaupt in dieser Zeit. Ein properes rothaariges Mädchen ist unsere Vorsängerin, von ihr lernen wir »Inschallah« – *das* Lied der Siebziger, das auch Katja Ebstein singt. Die Einzige zu Hause, die das Instrument wirklich beherrscht, ist meine Schwester Hossa. Sie nimmt Gitarrenunterricht, den sie nur in einer benachbarten Kirchengemeinde bekommt, weil es dort eine größere Nachfrage an solchen Lektionen gibt. Trifft unser Vater sie auf dem Weg dorthin auf unserer Treppe, witzelt er ein bisschen:»Na, mein Hossachen, wieder mit der Inschallah-Geige unterwegs?«

Ich bin zeitweise ein bisschen pikiert darüber, dass er sich so darüber amüsiert. Schließlich bin ich in der Pubertät und muss bei jedem schiefen Ton unserer Eltern dazwischengrätschen.»Papa, was heißt ›Inschallah-Geige?‹ Sie übt, damit sie in deinem Gottesdienst auftreten kann!«, sage ich.»Ist ja gut, mein Kind, war ja auch nur ein Scherz«, winkt er ab, um ihn bei nächster Gelegenheit zu wiederholen.

Wir geben uns alle Mühe,»am Kirchenleben mitzuwirken«, obwohl zumindest ich dazu keine ausgeprägte Lust verspüre. Es bleibt mir aber nichts anderes übrig, als erneut in den Kirchenchor einzutreten. Mein Bruder ist davon befreit wegen Stimmbruch. Und die Vierte von uns, Ricarda, hat ebenfalls ein zu»raues Stimmchen«, wie meine Mutter feststellt, und ist deshalb lieber auf Geigenunterricht umgestiegen. Aber wir verbliebenen drei müssen von unseren Eltern den altbekannten Text hören:»Wenn ihr da nicht mitmacht, können wir es auch von keinem anderen in der Gemeinde erwarten.«

Ein Vorbild sein, obwohl man es gar nicht sein will und oft auch gar nicht ist, empfinde ich als einen nachgerade schizophrenen Zustand, den ich auch jetzt als Teenager durchlaufen werde. Einmal in der Woche treffen wir uns, jeden Sonntag singen wir im Gottesdienst. Unsere Chorleiterin ist eine sehr kleine Frau mit schwarzen Haaren und braunen, immer leicht nervös zuckenden Augen und wechselnden Stimmungen, die sich in ihren Gesichtszügen widerspiegeln. Wir wissen nicht, welche Laus ihr über die Leber gelaufen ist, aber irgendetwas muss permanent ihren Unmut heraufbeschwören. Auch Papa liegt mit ihr häufig über Kreuz, was sie mit Vorliebe an uns Pastorenmädchen auslässt. Natürlich singe immer nur ich falsch, wenn sie mit herrischem Klopfen ihrer Stimmgabel auf dem Holz-Notenständer unseren Canto unterbricht und Verbesserungen anmahnt. Und sie wird mich zur Strafe ignorieren, wenn ich die Probe auslasse, weil am nächsten Tag eine wichtige Klassenarbeit ansteht.

Letztlich ist es egal, was wir machen. Sie ist immer beleidigt, ein Gemütszustand, mit dem ich nicht umgehen kann und auch nicht umgehen können will. Die Jüngste von uns, Victoria, Sternzeichen Löwe, ist da anders gestrickt. Sie lässt sich dieses launische Benehmen nicht gefallen. Sie hat eine wunderschöne Stimme und ist eine Sängerin, die den Chor sehr stützt. Aber mit ihren lustigen Bemerkungen beim Einstudieren der Kirchenlieder fühlt sich die Frau, die auch eine Zeit lang unsere Organistin ist und über sehr wenig Selbstbewusstsein im Umgang mit anderen verfügt, so unwohl, dass sie meine Schwester kurzerhand vor die Tür setzen und für die Dauer ihres Wirkens aus der Chorgemeinschaft ausschließen wird. »Du bist mir zu frech«, gibt sie unumwunden zu, wofür ihr fast wieder Respekt gebührt.

Die »First Daughter« der Pfarrgemeinde aus der wichtigsten Gruppe auszuschließen kommt einer Revolte gleich. Bevor sie eine solche Maßnahme ergreift, müsste sie ja eigentlich erst einmal Rücksprache mit ihrem Dienstherrn halten. Nicht nur, weil es um seine Tochter geht, sondern auch aus einem weiteren gewichtigen Grund: Die Liste der Freiwilligen, die sich »im Kirchenleben«, wie es unser Vater gern umschreibt, engagieren möchten, ist überschaubar. Und überhaupt verbietet sich dies in einer christlichen Institution, irgendjemanden unter einem solchen Vorwand aus einer Gemeinschaft auszuschließen. Genau diese Haltung unterscheidet Christenmenschen ja von denen mit nicht-christlichem Hintergrund.

Nicht nur deshalb fällt also die Reaktion meiner Eltern ganz anders aus, als wir sie nach den bisherigen Erfahrungen erwarten können: Es wird kein bisschen geschimpft. Mit fünf Kindern sind meine Eltern mit den Jahren auch sehr viel entspannter in allen Erziehungsfragen geworden, was nicht heißt, dass sie nicht auch mal wieder ausflippen können, wenn ihnen etwas vollkommen gegen den Strich geht. Beim Abendbrot ist »der Rausschmiss« natürlich *das* Thema – aber ein sehr unterhaltsames. Genüsslich lauschen wir alle Vicis Schilderungen, wie es denn zum Eklat gekommen sei. Und die ganze Familie lacht sich kaputt. Dennoch sagt mein Vater: »Ich werde mit ihr sprechen. So geht das nicht, man schmeißt ja nicht einfach die Tochter des Pastors aus dem Kirchenchor. Das steht ihr ja gar nicht zu.« Mama sagt: »Ach, lass doch, auch die Großen hatten schon keine Lust, weil es mit ihr so schwierig ist. So haben wir ein Problem weniger, alles hat seinen Sinn …«

Es dauert dann nicht lange, und wir bekommen einen neuen studierten Organisten. Ein großer schlanker junger Mann, voller Leidenschaft für die Kirchenmusik. Er wird später das Abitur nachholen, Theologie studieren und in der Kirche eine bemerkenswerte Karriere machen. Er ist ein sehr netter Mensch, der sich vor allem mit meiner Mutter gut versteht und ihr immer Blumen und Topfpflanzen mitbringen wird, die er günstig und von bester Qualität für sie besorgen und Mami über Jahre bei ihm bestellen wird. Seine Schwester wird irgendwann den Chor übernehmen. Sie macht dies so wundervoll, dass auf einmal alle wieder Lust haben, mitzumachen. Und auch für meine kleine Schwester ist die Zeit der Verbannung damit vorbei.

*

Ein großer Schock ist meine neue Schule in Kiel. *Nur* Mädchen! Das Gymnasium, das für mich vorgesehen ist, wird erst ein paar Jahre später auch Jungen aufnehmen. Aber als ich dort ankomme, ist es noch ein reines Lyzeum. Gefühlt mit allen abschreckenden Eigentümlichkeiten, die Mädchen »auf einem Haufen« in der Pubertät und darüber hinaus aufweisen können. Ich erlebe einen Umgang untereinander, den ich aus meinem skandinavisch geprägten Flensburg nicht kenne. Es ist eine wirklich bedrückende

Erfahrung für mich. Ich habe nichts gegen Mädchen, ich habe ja Freundinnen. Aber wenn über vierzig Mädels sechs Tage in der Woche zusammen verbringen, bedeutet dies schon eine Herausforderung. Niemand urteilt so schnell und so hart über den anderen wie ein Backfisch. Sowieso verhalten sich Frauen, wenn sie unter sich sind, anders als Frauen, die »gemischt« groß werden. Sie schalten vollkommen um, kaum dass ein männliches Wesen in ihrer Nähe erscheint.

Das nehme ich zum ersten Mal mit dreizehn Jahren so wahr. Nie werde ich mich daran gewöhnen können. Ich lande in einer Enklave, in der sich Befindlichkeiten stauen, die mir in hohem Maße fremd und unsympathisch sind. Wie war mein Schulleben schön mit Carlo und den anderen Jungs, mit denen wir immer nur lachten und ein so entspanntes Miteinander hatten. Es gab keine Konkurrenzen. Es gab kein Wettrennen um die Gunst von irgendetwas. Weder wollten wir Mädchen auf Gedeih und Verderb den Jungs gefallen und sie allein für uns haben noch mochten wir den Lehrern schmeicheln oder bestimmte Freundinnen »nur für uns« haben oder aus unserer Gruppe fernhalten.

In Flensburg waren wir auf eine sehr natürliche Weise freundlich und locker miteinander. Aber in Kiel ist das alles anders. Ganz in der Nähe gibt es ein Gymnasium nur für Jungen. Und die Berufsschule nebenan hat auch einige nette männliche »Exemplare«, die ein bisschen älter sind. Man trifft sich nach Schulschluss im Park oder zu den gerade beginnenden Klassenfesten. Und nähert sich uns ein pickeliges Kerlchen von sechzehn Jahren, mutiert selbst die netteste und hübscheste Mitschülerin zu einer abweisenden Zicke, die alle anderen Mädchen wegbeißen möchte, weil sie fürchtet, dass die andere ihre Attraktivität schmälern könnte. Jede will die Königin sein.

Die Feen vom Lyzeum kennen keine kollegiale Freundschaft mit Jungs. Sobald einer auftaucht, starten sie wie auf Knopfdruck den »Kampf um den Mann«, vollkommen unabhängig davon, ob er als Freund, mit dem »man geht«, in Betracht kommen mag oder nicht. Von der Kunst der »Stutenbissigkeit« verstehe ich nichts, sondern stehe als treudoofes Landei daneben. Und die ganz Gerissenen unter ihnen »buchen« mich denn auch für ganze Nachmittage als »Alibi«. Zu Hause sagen sie ihren Eltern, dass sie sich mit »Claudia, der Pastorentochter«, treffen, was ja auch stimmt. Aber mit dabei ist auch ihr Freund, den die Eltern ihr verboten haben, weil er einen schlechten Einfluss auf sie habe.

Einige Nachmittage stehe ich daneben, wenn sie rauchen und sich küssen und mein »heiliger« Leumund dieses Vergnügen ermöglicht. Aber auch die Cliquen-Wirtschaft, die jede Schülerin rigoros ausschließt, die nicht zum inneren Zirkel gehört, geht mir auf den Geist. Da gibt es die »Reitstall- und Tennisclub-Connection«, die ganz unter sich bleiben möchte. Ein Verhalten, das mir als provinzielle Borniertheit in Erinnerung bleiben und mir in keiner anderen Stadt als in Kiel so gehäuft begegnen wird. Da sind die braven Mädchen, die sich scheinbar vorgenommen haben, als Jungfrau in eine spätere Ehe zu gehen, weil sie nie einen Typen küssen oder gar eine Jugendliebe haben – und lieber ihre ungeschminkten Köpfe in die Lehrbücher stecken, aber dafür die Lieblinge aller Lehrer sind. Einige wenige bilden die »intellektuell-künstlerische« Gruppe, die sich doktrinär links gibt und über den Minirock oder alles »Kommerzielle« die Nase rümpft, weil dies in ihren Augen »dumm und billig« ist. Zu einem sehr kleinen Kreis, der sich besonders erwachsen vorkommt, gehören die Mädchen, die mit sechzehn schon Vollweib spielen und sich mit ihren Exkursionen zu diversen Abtreibungen in Holland brüsten und geradezu auffällig geheimnisvoll immer wieder den Satz »Am Wochenende fahr ich nach Amsterdam …« fallen lassen, sodass auch diejenigen, die nicht dazugehören, ihn mitkriegen müssen, aber in die näheren Umstände nicht eingeweiht werden dürfen. Bei minus zehn Grad auf dem Schulhof wird dabei eine Zigarette nach der anderen geraucht und sich zu Sit-ins verabredet, zu denen ich nie gehen dürfte, weil ich um zweiundzwanzig Uhr zu Hause sein muss, und diese Zusammenkünfte erst später richtig beginnen.

Letztere würden mich auch schon deshalb nie in ihren Kreis aufnehmen, weil ich weder mit einer ungewollten Schwangerschaft noch – bis auf eine einzige Ausnahme mit sechzehn am Strand – mit Erfahrungen zum Kiffen zur wispernden Diskussion über so viel frivol-verbotenes Treiben beisteuern kann. Ich bin das behütete Pastorenkind, das danebensteht und staunt – und von den »inner circles« als komisches Faktotum wahrgenommen wird. Ich gehöre nicht dazu, weil ich anders bin. Was die anderen dürfen, darf ich noch lange nicht. Und zum Teil will ich das alles auch nicht. Die Vorstellung, dass Pfarrerstöchter sittsam groß werden, ist deshalb berechtigt.

Aber anzunehmen, dass ich prüde und keusch lebe, ist falsch. Ich werde nur beschützt vor allem, was mich auf die »schiefe Bahn« oder auf den »falschen Weg« führen könnte. Nur ist mir dies nicht bewusst. Irgendwann werde ich in der Schule das Pfarrerstochter-Außenseiter-Syndrom ablegen können. Nur wird dieser Prozess dorthin ein wenig dauern.

Einige Mitschülerinnen treffe ich zum Diskoabend, wenn sie in unserer Gemeinde wohnen – oder im Konfirmandenunterricht, den ich zu meinem Leidwesen bei meinem Vater absolvieren muss. Zwei Jahre, die mir übertrieben lang erscheinen und in denen ich meinem geliebten Vater nur noch auf Kriegsfuß begegne. Die Stunden bei ihm, jeden Donnerstag fünfzehn Uhr, sind ganz alte Schule. Traditionelle christliche Lehre ohne aktuelle Bezüge. Ich empfinde dies als gähnend langweilig. Ich lerne das evangelische Glaubensbekenntnis auswendig und die zehn Gebote mit langen Erklärungen aus dem sogenannten Katechismus. Das sind die Aufgaben, die mein Vater stellt, und die er in jeder nachfolgenden Stunde abfragt. Wehe, ich habe das nicht drauf, dann ist der Teufel los. Papa scheut sich nicht, mich vor allen anderen Mitkonfirmanden anzuschnauzen, wenn ich nichts kann, und mir im Wiederholungsfall mit drakonischen Strafen zu drohen. Nicht selten heißt es: »Setz dich, für diese Nicht-Leistung hast du eine Woche Küchendienst extra!«

Ich möchte im Boden versinken vor Scham. Vor allen anderen so gemaßregelt zu werden ist so ziemlich das Fürchterlichste, was man als Teenager erleben kann. Und unter pädagogischem Aspekt einfach verwerflich zu nennen. Ich erfahre nicht, ob er sein eigenes Verhalten je hinterfragen wird. Ich weiß nur, dass meine Mutter mit ihm darüber streitet. In diesem Konfirmandenunterricht erlebe ich einen Vater, den ich so nicht kenne und der nicht der Vorstellung entspricht, die Gottes Schäfchen von einem Pastor erwarten können. Und beliebter machen mich solche Auftritte auch nicht.

13. PSST ... PAPA SCHREIBT DIE PREDIGT

Plötzlich ist alles doof. Und ich meine wirklich *alles*. Ich bin auf
»Anti« gepolt. Überkritisch mit der Schule und mit meinen Eltern.
Mir ist nach Umsturz zumute – auf allen Gebieten. Ich will mehr
Gerechtigkeit. Ich will mehr Freiheit. In meinem Zimmer hängt
ein großes Poster der US-Bürgerrechtlerin Angela Davis. Und ihre
hochgestreckte Faust, das Symbol für »Black Power«, habe ich verinnerlicht für meinen eigenen Kampf gegen alles, was mir jetzt in
meinem persönlichen Leben im Weg steht. »Claudia ist in der Pubertät«, höre ich meine Mutter häufiger sagen, wenn sie mit ihren
Freunden telefoniert und dabei gern laut lacht.

Von diesem Humor, die Dinge zu betrachten, merke ich allerdings wenig, wenn wir unter uns sind und ich sie mit Diskussionen
konfrontiere, die jetzt angesagt sind. Ich weiß nicht, ob ich Mamas
Erkenntnis nun positiv oder negativ werten soll. Für mich klingt
es wie eine Entschuldigung für mein Verhalten, das zurzeit weniger meinem Temperament zuzuschreiben, sondern einfach nur
als schlechtes Benehmen zu werten ist. Aber weil man in meinem
christlichen Elternhaus urplötzlich Verständnis für »solche Um-
stellungen« aufbringen will, möchte man ausnahmsweise auch mir
entgegenkommen. Ich darf abends ausgehen, aber man möchte
wissen, wie ich nach Hause komme. Findet sich niemand als Begleitung, »holt Papa dich ab«. Okay, damit kann ich leben. Ich
verbringe auch nicht mehr jeden Nachmittag ausschließlich mit
meinen Aufgaben, sondern treffe mich mit Freundinnen in der
Stadt.

Sosehr sich aber die Zügel auf dem Vergnügungssektor lockern,
so verbindlich bleiben die Regeln, die eingehalten werden müssen. Dazu gehört neben den Pflichten für die Kirche auch meine

eigene Bildung. Ich gehe mit meiner Schwester zu Vorstellungen ins Schauspielhaus. Und weil mich Theater sehr interessiert, schenken die Eltern uns zum Geburtstag ein Abonnement. Aber auch meine musikalische Ausbildung soll wieder aufgenommen werden. »Ich will, dass du Klavier spielst«, sagt meine Mutter, »du hast Talent!« Natürlich kontere ich sofort: »Aber ich will das nicht, es wird mir zu viel.« Das sei ja wohl albern, dass ich angäbe, keine Zeit zu haben, ruft sie mir nach.

Manchmal laufe ich lieber davon, statt ein vernünftiges Gespräch zu führen. »Andere Kinder würden sich darum reißen!« Ja, Mama. Ich aber nicht. Und es knallen die Türen. Dennoch komme ich nicht drum herum. Ausgerechnet den Musiklehrer meiner Schule wird Mami engagieren. Das zwingt mich doppelt, die klassische Musik wieder in meinen Alltag einzubauen. Wenn ich nicht funktioniere, macht dies auch bei meinen anderen Lehrern die Runde.

Er hat rote Haare und einen ebenso roten Schnauzbart. Seine blauen Augen mit den hellroten Wimpern blinzeln hektisch hinter seinen Brillengläsern, wenn ich den Rhythmus nicht halte oder die falsche Taste treffe. Er kommt aus Süddeutschland und spricht leise, aber sehr bestimmt. Und er ist sehr streng. Allein, um nicht mehr seine wortlose Missstimmung wegen meines nachlässigen Spiels ertragen zu müssen, setze ich mich tatsächlich an unser Klavier, das im Treppenhaus im Souterrain steht, und übe, wann immer es geht. Wenn ich spiele, klingt es durchs ganze Pastorat. Beethovens »Für Elise« gelingt mir ganz gut, und ich kämpfe mich durch die Noten zum »Italienischen Konzert« von Johann Sebastian Bach, das ich am Ende sogar auswendig spielen kann.

Meine musikalische Hochphase, die nicht ewig anhält, ist begleitet von kleinen Benimm- und Bildungs-Exkursionen, die beim Mittag- oder Abendessen ganz »en passant« stattfinden. Jeder um den Tisch herum redet anders schief oder falsch, sodass meine Eltern uns häufig verbessern müssen. Der erste Grundsatz, wenn die

Kleinen nuscheln, kommt von meiner Mutter. Und immer wenn sie uns belehrt, wirkt sie wie die geborene Schulmeisterin: »Kinder, sprecht deutlich, dann schreibt ihr auch richtig.« Diesen Satz hat sie von ihren Lehrerinnen aus der Vorkriegszeit in Erinnerung behalten und zur Weitergabe an ihre eigene Kinderschar übernommen. Und wir alle werden in unserem Leben tatsächlich deutlich sprechen, wohl auch dank ihres Trainings.

Mein Vater hingegen beginnt nervös zu husten, wenn wir grammatisch danebenliegen. »Auf das Wort ›brauchen‹ folgt immer ein ›zu‹«, sagt er uns immer wieder. Fehlt es, schüttelt er nur mit dem Kopf, hebt die Hand, mit der er auch seine Pfeife hält, und spricht den Satz noch einmal richtig nach. Begleitet wird diese Anmerkung von Regel Nummer zwei, die wiederum meine Mutter zum Besten gibt: »Wer ›brauchen‹ nicht mit ›zu‹ gebraucht, braucht brauchen gar nicht zu gebrauchen.« Das ist Mamis »Eselsbrücke«, die ihr schon ihr Vater in den Dreißigerjahren vorgebetet hat.

Richtig entrüsten kann mein Vater sich, wenn in Abkürzungen gesprochen wird. Manchmal berichtet er davon, wie dies jetzt in der neueren Kirchenbürokratie gang und gäbe sei und wie scheußlich er dies finde. In seiner Gegenwart sollten wir uns lieber hüten, in Kürzeln sprechen, denn »ein Begriff, ein Wort wird vollständig ausgesprochen«, sagt er im Brustton der Überzeugung. Diese und ähnliche Ermahnungen wiederholen sich über all die Jahre, sodass sie für immer »sitzen«. Und manche von ihnen werden uns auch mal im Wege stehen.

Fast spielerisch vermittelt mir mein Pfarrhaus, was ihm wichtig für meine Ausdrucksweise und auch mein äußeres Auftreten erscheint. Man kann gar nicht anders, als dies anzunehmen, auch wenn nicht alles sakrosankt sein muss, was mir hier mitgegeben wird. So zum Beispiel die ungeschriebene Regel meines Vaters, doch ja keine Ohrringe zu tragen und sich Löcher in die Ohren stechen zu lassen. Es schwingt ein nicht-christlicher Dünkel mit, wenn Papa sagt, »das sieht gewöhnlich aus«. Und je mehr ich – aus jugendlicher Unkenntnis oder revolutionärem Ansporn heraus – von einem »bon comportement«, also gutem Benehmen, entfernt bin, desto ärgerlicher wird er.

Zu meiner Konfirmation habe ich Glückwünsche und Geschenke und zauberhafte Worte im persönlichen Gespräch erfahren dürfen, die ich an diesem aufregenden Tag gar nicht ausreichend würdigen kann. Ich habe nicht wirklich begriffen, was eine Konfirmation für gläubige Christen bedeutet. Nicht weil meine Eltern mich nicht darüber aufklären, sondern weil ich einfach zu unreif für die Tragweite dieser besonderen Weihe bin. Aber ich weiß, dass ich mich für jede Zuwendung bedanken muss. Und dies tue ich auch sehr gern. Nur der Schliff und die richtigen Worte dazu fehlen mir noch. Ich erledige es auf meine Weise, auf der Ebene eines sehr jungen Mädchens.

Meine Mutter holt das schönste Briefpapier aus dem Schrank, und ich lege los. Sie schreibt mir nicht vor, wie ich formulieren soll. Sie sagt: »Zeige, was dir am Herzen liegt. Aber sei höflich und freundlich und lieb mit den Leuten, so wie sie es mit dir waren.« Mein Dankschreiben an einen alten Schulkameraden meines Vaters, mit dem er auch beruflich zu tun hat, bringt dann einen Fauxpas meinerseits ans Tageslicht, der mich aufs Höchste beschämen und mir schlimmste Vorwürfe zu Hause einbringen soll. In meinem Brief, in dem ich artig meine Freude über die Gratulation zum Ausdruck bringe, wähle ich eine Form der Anrede, die nicht angemessen ist. Statt beispielsweise zu schreiben: »Liebe Familie Schmidt«, schreibe ich die Leute mit einem verkürzten »Liebe Schmidts« an.

Ein fatales Missgeschick wie auch ein mich entlarvender Beweis dafür, dass ich, die Pastorentochter, keine Manieren habe. Niemand hätte davon erfahren, wenn Papas Freund sich nicht mit einem »nett gemeinten« Hinweis darüber ausgelassen hätte. Und nun ist im Pfarrhaus die Hölle los. Mein Vater hält mir Vorträge, als stünde er auf der Kanzel. »Es gehört sich nicht, in dieser Form ein erwachsenes Ehepaar anzusprechen, selbst wenn es in demutvoller Absicht geschieht«, sagt er. Und es sei unentschuldbar, dass ich »einen Brief ohne jegliches Niveau aufgesetzt« hätte.

Ich verstehe die Welt nicht mehr. Es gibt ein Geschrei zum Davonlaufen. Ich sitze am Tisch, und mein Vater drischt verbal auf mich ein. »Was hast du dir dabei nur gedacht? Das ist wirklich unerhört, Kind.« »Gar nichts, Papa, nix hab ich gedacht«, möchte ich antworten. Aber er ist so in Rage, dass es für den Moment klüger ist, den Mund zu halten. Nun, ich kann seine Sicht der Dinge noch nicht ganz nachvollziehen, aber ich nehme zur Kenntnis, was mein Vater sagt. Und ein solcher Patzer wird mir deshalb in meinem ganzen Leben nie wieder passieren.

Aber ich werde mich später fragen, ob gutes Benehmen nur eine Bringschuld von jungen Menschen ist. Papas Schulfreund, selbst Lehrer, könnte ruhig ein wenig nachsichtiger sein. Schließlich lässt auch sein Verhalten zu wünschen übrig. Er ist ein gern gesehener Gast bei uns. Wenn er da ist, spricht er sehr laut und lässt sich am Abend auch gern mehrere »gemütliche Cognäckchen« schmecken, die meine Eltern für Gäste bereithalten. Ist der joviale Herr dann in kuscheliger Stimmung, bittet er mich, ein junges Mädchen, gern zu sich auf die Lehne seines Sessels. Dabei ist er, wie ich finde, eine Spur zu vertraut, wenn er ganz fest den Arm um mich legt und mich an sich zieht.

Die anwesenden Erwachsenen lachen voll gütiger Nachsicht, weil er ein sehr guter Freund ist und ja auch weiter nichts passiert. Wie aber ausgerechnet dieser Mann sich über meinen Brief entrüsten kann, bleibt mir ein Rätsel. Allein deshalb trifft mich diese harsche Kritik meines Vaters sehr. Aber ich habe Mami an meiner Seite. Und als sie sich einzumischen beginnt, schlagen die Wellen noch höher. »Kontrollierst du die Briefe nicht, die von den Kindern aus unserem Haus gehen?«, fragt mein Vater. Es folgt ein lauter Disput zwischen meinen Eltern. Und alles nur wegen dieses unglücklich formulierten Dankschreibens zur Konfirmation.

Mami hat meinen Brief gelesen, aber ihn »bewusst so gelassen, weil er authentisch ist. Und es ist doch keine Schande, eine saloppe Anrede zu wählen. Nun mach mal halblang«, hält sie meinem Vater entgegen. Für mich endet diese Aufregung mit den Worten, die meine Mutter ihm mitgeben wird: »Es ist der Brief einer 14-Jährigen. Wenn das ein Lehrer nicht versteht, dann sitzt er auf dem falschen Posten. Ich jedenfalls schäme mich nicht für mein Kind!« Und damit ist bei uns zu diesem Fall auch alles gesagt. Nur vergessen werde ich dieses Theater nie.

*

Ich bin weiter auf Kollisionskurs. Ein Zustand, der für alle Beteiligten anstrengend ist. Ich habe eigene Interessen, die jetzt auch einen eigenen Raum brauchen. Und es geht mir auf den Geist, auf den Beruf meines Vaters so viel Rücksicht nehmen zu müssen. Keine meiner Freundinnen hat etwas mit dem Job ihrer Eltern zu tun. Selbst die Arzttochter wohnt weit weg von Vaters Praxis und muss nicht seinen Patienten an der Tür »Guten Tag« sagen. Aber das allein könnte ich noch hinnehmen. Nur geht es ja in einem Pfarrhaus um sehr viel mehr. Was ein klassisches »weekend« ist, habe ich nie kennengelernt. Gute Laune haben, Party machen, nichts tun, vollkommen frei sein – das gibt es bei uns nicht. Und wenn doch, dann sehr selten.

Dabei ist der Samstag mein persönlicher Lieblingstag. Da gibt es die NDR-Hitparade. Und ich meine die aus dem Radio, nicht die im Fernsehen mit Dieter Thomas Heck, gegen den ich persönlich nichts habe, nur höre ich einfach andere Musik. Immer zum frühen Abend hin nehme ich die meistgespielten internationalen Hits auf Kassette auf. Und natürlich drehe ich auch jetzt am liebsten die Musik bis zum Anschlag auf. Es wird sich jeden Samstag wiederholen. Irgendwann öffnet sich langsam die Tür zu meinem Mädchenzimmer und meine Mutter sagt: »Pssst, Papa schreibt die

Predigt.« Oder er selbst kommt herein. »Mein Kind, stell das doch mal leiser, ich kann mich nicht konzentrieren.« So ein Ärger. Das, was ich am liebsten höre, klingt nur laut richtig schön. »Samba Pa Ti«, »A Whiter Shade Of Pale«, »Let It Be« … samstags zur besten Zeit darf ich Carlos Santana, Procol Harum, die Beatles und alle anderen nur im Wisperton-Modus hören.

Und je mehr Geschwister in ihren Zimmern lärmen, desto lauter die Diskussionen meiner Eltern über ein Thema, das erneut für Zündstoff im Pfarrhaus sorgt: Wann hat ein Pastor eigentlich seine Predigt zu schreiben? Mama denkt pragmatisch: »Setz dich Montagmorgens um acht Uhr an deinen Schreibtisch, das machen andere Pastoren auch so.« Und dann zählt sie die Namen auf, von denen sie weiß, dass diese Kollegen so rechtzeitig mit dem Schreiben ihrer Andacht für den kommenden Sonntag beginnen, dass sie Samstagabend freihaben.

»Haben die nichts anderes zu tun?«, fragt Papa. Mein Vater ist außer sich, dass unsere Mutter ihm solche Vorhaltungen macht, nur weil er ein bisschen Stille für »das Lesen und Denken« erbitte. Und er weist sie darauf hin, dass er »am Montagmorgen doch Termine in seinem Kalender stehen« habe. Aber natürlich ist dies nicht an jedem Montag so. Viel besser wäre, er würde Mami entgegnen, dass er ganz anders gestrickt sei als die Pastoren, die wie nach der Stechuhr im Büro sitzen. Mein Vater gehört zu der Sorte Schreiber, die alles auf den letzten Drücker machen kann. So ist seine Disposition, für die er nichts kann. Und deshalb endet die Diskussion darüber mit den Worten: »Wann ich meine Arbeit mache, das möchte ich gern noch selbst bestimmen.«

Doch die Auseinandersetzungen zu diesem Thema bekommen neues Feuer, je älter wir werden. Papa steht immer wieder in meinem Zimmer, wenn der Lärmpegel im Haus sein Nervenkostüm – »bei der geistigen Arbeit, mein Kind« – strapaziert und ich mir in diesem Moment lieber »einen Kapitän zur See«, der weit weg ist, als Vater wünsche. Schon auf dem Land war ich ein wenig eifersüchtig auf die Leute, die samstags eine Party schmeißen und tags darauf bis mittags pennen können. Bei uns hingegen ist am »heiligen Sonntag« irgendwie immer Stress angesagt. Kein geschäftiges Treiben, aber eine unterschwellige Anspannung, die nicht sichtbar, sondern eher nur fühlbar ist.

Irgendwie steht die ganze Familie unter Strom. Und auch jetzt in Kiel wird sich keine gelöste Stimmung wie bei den Eltern meiner Freundinnen einstellen. Wie beneide ich sie, wenn ihre Väter freitags früher heimkommen, schnell die Einkäufe erledigt werden und es dann innerhalb der Familie richtig gemütlich wird. Bei uns ist Aufstehen angesagt. Um acht Uhr haben wir einen sehr schön gedeckten Familien-Frühstückstisch. Immerhin. Aber wir müssen alle pünktlich sein – und wenn es im Pyjama ist. Wer nicht erscheint, wird aus seinem Bett geholt. »Die Mahlzeiten nehmen wir alle gemeinsam ein«, sagt Papa und besteht darauf, dass dies mindestens zweimal am Tag der Fall sein wird.

Und natürlich ist er um diese Zeit auch richtig angezogen. Auf nüchternen Magen schaue ich auf ein Outfit, das andere Leute nur im Ausnahmefall zu sehen bekommen: schwarze Hose, weißes Hemd, darüber eine schwarze Chemisette. Das ebenfalls schwarze Jackett wird er erst später, wenn es aus dem Haus geht, überziehen, aber es liegt schon in Griffweite auf Mamas rotem Schaukelstuhl. Papa im Bademantel frühstücken sehen, das kenne ich nur im Ausnahmefall oder aus dem Urlaub, aber nie vor der Predigt. Er ist dann stiller als sonst. Er lacht kaum. Sein Gesicht ist ungewöhnlich verschlossen zu dieser frühen Stunde. Ein bisschen unwirsch bereitet er sich einen Marmeladentoast zu. Am besten spricht man ihn nicht an. Er bleibt auch nicht so lange, redet höchstens Belangloses mit meiner Mutter und verzieht sich als Erster.

Erst wenn Papa aufgestanden ist, reden wir alle wieder wild und lärmend durcheinander. Und wenn ich wenig später aus dem Fenster schaue, sehe ich ihn auf dem Rasen hinter dem Haus. Pfeife rauchend, nachdenklich, dann wieder schmunzelnd nach oben in den Himmel schauend und mit angespitztem Mund seinen mir gänzlich unbekannten Einfällen weiße Tabakwolken hinterherschickend. Es ist die letzte Stunde vor dem Gottesdienst, in der er »seinen Text memoriert«. Sein Papier hat er aber nie dabei. Und so bleibt es sein Geheimnis, was genau er memoriert und worüber er gerade lächeln musste, obwohl er doch kurz vorher noch so in sich gekehrt war.

Dieser Augenblick, der sich Woche für Woche wiederholt, brennt sich für mein ganzes Leben in mein Gedächtnis ein. Es bleibt ein Bild für mich für die Notwendigkeit, dass man »sich sammeln« muss, bevor ein wichtiges Gespräch oder ein anderer Auftritt ansteht.

Und läuten die Kirchenglocken, wird es auch für mich nun Zeit. Um halb zehn Uhr muss ich mit dem Chor auf der Empore sitzen, gleich neben der Orgel. So etwas wie ein Sonntagsgefühl stellt sich erst ab Punkt zwölf Uhr ein. Wenn meine Mutter schönste Schokoladen kredenzt, Nougat, Nüsse und ein Glas Sherry oder Sekt.

Nach der Kirche kommt immer ein anderer Gast. So war es auf dem Land schon. Für uns Kinder war dies immer ein Moment zum Blödsinn machen. Unser Vater war entspannt, und meine Mutter empfing auch dort gern Gäste nach dem Gottesdienst. So schlichen wir uns hinterrücks an den Sessel, auf dem der Pastor der Nachbargemeinde saß. Unbemerkt von allen Erwachsenen robbten wir ganz dicht heran. Und derjenige, der die Nagelschere aus dem Bad stibitzt hatte, machte sich daran, dem schon älteren Herrn von hinten den spärlichen Haarkranz zu schneiden. Erst als meine Mutter aufschrie: »Kinder, seid ihr wahnsinnig!«, war es mit dem Spuk vorbei.

Weniger ungehörig, aber keineswegs auf die leichte Schulter zu nehmen, war der Streich, wenn wir die Getränke der Gäste im Blumentopf leerten oder selbst schnell herunterkippten, nicht weil wir Geschmack daran fanden, sondern um die Erwachsenen zu ärgern. Diese Gelegenheit ergab sich immer dann, wenn die fremden Leute auf eine Zigarette in den Garten geführt wurden. Viel harmloser, aber meinen Eltern sehr peinlich war unser Spaß, den Besuchern kleine Scherzartikel, die nicht so angenehme Geräusche machen, unter das Sofakissen zu legen.

Nur sind das nun alte Schmonzetten aus unserem vergangenen Dorfleben. Im Kieler Pastorat werden mehr Diskussionen geführt – und wir hören zu. Kommt ein Pastorenkollege oder Theologenfreund, geht es immer um die Kirche. Da fliegen die Bonmots nur so hin und her. Die landesweiten Kirchenfürsten werden in ihrem Handeln genau unter die Lupe genommen, und es fällt nur der Nachname, wenn über sie gesprochen wird. Eingehend wird sich ausgetauscht, wie »vollkommen falsch« und auch »unsäglich« die eine oder andere Entscheidung dieser wichtigen Herrschaften gewesen sei. Häufig höre ich meinen Vater klagen, wie sehr die »Gelder zusammengestrichen« würden und dass man um »jeden Pfennig für die Gemeinde kämpfen« müsse. Ganz wild wird er, wenn von »Fusion« die Rede ist, die auch seine Kollegen und Freunde bemäkeln. Dann legt Papa richtig los. »Das Wort Fusion ist ein Unwort. Mit diesen Zusammenlegungen der Ressourcen wird die Kirche entseelt und damit unser Auftrag geschmälert und am Ende vielleicht zunichtegemacht.«

Die Synergien, die Jahrzehnte später in allen Professionen ganze Firmen und Berufszweige auslöschen werden, treiben meinen Vater um. Und schon jetzt in den Siebzigerjahren schimpft er bei jeder Gelegenheit: »Wir sind keine Schraubenfabrik. An der seelsorgerischen Arbeit darf nicht gespart werden.« Man solle doch bitte in der Bürokratie mehr »Stellen streichen«. Papa ist überzeugt: Da sind viele Leute einfach überflüssig. Er hat zeitweise ein wirkliches Problem mit »der Kirche als Institution«. Und immer mal wieder fällt im Gespräch mit anderen Theologen der Satz: »Manchmal treiben die hohen Herren ja Politik in der Kirche, wenn man da mal einem auf die Füße tritt oder einen Blick hinter die Kulissen zu nehmen gewagt hat.«

Schon zu ihren Anfängen als Pastorenfrau klagte auch meine Mutter über den internen Umgang miteinander in der Kirche, der nicht weniger indolent oder gefühllos sein könne als in jedem anderen Betrieb. Sie kritisierte, wenn auch indirekt, eine gewisse Selbstdarstellungssucht der Pastoren, die es in der Hierarchie weit nach oben gebracht haben. In dem besagten Fall ging es um einen Pastor, dessen Ehe zerbrochen war. Die vier Kinder aus dieser Verbindung waren irgendwo »aufgeteilt worden« und seine Frau damals noch »schuldig geschieden«, weil sie wohl einen anderen Mann hatte. In einem Brief bedauerte meine Mutter, wie »verwahrlost« der Pastor nach seiner Scheidung wirke. »Es ist ja auch schlimm«, schrieb sie, »dass sich um so eine Familie niemand kümmert, kein Bischof und kein Propst. Die machen nur große Reisen nach Indien und Amerika.« Aber zu dieser Zeit wurde noch nicht so locker und offen Kritik geübt. Es gab nur einen, zu dem mein Vater am Anfang seiner Pastorenzeit »Vertrauen hat«, wie meine Mutter schrieb, »und der die ganze kirchliche Blase durchschaut hat«.

Das ist in Kiel nun vollkommen anders. Über alles, was sehr viel besser sein könnte, darüber ist Papa sich einig mit den vielen Besuchern, die sonntags bei uns sitzen und lange bleiben, weil es so gemütlich ist. Abwechselnd wird gelacht und gelästert und sich auch viel Frust über die Kirche von der Seele geredet. Bei diesen entspannten Zusammenkünften kann ein Außenstehender nicht unbedingt den Eindruck haben, unter Theologen zu sitzen. Es sind die Stunden in meiner Kindheit, in der ich lerne, dass der Klerus nie so heilig ist, wie man allgemeinhin annehmen dürfte.

*

Die Diskussionen in meinem Elternhaus bestärken mich. So flott wie bei uns am runden Tisch gesprochen wird, so meine ich, geht dies auch öffentlich. Ich bin sicher, dass es gut ist zu sagen, was ich denke. So bin ich erzogen. Auch meinem Vater ist jede Form von »Leisetreterei« zuwider. Und so kritisch wie Papa auf seine »Päpste« guckt, so skeptisch bin ich, wenn es um den einen oder anderen Lehrer in meiner Schule geht. Es ist die Zeit, in der man aufsteht gegen jede Art von Institution, von der anzunehmen ist, dass sie gerade dabei ist, sich zu überholen.

So ist es auch im Unterricht, insbesondere mit dem Mann, der mir Mathe und Physik beibringen soll, dies aber einfach nicht hinkriegt. Es liegt weniger daran, dass ich an Naturwissenschaften kaum Interesse habe und auch kein großes Talent bin. Zudem ist der Mann aus der Sicht meiner ganzen Klasse eine »einzige Katastrophe«. Sicherlich versteht er viel von seinem Fach, das zweifelt niemand an. Aber sein Auftreten kommt bei uns nicht gut an. Ich bin fünfzehn – und auch mich erreicht er nicht.

Er ist sehr groß, aber seine Stimme ist piepsig hoch. Ein Kehlkopfleiden. »Der arme Kerl« könnte man meinen, aber so denkt eine mental und emotional hyperventilierende Mädchenhorde nicht. Wir sind vernichtend in unserem Urteil. Und wir lachen ihn einfach nur aus. Fast jede Schülerin erzählt daheim, wie »furchtbar dieser Mensch doch« sei. Und da die Proteste zunehmen, bemüht sich die Schule um Schadensbegrenzung. Es wird eine große Konferenz mit allen Lehrern und uns Schülerinnen und allen Eltern einberufen. Kurz vorher haben wir uns untereinander abgestimmt, welche Kritikpunkte es gebe und welche wir gemeinsam vortragen würden. Es wird eine Zusammenkunft, die ein bisschen etwas von einer AStA-Sitzung an der Uni zu dieser Zeit hat. Wenn der »Allgemeine Studentenausschuss« tagt, geht es hoch her. Und »das können wir auch«, denke ich.

Ich freue mich. Endlich kommt alles auf den Tisch. Und ich bin sicher, dass der Lehrer viele Zugeständnisse machen muss. Wir haben wirklich sachliche Gründe, uns zu beschweren. Allein die Tatsache, dass eine so große Runde seinetwegen einberufen wird, ist ja schon ein Sieg. Ich bin guten Mutes, dass am Ende, wenn wir alle nach Hause gehen, das Problem mit diesem Mann endlich Geschichte ist.

Aber ich muss lernen, wie man sich täuschen kann. Sobald das Gemurmel in der Aula verstummt und der Klassenlehrer einleitende Worte spricht, ist die Revolution schon vorbei. Es gibt ein paar Bemerkungen, sehr brav vorgetragen, die jedoch nicht entscheidend sind. Und so fühle ich mich berufen, wie es abgemacht ist, Klartext zu sprechen. Selbstbewusst trage ich verschiedene Situationen aus der Mathestunde vor, von denen wir gemeinsam bis kurz vor dieser Konferenz übereinstimmend der Meinung waren, dass wir diese nicht mehr hinnehmen wollen. Aber spätestens, als sich ein paar übereifrige Eltern vornehmen, mich bei jedem Kritikpunkt in die Mangel zu nehmen und das Gesagte zu hinterfragen, ist es mit der Courage meiner Klassenkameradinnen vorbei.

Am Ende bin ich die Einzige, die vehement an ihrem Protest festhält und dies auch kundtut. Die Lehrer lehnen sich süffisant lächelnd zurück. Die anderen Mädchen sind vollkommen verstummt. Und ein nicht unerheblicher Teil der anwesenden Elternschaft schaut mich an, als sei ich eine irregeleitete Aufwieglerin, die ihre Töchter zum Heroinkonsum verführen wolle, was sie im letzten Augenblick noch gerade verhindern können.

Im Ergebnis haben sie ihren feigen Kindern einen großen Gefallen getan. In der Sache haben wir nichts erreicht. Der Lehrer zieht sein Ding wie gewohnt weiter durch, und die Einzige, die einen Schaden von diesem Abend davonträgt, bin ich. Ich habe drei Fünfen im Zeugnis, was sachlich nicht gerechtfertigt ist und mir von meinem Lateinlehrer auch bestätigt wird. Und zu allem Übel bleibe ich sitzen und muss die Obertertia wiederholen.

Meine Mutter, die immer stolz auf mich ist, weil ich die Dinge durchschaue und so kritisch bin, fällt fast in Ohnmacht vor Zorn – auf mich. »Ich nehme dich sofort von der Schule«, ist ihre erste Reaktion. »Du bist auch einfach zu faul«, folgt danach. Und darauf der Satz, der mich an ihrem Verstand zweifeln lässt: »Du machst jetzt eine Ausbildung als Masseurin und Fußpflegerin, ich melde dich gleich in der Praxis ganz in unserer Nähe an!«

Anderen Leuten die Füße machen, schon diese Vorstellung macht mich schwindelig. Ich will studieren. Ich will Journalistin werden, das weiß ich schon jetzt. Aber ihre Worte stehen unabänderlich im Raum. Wahrscheinlich fühlt man sich nur als Kind so komplett missverstanden von seinen Eltern wie ich an diesem Tag kurz vor Sommerferienbeginn. Wieder erlebe ich einen klaren Fall von Überreaktion im Pfarrhaus. Pädagogisch alles andere als wertvoll. Aber es stellt sich als effektive Methode heraus, um mich von dem Pfad des permanenten Aufstands herunterzuholen. Im Ergebnis darf ich auf dem Gymnasium bleiben. Zu verdanken habe ich es meinem Vater, der ein Machtwort spricht: »Selbstverständlich wirst du dein Abitur machen. Du bist intelligent und wirst aus diesem Jahr mit diesen Erfahrungen deine Lehren ziehen.«

Danke, Papa, so ist es auch. Ich habe erfahren, dass man sich auf niemanden verlassen kann. Wenn es zum Schwur kommt, bist du allein, Claudia. Das ist mir tatsächlich eine Lehre. Und damit ist meine Lust auf Klassenkampf für alle Zeiten vorbei.

*

Während ich nun meine persönliche Katastrophe verarbeiten muss, verschieben sich die Prioritäten. Mir soll es nicht wieder passieren, mein Ziel, das Abitur, auch nur annähernd zu gefährden. Ich lerne tatsächlich mehr als vorher. Zum einen, um auf Nummer sicher zu gehen, was mir mit wesentlich besseren Noten auch tatsächlich gelingt. Zum anderen aber auch, um meinen Eltern zu zeigen, wie ernst es mir mit dem Gymnasium ist.

Meine Mutter ist noch nicht überzeugt davon, dass ich erfolgreich sein werde. Aber auch das spornt mich an, an mir zu arbeiten.

Ich erledige nicht nur sorgfältig meine Hausaufgaben, sondern ändere auch mein Verhalten. Ich sage nichts mehr. Ich werde nie ein Streber werden. Und ich werde auch nie einem Lehrer nach dem Munde reden. Aber ich werde stiller, ich ziehe mich von der Front des schulischen Widerstandes vollkommen zurück. Ich denke mir meinen Teil, aber ich zeige nicht mehr, was mir durch den Kopf geht. Das wird den einen oder anderen Lehrer irritieren. Doch die krachende Niederlage mit meinem Zeugnis wie auch das Donnerwetter zu Hause haben mich reifen lassen. Allerdings bedeutet dies nicht, dass ich jetzt lammfromm alles über mich ergehen lasse. Selbstverständlich erhalte ich mir meinen Widerspruchsgeist – und ich lebe ihn dort aus, wo man ihn mir vorgelebt hat: in meinem Pfarrhaus.

Ich beginne damit zum Fest der Liebe. Weihnachten gestalten unsere Eltern immer wunderschön. Wir haben einen bunt geschmückten Tannenbaum, den wir am Vorabend, sehr spät, gemeinsam behängen, während Mami ein Glas Sekt trinkt und ganz unweihnachtlich eine Platte des spanischen Pop-Duos Baccara auflegt und laut »Yes Sir, I can boogie … boogie woogie« singt. Selbst mein Vater kommt dann dazu und hat Freude daran, wenn wir lachen. An den Feiertagen kocht Mami wie eine Göttin. Und in jedem Jahr bekommen wir wunderbare, sehr liebevoll ausgesuchte, sehr passende Geschenke. Man scheut keine Mühe, uns ein traumhaftes Fest auszurichten.

Und trotzdem sind diese Feiertage in Wahrheit der pure Stress. Es ist schon in der ganzen Adventszeit die Hölle los. Andachten, Konzerte, Basare, Veranstaltungen aller Art. Angefangen im evangelischen Kindergarten, den meine Mutter in Kiel gegründet hat, bis zu den Kreisen, in denen die Senioren betreut werden. Ich verschwinde in meinem Zimmer und übe mit den Geschwistern für Flötenspiele, lerne Gedichte auswendig, die wir vor der Bescherung vortragen wollen. Aber auch dafür müssen die Türen fest geschlossen sein, damit mein Vater seine Ruhe zum Arbeiten hat.

Wieder heißt es: »Psst … Papa schreibt die Predigt.« Immer gleich für mehrere Tage hintereinander inklusive für die Christmette am späten Abend, an dem er zum herrlichen Essen nicht mal ein Glas Wein trinken darf.

Zudem zeigen sich Kummer und Schmerz an keinem Tag im Jahr so deutlich wie am Heiligen Abend. Und mit den verschiedenen Schicksalen ist deshalb mehr als sonst auch unser Pastorat konfrontiert. Haben wir uns gerade zum Festmahl gesetzt, klingelt es an der Tür. Ein Besucher vom anderen Ende der Welt. Ein Schiffssteward, aus Argentinien stammend. Katholisch zwar, aber das interessiert Papa nicht. Er sagt: »Der arme Kerl trägt sich mit Suizidgedanken. Ich gehe mit ihm in mein Amtszimmer.« Während es meinem Vater gelingt, dem Mann wieder Mut zu machen und ihm Trost zuzusprechen, packt Mami eine Weihnachtstüte für ihn. Und wir Kinder sitzen am Tisch und sehen zu, wie das Essen kalt wird. Auch handfeste Ehekräche in der Gemeinde muss mein Vater an diesem Tag schlichten, manchmal noch, kurz bevor er mit wehendem Talar in die Kirche eilt.

Meistens fallen uns schon die Augen zu, wenn meine Mutter die Kerzen des Tannenbaums anzündet und mit dem kleinen Glöckchen bimmelt. Und was bis zu diesem wunderbaren Moment alles passiert, ist eigentlich nicht auszuhalten. Bei allen anderen Familien spielen Kinder jetzt die Hauptrolle – nur eben bei einem Pastor nicht. An keinem anderen Tag ist mein Vater so gefordert wie am 24. Dezember. Auch meine Mutter, inzwischen fest angestellt bei der Kirche, ist dauererschöpft.

Fast hätte ich mich daran gewöhnen können – bis zu diesem Weihnachtsabend, an dem Mama und Papa erst um zweiundzwanzig Uhr vor uns stehen: Sie haben im neu gebauten großen Gemeindehaus eine Weihnachtstafel für Obdachlose ausgerichtet. Wir fünf Kinder sitzen und warten und warten und glauben fast, dass man uns vergessen hat.

Völlig außer Atem laufen unsere Eltern irgendwann die Treppe hoch. Sie entschuldigen sich bei uns, sind aber erfüllt davon, dass sie diesen armen wohnungslosen Menschen eine besondere Freude bereitet haben. Und natürlich fällt auch in diesem Moment die Bemerkung, wie gut es uns Kindern doch gehe, da wir alle ein warmes schönes Zuhause hätten. Ich möchte »Amen« schreien. Aber auch das schlucke ich lieber herunter, als den Rest vom Fest auch noch kaputt zu kriegen.

Manchmal braucht es Zeichen von oben, wenn sich etwas ändern soll. Bei mir ist es eine Petitesse. Eigentlich vollkommen unwichtig. Aber es gibt einen Aufschrei in dieser Heiligen Nacht: »Mein Feuerzeug ist weg! Wo ist es bloß abgeblieben?« Es ist die Ära der schmalen goldenen Cartier-Feuerzeuge. Der Inbegriff des Siebzigerjahre-Luxus. Ein Schickeria-Statement, das man eher in den angesagten Schwabinger Locations des Filmregisseurs Helmut Dietl erwartet, aber nicht in einem Pfarrhaus vermutet. Nur, Mami hat eines! Nicht Echtgold, sondern vergoldet, aber immer noch teuer genug. Sie hat es immer auf ihrer Zigarettenschachtel der Marke »Kent« liegen.

Auch an diesem Abend – zur Weihnachtstafel neben einem der Obdachlosen, zu dem sie sich setzt. Das Feuerzeug wird sich nie wieder auffinden. Wer es gemopst hat, lässt sich nicht beweisen. Es ist auch egal, weil die feinen Gäste bereits wieder auf und davon sind. »Na ja, dann hat heute jemand ein schönes Weihnachtsgeschenk von uns bekommen«, sagen meine Eltern und kommen aus dem Lachen an diesem Abend nicht mehr heraus. Ob vor lauter Übermüdung oder Verzweiflung oder echtem Amüsement, weiß ich nicht.

Nur mir ist nicht nach Lachen. Das Feuerzeug ist mir egal. Aber es will mir mit fünfzehn Jahren nicht in den Kopf, warum meine Mutter bestohlen wird von Menschen, denen sie nur Gutes tut. Es ist der Moment, an dem ich beschließe, zu Weihnachten nicht mehr in die Kirche zu gehen. Ich warte nicht mehr, bis meine Eltern müde zum Essen klingeln. Ich sage: »Mama, es wird zu viel für dich. Ich decke den Tisch. Und wenn ihr aus der Kirche kommt, ist alles fertig.«

Ab da bleibt im Pfarrhaus am Heiligen Abend die Küche kalt. Es gibt nur noch Köstlichkeiten, die wenig Arbeit und uns die Stunden etwas entspannter machen. Und ich schlage zwei Fliegen mit einer Klappe: Ich sitze in keinem Gottesdienst mit stickiger Luft und plärrenden Kindern mehr. Und ich muss nicht mehr im Chor mitsingen.

14. WER RANGEHT, SCHMIERT!

Ein Juli aus dem Bilderbuch. Ich bin siebzehn und möchte den Tag umarmen. Nicht eine Wolke am Himmel. Das ist ein Geschenk in Kiel. Die Sonne in einer betörend azurblauen Kulisse scheint nur mich zu küssen.

Ich habe mich gut entwickelt. Gerade habe ich eine Klausur im Lateinleistungskurs hinter mich gebracht. Mein Bauchgefühl sagt, dass sie »okay« ist. Die Übersetzung einer Rede von Cicero ist nun mit Abgabe der Arbeit aus meinem Kopf. Ich habe sie der Studienrätin, einer gestrengen promovierten Altphilologin, persönlich in die Hand gedrückt. Ich bin happy, dass ich auch das hinter mir habe. Unser Verhältnis ist nicht unproblematisch. Das heißt: Es gibt Dissonanzen. Aber ich habe Respekt vor ihr. Nur im vertrauten Kreis rede ich von Herma, wenn es um sie geht. Und dann muss ich immer wieder kichern, wenn ich ihren antiquierten Vornamen ausspreche. Manchmal sage ich auch Hermanna, Hermine oder Hermina. Von welcher dieser Ausführungen sich nun die Kurzform Herma ableitet, habe ich nie gefragt. Dabei hätte sie bestimmt die Antwort gewusst. Aber das gehört sich nicht. Und was geht und was nicht geht, das habe ich als Pastorentochter ganz genau zu wissen. »Private Fragen an Lehrer gerichtet sind distanzlos«, hat mir mein Vater eingebläut. Um dann mit einem Schmunzeln nachzusetzen, dass man von »Lehrern ja auch gar nicht so viel wissen will …« Klar, dass dies meiner ausgeprägten Neugier widerspricht. Aber ich halte mich daran.

Herma bietet auch so viel Gesprächsstoff. Mit ihrer gesamten Erscheinung und einer zuweilen gestelzt-übertriebenen Ausdrucksweise ist sie ein Unikat. Ich imitiere sie gern und amüsiere mich über sie. Aber ich bewundere sie auch. Mich fasziniert ihre

Durchsetzungskraft. Sie ist eine groß gewachsene Frau. Und sie geht immer forsch voran. Brust raus, Bauch rein. Und dann nur geradeaus. Da ist sie ganz Herma.

Mit großen Schritten betritt sie das Klassenzimmer. Für mich hat sie einen Gang, den nur Menschen haben, die sich ihrer Sache immer ganz sicher sind. Davon bin ich aber selbst noch weit entfernt. Nicht mehr ganz junges Mädchen, aber keineswegs erwachsene Frau. Und deshalb alles andere als selbstsicher. Umso krasser ist es zu erleben, wie überzeugt wenigstens Herma von sich ist. Sie ist keine schöne Frau, aber sehr gepflegt. Ihr rotblondes Haar ist immer wohlgelegt. Sie trägt eine große Brille mit dicken Gläsern. Doch über ihren klassisch geschnittenen Leinenkleidern führt sie wunderschönen Schmuck spazieren. Jedes Mal wenn sie aus den sechswöchigen Sommerferien in Griechenland kommt, warte ich darauf, ein neues »Juwel« an ihr zu entdecken. Und ich genieße es, wenn sie von ihrem Urlaub berichtet. Wenn sie die erste Lateinstunde im neuen Schuljahr damit zubringt zu erklären, welche historischen Stätten sie wieder »ausgegraben« habe.

Und sie erzählt dann so ausführlich und detailliert, dass ich gar nicht anders kann, als an ihren Lippen zu hängen. Ich sehe es bildhaft vor mir, wie sie unbeirrt von der sengenden Hitze im ägäischen Hochsommer über altertümliches Geröll stapft und zu langatmigen Erklärungen ansetzt, aus welcher Epoche welche Steinprobe stammen mag.

Ja, Herma hat eine Bombenkondition, ganz im Gegensatz zur mir, die ich seit jeher unter niedrigem Blutdruck leide. Wenn wir Schülerinnen uns nach einem Plätzchen im Schatten sehnen inklusive eines kühlenden beschwingenden Getränks, schreitet Herma, so geschehen auf einer Klassenfahrt in Wien, einfach weiter voran. Das Entdecken lange vergangener Kulturen ist ihr Lebenselixier. Und wie sie mir dies nahebringt, gehört ohne Zweifel zu den schönsten Momenten in ihrem Unterricht. Von Herma lerne ich, dass Schönheit auch geistiger Natur sein kann. »Bildung is beautiful« – diesen Slogan lebt sie. An Kosmetik reicht ihr eine Art Labello-Pflegestift, den sie vor allem am Schluss der Lektionen, wenn sie viel gesprochen hat, auf ihre spröden, manchmal schon aufgesprungenen Lippen drückt. Auch von Sport hält sie nicht viel. »Nein, Keulen schwingen, das ist nichts für mich«, sagt sie und unterstreicht dies mit einer bestimmenden Handbewegung, wie es eben nur eine Herma kann.

Mit ihr verbindet mich nach einer anfänglichen Schülerin-Lehrerin-Harmonie irgendwann dann eine Art Hassliebe, die ich mir nur schwer erklären kann. Aber Hermas Achtung mir gegenüber schwindet, je häufiger ich verliebt bin. Die Präferenzen haben sich verschoben. Wer sind schon Seneca, Platon und Ovid, wenn man siebzehn ist?

Doch diese schwelende Entfremdung, die mich irritiert, ist jetzt an diesem heißen Freitag vorerst abgehakt. Einfach weggeblendet. Ich fühle mich leicht und happy, so als hätte ich gerade einen vierzig Kilo schweren Koffer am Flughafen-Check-in abgegeben. Für den Fußweg von der Schule nach Hause brauche ich eigentlich fünfzehn Minuten. Aber an diesem Tag sind es trotz Hitze höchstens zehn. Ich gehe nicht, nein, ich fliege durch die Straßen. In zwei Stunden wird mich mein Freund abholen. Er ist ein Jahr älter als ich und wie ich Sternzeichen Skorpion. Er ist keine Affäre wie alle anderen vor ihm. Nein, mit dieser Jugendliebe werde ich immerhin sechs Jahre zusammenbleiben.

Er ist ein waschechter Kieler Junge. Ein wenig wortkarg, ruhig, einer, der immer alles mit Bedacht angeht. Trotz dieser nordischen Attribute ist er allerdings vom Aussehen her eher ein südländischer Typ. Er hat volles dunkles lockiges Haar, einen olivfarbenen Teint, den die Sonne in nur wenigen Stunden goldbraun zu tönen vermag. In seinem weißen VW-Käfer (mit Schiebedach!) werden wir durch Alleen mit Pappeln und Plantanen brausen. Vorbei an goldgelben Weizenfeldern und dschungelgrünen Schilfhainen an stillen versteckten Seen cruisen. In den sanften Kurven der ostholsteinischen

Hügellandschaft werde ich die Fensterscheiben runterkurbeln, das Autoradio auf volle Lautstärke drehen und den Siebzigerjahre-Hit »Sweet Caroline« anstimmen: »Hands, touching hands, reaching out, touching me, touching you …« Und weil sich mein Freund und der Sänger mit polnisch-russischen Vorfahren ziemlich ähnlich sehen, habe ich die Illusion, als würde ich den Sommer mit dem jungen, schönen Neil Diamond erobern. Arm in Arm an der Schwentine entlang. Küssend in der Dorf-Pizzeria. Den Kopf voll mit Plänen für unsere erste Reise an die französische Atlantikküste. Mein Freund wohnt allein in einem Haus, das seinen Großeltern gehört. Hier haben wir an jedem Wochenende sturmfreie Bude.

Gedanklich mache ich mir einen Spickzettel, was ich jetzt noch schnell erledigen muss. Wenn ich rechtzeitig alles schaffen will, muss es zu Hause zack-zack gehen: Die Schultasche klarmachen für Montag. Den Weekender packen mit frischen Shirts und Jeans, nicht zu vergessen mein schönes Bambus-Köfferchen mit allen wichtigen Lotions mitsamt dem von der Hautärztin verschrieben Anti-Akne-Equipment. Ja, jedes Pickelchen sollte fachgerecht retuschiert sein. Bloß keine roten Beulen im Gesicht. Ich bin high vor Glück. Hüpfe die letzten Stufen bis zu unserer Haustür herunter, singe und summe und freue mich auf ein Obstschälchen, das Mami wie immer an heißen Tagen statt eines Mittagessens vorbereitet hat.

In diesem Moment ist Herma Lichtjahre weg. Ich bin im totalen Wochenendrausch, den ich als Pastorentochter ja bisher gar nicht kannte. Aber da empfängt mich bereits unten im Hausflur ein wirres Stimmengewirr. Nur, woher kommt es?

*

Alle Türen stehen offen, aber ich sehe nichts. Das Büro ist leer, und auch im Arbeitszimmer meines Vaters, ebenso einladend geöffnet, nobody there. Das aufgeregte Geschnatter kommt von oben aus unseren Privaträumen. Mich erfasst eine Unruhe, die ohne, dass ich etwas weiß, an meiner Vorfreude auf die ersehnten freien Tage kratzt.

Ich reagiere wie ein Seismograf, der kleinste, kaum wahrnehmbare Erschütterungen in der Familie aufzeichnet. Wenn nur die Ahnung einer Gefahr im Raum steht, schalte ich in den Alarmmodus. Das ist mein Handicap, weil ich die Älteste der Geschwister bin und immer auf alle aufpassen und sie beschützen muss. Meistens liege ich richtig. Und ja, da stürzt bereits mein Bruder die Treppe herunter. Er hat die Augen weit aufgerissen, wie immer, wenn er sich aufregt.

»Weiß du, was passiert ist?«, ruft er mir entgegen. Mir bleibt das Herz stehen. Der Schrecken in seinem Gesicht und die Atemlosigkeit in seiner Stimme verraten, dass sich etwas zugetragen haben muss, das alle schockiert. »Ja, nun sag schon, was ist denn?«, frage ich. Unverkennbar lässt die Sorge meine Tonlage sehr zickig klingen. »Ein Penner hat Mama seine Bierbuddel über die Rübe gehauen ...«, so mein Bruder, noch immer im Stimmbruch.

»O Gott, wie geht es ihr? Ist sie im Krankenhaus?«, frage ich. »Nein, so schlimm, ist es nicht. Nur so'n Horn«, antwortet er, und seine Kinderhand deutet die Größe der Schwellung an, »und ein bisschen Blut.«

»Mama ist oben im Esszimmer. Sie muss auch nicht zum Arzt!« »Wer sagt das?«, frage ich und warte die Antwort gar nicht erst ab. Unwirsch schiebe ich meinen kleinen Bruder zur Seite. Ich nehme zwei Stufen auf einmal, und mein Herz schlägt bis zum Hals. Mir gehen alle Schreckensszenarien durch den Kopf. Ich möchte heulen vor Traurigkeit. Ich möchte lachen vor Erleichterung. Ich möchte schimpfen und schreien, weil ich ein solches Drama schon lange habe kommen sehen. Aber auf mich, eine frisch verliebte Teenagerin, hört natürlich niemand.

Ich laufe zum großen Tisch, an dem meine Mutter an ihrem Platz sitzt. Um sie herum die ganze Familien- und Mitarbeiter-Entourage des Pfarrhauses: mein Vater, meine Schwestern, sitzen direkt neben ihr. Mein Bruder tätschelt ihren Rücken. Aber auch die Haushaltshilfe, die täglich kommt und schon längst fertig sein muss, ist noch da. Der Küster will gerade gehen und wünscht, wie immer etwas maulfaul: »… ja dann, alles Gute, Frau Pastor.« Sie alle zusammen haben die Verletzung meiner Mutter begutachtet. »Das kriegen Sie selbst hin«, sagt am Ende auch die einzige Frau vom Fach, die Gemeindeschwester, die mein etwas zerstreuter Vater geistesgegenwärtig hinzugeholt und um Rat gefragt hat.

Ich bin noch viel zu erschrocken, um mich zu freuen, dass meine Mutter bis auf die Stelle am Kopf unbeschadet ist. Ich bin einfach entsetzt. Aus unbeschwerten Tagträumen bin ich in einem einzigen Augenblick brutal heruntergefahren worden auf den täglichen Pfarrhaus-Wahnsinn. Rundherum schaue ich in Friede-Freude-Eierkuchen-Gesichter, die mich fassungslos machen.

»Seid ihr alle verrückt geworden«, rufe ich, während ich meine Mutter in den Arm nehme. Betretenes Schweigen. »Nun reg dich bloß nicht so auf«, sagt meine Mutter, »es ist doch alles gut gegangen.« Ich sage: »Gar nichts ist gut hier! Es reicht!«

Ja, ich bin außer mir. Es ist mein persönlicher »Point of no Return«, der sich da in meinem Herzen festmacht. Eine innere Generalabrechnung mit meinem Pastoren-Elternhaus, das ich einfach nicht mehr so ertragen will, obwohl mir am Ende ja gar nichts anderes übrig bleibt. Nur wie es sein kann, dass meine Mutter von Menschen verletzt wird, denen sie eigentlich ihre Zuwendung schenkt, will in meinen Kopf nicht hinein.

»Wir müssen uns viel besser schützen«, sage ich und werfe meinen Eltern wütende Blicke zu. Und überhaupt verstehe ich nicht, dass ausgerechnet mein Vater, der ja der vorsichtigste und ängstlichste von allen ist, keine Vorsorgemaßnahmen getroffen hat, damit eben dies nicht passiert. Es kommt ja nicht ganz überraschend. Es ist ja absehbar gewesen. Seit ich denken kann, ist unser ganzes Leben geprägt von den »Hilflosen«, die meinen Vater aufsuchen und ganz konkret etwas wollen. Dieser Umstand zieht sich wie ein roter Faden durch unsere Familiengeschichte.

*

Dieses »Immer-da-Sein« für Menschen, die alles verloren haben, beginnt bereits in unserem paradiesischen Dorf, lange bevor wir nach Kiel ziehen werden.

Ich bin fünf Jahre alt. Ab diesem Alter habe ich eine erste bleibende Erinnerung an Fremde vor unserer Tür. Es klopfen »Durchreisende« an, die nicht einen Pfennig haben, um sich ein Brötchen zu kaufen. Nur bin ich noch zu klein, um sie als »Bettler« wahrzunehmen.

Die Einzigen, die mir als Bittsteller im Gedächtnis bleiben, sind die Zigeuner, die jeden Sommer erneut ihre Lager am Ortsrand aufschlagen. Wenn sie in einer ganzen Gruppe auf das Pfarrhaus zusteuern, fühle ich mich wie in einem exotischen Märchen. Die Frauen tragen klingende goldfarbene Armreifen. Und die silbrigen Blätter ihrer Ohrringe schallen im Takt ihrer flehenden Fragen und dramatischen Mimik. Stolz marschieren sie in glitzernden Blusen und herrlich langen Baumwollröcken in leuchtendem Rot, Gelb, Orange um unser Rondell. Einige haben feuerrot geschminkte Lippen. Sie sehen so prachtvoll aus, wie ich es vorher noch nie in unserer tiefen Provinz gesehen habe. Das Vorurteil, dass sie »alle klauen«, kann ich nicht bestätigen, wenn ich auch von den Nachbarn und manchmal von meinen Eltern gewarnt werde, aufzupassen. Sie kommen bis ans Küchenfenster oder auf den Rasen an der Scheune, auf dem wir gerade die nasse Wäsche aufhängen. Mit einem kleinen Obolus ziehen sie schnell friedlich davon. Sehnsüchtig schaue ich ihnen nach. Ihr Gipsy-Look im kargen Geestland – das ist ein Kunstwerk, das mir nie wieder aus dem Kopf gehen wird.

Natürlich kriege ich nicht immer mit, wer da vor unserer Tür steht und um Einlass bittet. Aber ich nehme wahr, dass bestimmte Besucher es nicht in unseren Hausflur schaffen. Das sind allein ankommende Männer, die mein Vater schon von Weitem mit großer Aufmerksamkeit beobachtet. Ich stehe staunend hinter ihm und sehe, dass auch sie die Hand aufhalten. Nur erwarten sie sehr viel mehr als die Zigeuner. »Ich kann Ihnen bar nichts geben«, höre ich meinen Vater gebetsmühlenartig antworten. Ihr Frust darüber währt nur kurz. Denn plötzlich huscht doch ein Lächeln über ihre fahlen Wangen, nämlich dann, wenn mein Vater sie mit der rettenden Idee überrascht: »Ich werden Ihnen eine Zugfahrkarte nach Kiel besorgen. In der Stadt kann man Ihnen viel besser helfen.«

Diese Personen und ihre Probleme kommen noch nicht an mich heran. Aber wie alle kleinen Kinder spüre ich wie ein Sensor das Unbehagen, das meine Eltern erfasst, wenn Leute klingeln und um Geld fragen. Und ebenso bemerke ich, wie gelöst mein Vater ist, wenn sie wieder verschwinden. Er bringt sie persönlich zum Bahnhof. Er will sichergehen, dass sie auch wirklich in den Zug einsteigen. Ja, mein Vater, der Seelsorger, schiebt solche Fälle gern ganz weit weg. Nicht nur, weil seine Möglichkeiten in der kleinen Gemeinde tatsächlich sehr überschaubar sind. Nein, er will die mögliche Gefahr bannen. Man weiß ja nie, wer vor einem steht. Es kommen Unbekannte – und die sind schwer einzuschätzen. Sie haben alles verloren. Sie wissen nicht, wohin. Und bei jedem dieser Postulanten steht die unbeantwortete Frage im Raum: Wie reagiert ein Mensch auf Ablehnung, wenn er sowieso keinen Halt mehr hat?

Das sind natürlich keine Themen, die mit mir ernsthaft diskutiert werden. Aber ich schnappe Auszüge der erregten Debatten meiner Eltern darüber auf. Es sind nur Wortfetzen, die bis zu meinem Ohr dringen. Wenn von einem »armen Schwein« oder einem »bedauernswerten Kerl« oder »furchtbaren Schicksal« beim Abendbrot die Rede ist, und das kommt häufig vor, bleibt davon in meinem kindlichen Erinnerungsgitter etwas hängen. Mit jeder

Wiederholung der Begrifflichkeiten fügt sich ein Mosaik zusammen, auf dem Menschen zu erkennen sind, die man auffangen muss. Und wenn Bezeichnungen wie »finstere Typen«, »ganz gefährlicher Hund« oder »üble Halunken« und »schlimmer Gangster« fallen, wird sich in meiner infantilen Vorstellung ein Charakterbild formen, zu dem ich besser auf weiten Abstand gehe.

Ja, ich erlebe, wie differenziert mein Vater christliche Nächstenliebe handhabt. »Alle Menschen sind gleich, dieser Satz ist totaler Blödsinn«, lehrt er mich. Und deshalb gibt es immer wieder ein sehr deutliches Gefälle an Stimmungen im Pfarrhaus. Mit diesem Rauf und Runter in unserem emotionalen Klima lebe ich sowohl im Feuer wie im Eis. Meine Eltern sind hin- und hergerissen zwischen dem »Helfen-Wollen« und dem »Nicht-helfen-Können« – und manchmal einem »NICHT-helfen-WOLLEN«.

Papas Zugticket in ein besseres Leben jedenfalls brennt sich für immer in mein Gedächtnis ein. So unbedarft wie ich als Kind noch bin, so klar erkenne ich mit zunehmenden Jahren schon: Es ist auch ein persönlicher Freifahrtschein für sein Gewissen. Er unternimmt, was er für angezeigt hält. Er »hilft« eben doch. Irgendwie. Aber er hält auch mögliche Unbill von unserem Wohnsitz fern und damit vor allem von seinen Kindern.

Diese »Lösung« der Dinge hat aber, seit wir in Kiel leben, ein Ende gefunden. Denn wohin soll er die in Not geratenen Leute nach unserem Umzug nun noch schicken? Das Elend ist seither ganz nah. Und es kommt mit geballter Wucht. Bei uns tauchen Typen auf, die mir noch nie begegnet sind. Ich weiß noch nicht, was ich davon zu halten habe, und fühle eine merkwürdige Unsicherheit. Und zum Zeitpunkt unseres Umzugs, kurz vor meinem dreizehnten Geburtstag, komme ich in ein Alter, in dem ich beginne zu reflektieren, was bei uns eigentlich vor sich geht.

*

Vergleiche ich mich mit meinen Freundinnen, so beneide ich sie. Keine von ihnen muss wildfremden Menschen die Tür öffnen, um sich sodann um sie zu kümmern. Sie alle leben sehr »privées«. Wenn sich hinter ihnen die Wohnungstür schließt, gibt es nur sie, ihre Geschwister, Eltern und Oma und Opa, wenn die mal kommen. Ihr Zuhause ist ein abgeschlossener und geschützter Kosmos. Eine absolute Ruhe wie in einem buddhistischen Tempel umhüllt mich, wenn ich sie besuche. Das Telefon? Nun, mit Chance klingelt es dort zweimal pro Woche. Bei uns zweimal in fünf Minuten! Ja, in unserem Pfarrhaus ist latent immer Unruhe. Selbst wenn das Büro geschlossen ist und nichts Besonderes ansteht, tritt bei mir zu Hause keine wirkliche Entspannung ein. Meine Eltern sind immer »auf dem Sprung«. Selbst mein Vater sieht da in manchen Momenten eine »schreiende Ungerechtigkeit«.

Es klingt dann ein bisschen überheblich, wenn er das Thema aufwirft. »Ja, jeder Maurer schmeißt Freitagmittag die Kelle in den Sand und hat frei bis Montagfrüh. Aber wir sind immer im Dienst.« Es ist nicht so, dass ich mir Papa als Maurer wünsche. Aber ein anderer Beruf, das wäre schon was. Zumal sich in Kiel alle Probleme potenzieren. Das streunende Publikum, zudem noch in dieser Vielzahl in unmittelbarer Nähe, ist für mich ziemlich befremdlich. Stehe ich am großen Esszimmerfenster, sehe ich, wer des Weges kommt. Und wer von den Passanten im Anmarsch zum Pastor ist, lässt sich unschwer ausmachen: Mit der Ruhe von Wanderern nehmen die nahenden Gestalten ganz gemächlich die leichte Steigung zu unserer Dienstresidenz. Neigen dabei den Kopf interessiert zu den kleinbürgerlichen Wohnhäusern. Bleiben stehen, gucken in Fenster, schöpfen Atem, staunen und steigen weiter. So, als seien sie Investoren, die nach neuen Objekten suchen und ihr Geld in ganzen Immobilien-Reihen anlegen wollen. Erst ihre Outfits verraten, dass sie nichts außer einem großen Loch in der Jackentasche haben.

Es ist ein immer wiederkehrendes Schauspiel, das mich reiten lässt, aber von mir natürlich nicht so bewertet wird. Nein, bei aller Achtung empfinde ich als junges Mädchen diese Herrschaften auch als eine große Zumutung. Ich sehe Figuren, die man, wenn überhaupt, eigentlich nur aus dem Kino kennt: Sie sind tragisch, traurig, komisch, wehmütig, aber auch brutal und kriminell. Und meine Haltung zu ihnen wechselt täglich, stündlich, manchmal sekündlich. Sie haben mein Mitgefühl – und sie gehen mir auf den Geist. Sie faszinieren mich – und sie schrecken mich ab. Nein, ein klassischer »Gutmensch« werde ich in meinem Pfarrhaus niemals. Aber mich beschäftigt, wie es so weit mit ihnen kommen konnte.

Hier in Kiel wird mir ganz deutlich, wie Scheitern aussehen kann. Unsere Besucher sehen ganz schön abgerissen aus. Der Stoff ihrer Anzüge ist – meist in Kniehöhe – ziemlich ausgebeult. Tragen sie einen Blazer, so verschwinden sie fast darin, weil für ihre schmächtigen Körper viel zu voluminös. Ihre Hosen sind zu kurz oder zu lang, im letzteren Fall ist der Saum zerfranst. Sie haben ihn auf dem rauen Asphalt kaputt getreten. Ihre Turnschuhe sind viel zu groß – oder zu klein. Man zieht halt an, was die Altkleidersammlung so hergibt. Ihre Haare sind mal kurz, mal länger, häufig strähnig oder fettig. Man riecht, dass sie nicht duschen können. Und die Nolibrüder unten ihnen schicken jedem gesprochenen Satz noch ihre Fahne hinterher. Das Hab und Gut wird in einer Plastiktüte mitgeführt, die nicht selten arg strapaziert ist. Nur die Reichen unter ihnen haben ihren »Porsche« dabei, einen ausrangierten Einkaufsbuggy.

»Guten Tag, junges Frollein«, sagen sie, wenn sie mir vor der Tür begegnen. Meiner Schwester, sie hat als Teenager dunkles schulterlanges Haar und eine wunderbar hohe feine Stirn, ruft einer zu: »Du bist schön wie Mona Lisa …!« »Stimmt!«, ruft sie schlagfertig zurück, und man zwinkert sich schon mal zu. Ja, mit einigen Habenichtsen stehen wir auf recht gutem Fuß. Und sie strengen sich ja auch an, uns zu gefallen. Zumindest zur Begrüßung. Dann machen sie sich ganz gerade. Halten angestrengt die

Schulterblätter zusammen. Streichen sich noch einmal über das Haupt oder ihr verschwitztes Hemd, das aus dem Hosengürtel zu rutschen droht. Ganz langsam schlurfen sie um die Ecke am Haus. Wie in Zeitlupe bewegen sie sich auf das Pfarrbüro zu und schauen dabei erwartungsvoll in Richtung Türschild.

Vielen von ihnen steht ein sanftes Lächeln im Gesicht. Ich frage mich oft, was sie so zuversichtlich stimmt? Es muss die gute Miene der Hoffnung sein: Ein Pastor lässt mich nicht im Stich! Und natürlich will man von Anfang an einen vertrauenserweckenden Eindruck machen. Es ist nicht frei von Komik, dass manche von ihnen – ausgerechnet – im Zug angereist sind. Sie sind mittellos in der Bahnhofsmission gestrandet. Dort verweist man sie an uns, da wir das nächstgelegene Pastorat in der Gegend sind. Und spätestens jetzt holt meinen Vater die Vergangenheit mit seinen früheren Vagabunden ein.

*

Immer mal wieder ist einer dabei, der Papa bereits aus unserem Landpastorat kennt. »Ich war vor Jahren schon mal bei Ihnen, Mensch, wie heißt der Ort noch mal …?« So beginnen ihre Texte, wenn sie die frühere Bekanntschaft wieder auffrischen wollen, natürlich immer in der Annahme, es möge die Chancen auf Hilfe erhöhen. Ja, sie sind Gentlemen – und sie beherrschen die gepflegte Konversation. Sie wollen ja in Wahrheit nichts anderes sagen als: »Alte Freunde helfen sich doch immer wieder, oder?« Und mein Vater, von Natur eher vergesslich, antwortet höflich: »Ja, ich erinnere mich gut. Waren Sie da nicht gerade aus dem Gefängnis entlassen worden …?« Woraufhin er schon mal in ein erschrockenes Gesicht gucken wird, weil der Besucher noch gar keine Zelle von innen gesehen hat.

Mein Gott, Papa, denke ich oft. Mal wieder. Es gehört nicht zu seinen Stärken, sich Namen zu merken oder Anekdoten der richtigen Person zuzuschreiben. Er findet das selbst ganz fürchterlich und erzählt ziemlich unbekümmert, wo er wann, wie und warum gepatzt habe. Das können schnell ganz lustige Geschichten werden, zumindest dreht er sie so – und am Ende müssen wir alle zusammen sehr lachen.

Es muss der besondere Charme meines Pfarrhauses sein, weshalb mein Vater die Verwechslung mit dem Knastbruder schnell wieder geradegebogen kriegt. Der Mann, dem er aus Versehen überstandene Gefängnishaft unterstellt, bekommt natürlich ausführlich Gelegenheit zu berichten, warum Job, Frau, Kinder und die Wohnung nun futsch seien. Wie sein ganzes Leben in Süddeutschland einfach abhandengekommen sei und er nun unermüdlich versuche, sein Glück »auf der Platte« im Norden zu finden. »Ja, Herr Pfarrer, als isch mei Stell verlore hab, hab isch angefange zu trinke. Das mochte mei Frau natürlich nedd. Es tut mir ja auch leid, aber isch war feddisch. Nix konnde isch mehr kaufe, nur noch schaue, wie alles den Bach runtergääät. Ja, unn dann habe sisch mei Kinner von mir abgewannddd, und dann bin isch einfach gegange …«

»Ach ja, richtig, so war das, genau … entschuldigen Sie bitte, ich komme manchmal ganz durcheinander bei den vielen Lebenswegen …« Mit solchen und ähnlichen Sätzen versucht mein Vater, sich zu erklären, und ist spätestens jetzt unter moralischem Zugzwang. Er muss seinem »Schützling« viel Zuspruch und zumindest ein Scheinchen mitgeben. Ruckzuck sprechen sich diese Wohltaten in besagten Kreisen herum. Und damit haben wir immer mehr Sozialfälle ohne Obdach immer häufiger vor der Tür.

Ich erkenne sie an ihrem Klingeln. Unsere Hausglocke macht ding-dong. Wenn meine Geschwister, meine Eltern oder ich den Knopf draußen betätigen, macht es ganz schnell »ding-dong, ding-dong«. Aber wenn die Bittsteller schellen, werden die Töne ganz lang gezogen »diiinnggg-doooonnnggg …«

Ich habe nie eine Frau gesehen. Es sind immer nur Männer,

die kommen. Und sie alle drängen auf pekuniäre Unterstützung. Aber das sagen sie natürlich nicht freiheraus. Sie möchten bitte erst einmal den »Herrn Pastor« sprechen. Wenn er da ist, nimmt er sich Zeit für sie. Diese Gespräche finden trotzdem nur zwischen Tür und Angel statt. Er wird sie auch in Kiel nicht ins Haus hineinlassen. Ganz selten sitzt mal einer auf dem Wartestuhl vor dem Büro. Aber jeder von ihnen wird seine Geschichte vom persönlichen Niedergang in Gänze los. Sie berichten von ihrem endlosen Kummer, geben bildhafte Beschreibungen ihres erbärmlichen Daseins mitsamt allen Gründen, die dazu geführt haben. Klar, dass man da mal mit dem einen oder anderen Werdegang durcheinanderkommen kann.

Am Ende ihrer Schilderungen steht immer der Satz: »Herr Pastor, können Sie mir bitte etwas Geld geben?« Natürlich ist es damit nicht getan, das weiß auch mein Vater. Aber er hat ein großes Herz, und er lässt sich erweichen, die Not zumindest kurzfristig zu lindern. Wenn er ihnen zehn D-Mark gibt, reicht dies für ein Sandwich und ein paar Fläschchen, mit denen sie sich ihre Zukunft ohne Aussicht wenigstens für einen Tag schöntrinken können. Also greift er in die Kasse im Büro, die extra für solche Zwecke vorbereitet und im kirchlichen Haushaltsplan so vorgesehen ist.

Manchmal stehe ich hinter einer Gardine und sehe, wie sie mit der kleinen Gabe von dannen ziehen. Die Freude auf die »Einkäufe«, die sie jetzt tätigen können, lässt sie stolz und noch gerader und auf einmal ganz flott und zielstrebig fortgehen. Ihre ganze Haltung drückt die freudige Gewissheit aus, dass der Vorrat an Schnaps, Bier und Tabak zumindest für vierundzwanzig Stunden gesichert ist, aber gefühlt für ein ganzes Leben. Und danach sieht man dann weiter.

Nun, dennoch ist ein Pastorat keine Bank. Und der sparsame Geldvorrat der Gemeinde für kleine Spenden ist immer schnell aufgebraucht. Jede Hilfe hat also auch Grenzen. Mit dieser Tatsache werde ich groß. Mein Vater ist da unerbittlich. Wenn nichts mehr da ist, gibt's auch nix mehr zu verteilen. Und wenn er dies vor seinen Schäfchen kundtut, kann es schon mal laut werden. So laut, dass ich mit klopfendem Herzen die Steintreppe aus unseren privaten Räumen hinunterlaufe, leise eine Holztür mit blindem Glas einen Spalt weit öffne und einer erregten Diskussion lausche. Wenn sich vor unserem Eingang die Enttäuschung entlädt, beschleicht uns alle in der Familie die Angst. Dann ist richtig Gefahr im Verzug. Ex-Knackis vergessen ihre Bewährungsauflagen, und sie ballen vorsorglich schon mal die Fäuste. Was in ihren Köpfen vorgeht, ob sie plötzlich eine Waffe zücken – diese Fragen stehen immer im Raum. Ja, ich fürchte mich oft, weil nicht jeder vorbeiziehende Tippelbruder die Harmlosigkeit in Person ist.

Immer wieder in all den Jahren muss ich hilflos mit anschauen, wie mein Vater bedroht wird. Es ist immer der gleiche Ablauf. Leicht gebeugt mit seinen schmalen Schultern lehnt Papa am offenen Türrahmen. Den Kopf gesenkt und grübelnd nach Auswegen suchend. Er ist nie ein Freund von körperlicher Gewalt gewesen. Aber was soll geschehen, wenn der Typ, der gerade vor ihm steht, sich vergisst? Lange bevor meine Mutter die Bierflasche am Kopf hat, gibt es immer wieder solche brenzligen Situationen. Ich möchte zur Tat schreiten und am liebsten die Haustür zuschlagen. Aber mein Vater, der mich in der »Gefahrenlage« lange bemerkt hat, gibt mir mit einer Handbewegung zu verstehen, ich möge mich bitte ruhig verhalten. Und ich fühle eine Ohnmacht, die mich zornig macht.

Meine Empörung weicht dann aber schnell auch einer Bewunderung für meinen Vater. Ich muss anerkennen, wie er mit den richtigen Worten eine schwierige Situation entschärfen und glätten kann. Und ich erlebe, wie meisterhaft der aufgebrachte Besucher von ihm zum Schweigen gebracht wird. Gern greift Papa dabei in seine Gesäßtasche und zerrt unter Mühen sein abgegriffenes Portemonnaie hervor. Es ist ziemlich dick gefüllt. Und der Wüterich an der Türschwelle ist auf der Stelle still. In seinem Gesicht lese ich den verlockenden Gedanken: Bei so vielen Geldnoten wird ja für mich wohl etwas abfallen können. Es soll ein Trugschluss sein, den er aber letztlich erstaunlich verständig hinnehmen wird. Er darf nämlich die Börse meines Vaters ganz genau unter die Lupe nehmen.

*

»Schauen Sie, hier habe ich nur meinen Ausweis und meinen Nachkriegs-Führerschein«, sagt er und zeigt auf die Stelle, an der bei anderen Leuten normalerweise die Zwanzig- und Fünfzig-markscheine stecken. Und: »Auf den vielen Papierzetteln dahinter habe ich mir Sachen notiert, die ich auf keinen Fall vergessen darf! Besorgungen, die ich unbedingt erledigen muss – oder Notizen für meine Predigt. Und hier …«, sagt er, wobei er umständlich einen Zettel herausfischt, während dabei andere Papiere zu Boden fallen, »ach ja, richtig, hier ist noch eine Rechnung von der Autowerkstatt, die ich noch nicht bezahlt habe …« Ja, er selbst habe auch nichts als Verpflichtungen, offenbart mein Vater fast treuherzig. Grenzenloses Staunen.

Sodann öffnet er das Fach, in dem das Silbergeld liegt. Er dehnt es weit auf und zeigt es her. Und obwohl der Fremde fast seine Nase hineinstecken wird, vermag er kaum einen Pfennig zu entdecken. »Sehen Sie, ich habe nichts«, fährt mein Vater fort, »hier sind nur ein paar lose Knöpfe, die meine Frau dringend wieder anbringen muss. Aber Sie wissen ja, wie das ist, mit den Frauen …« Mitfühlendes Nicken auf der anderen Seite. Ja, genau, man versteht sich auch ohne große Erklärungen. Der »Ein Wort unter Männern«-Trick wirkt immer. Und überhaupt muss der Blick in den erbärmlichen Geldbeutel eines Pastors ein wahres Faszinosum sein.

Erst als der Mann den Mini-Schraubenzieher mit dem gelben Kunststoffgriff erspäht, findet er seine Sprache wieder und fragt, wozu ein Pfarrer denn ein solches Werkzeug brauche und dazu noch so klein …? Fragt da jetzt jemand, der damit einen Safe knacken kann? Ich muss aufpassen, dass ich nicht laut lospruste vor Lachen. Ich stehe ja quasi Schmiere, falls sich die Lage doch wieder dreht und ich Hilfe organisieren muss.

Nein, der Pastor hat nichts Böses vor. Er weiß auch gar nicht, wie das überhaupt geht und schon gar nicht mit diesem Witz von Instrument. »Damit repariere ich meine Brille, wenn sich unterwegs die Schrauben lösen und der Bügel abfällt«, antwortet mein Vater bereitwillig und fügt hinzu: »Der fällt alle naslang hinunter. Früher habe ich das mit Tesafilm geklebt. Und dann kam mir die Idee mit dem kleinen Schraubenzieher. Wissen Sie, ich habe mein Gestell jetzt schon zwanzig Jahre, nur ein neues ist nicht drin. Immerhin habe ich fünf Kinder zu versorgen!« Boah, dem geht es ja schlechter als mir, steht jetzt auf der Stirn des Fremden geschrieben. Ja, spätestens jetzt ist der Pastor das Opfer der Zivilgesellschaft – und nicht der Bittsteller vor der Tür. Der sieht schließlich ein, dass es jedenfalls heute mal keine Kohle geben kann.

Aber damit ist der Fall nicht abgeschlossen. Natürlich werden wir niemanden mit hängendem Kopf einfach so ziehen lassen. Es ist immer die gleiche Litanei, für die ich nicht immer Geduld und Verständnis habe. Aber mein Murren hilft nichts. Keiner wird je mein Elternhaus hungrig verlassen. Klar, dass meine Mutter immer einen großen Laib Graubrot für alle Fälle bereithält. Bei jedem Großeinkauf liegen Unmengen Pfälzer Leber- und Rügenwalder Teewurst auf dem Fließband im Supermarkt. Doch wie viel Mama auch organisieren mag, unser Kühlschrank ist chronisch leer. Mit der Zeit mutiert das Pastorat zu einem Catering-Service. Unsere besten Kunden sind die Bahnhofs-Clochards. Natürlich werde ich mit meinen Geschwistern in diesen Rund-um-die-Uhr-Service eingebunden, was zu den irrwitzigsten Kapriolen führt. Und irgendwann werde ich auf die Barrikaden gehen, weil der Beruf unseres Vaters den Herzschlag unserer ganzen Familie diktiert. Täglich macht es diiinnnggg-dooonnnggggg.

Es dauert nur wenige Monate in Kiel, da gebe ich die Parole

aus: »Wer rangeht, schmiert.« Das ist meine Drohung an die jüngeren Geschwister, die sofort wild aufspringen, sobald es läutet, und an die Sprechanlage stürzen. Sie springen hoch, reißen den Hörer herunter und schreien in die Muschel: »Wer ist da, bitte?« Das »Bitte« haben meine Eltern mit uns bereits als Säugling geübt. Und wenn sich kein Spielkamerad oder anderer Bekannter am anderen Ende meldet, reichen sie den Handapparat weiter mit Satz: »Da will einer was von Papa …«

Aber auch die Kleinsten lernen dazu. Irgendwann rufen wir gemeinsam im Chor: »Wer rangeht, schmiert.« Alle bleiben am Esstisch sitzen oder in ihren Zimmern. Keiner will mehr Brote bestreichen. Und so bleibt meinem Vater manchmal nichts anderes übrig, als selbst die Stullen zuzubereiten. Dabei reißt er dann die besten Feinkost-Tüten auf. Als Belag wählt er schönsten Schinken und französischen Käse statt die extra dafür vorgesehene Streichwurst. Nervös hantiert er hin und her. Flucht. Schimpft. In der Eile rutscht schon mal ein Messer vom Tisch, und die Butter spritzt. Und beim Einpacken der Delikatessen gehorchen ihm auch die Alufolien-Rollen nicht. Zu allem Übel legt er auch noch die letzten Tafeln Schokolade ins Lunchpaket, die eigentlich uns Geschwistern vorbehalten sind. »Schokolade ist wichtig«, sagt Papa oft, »man muss immer etwas dabeihaben, falls einem mal tattrig und schwindelig wird. Ein Stück in den Mund und schon geht es besser.«

Wenn er schließlich stolz sein Werk überreicht, sieht die Küche wie ein Schlachtfeld aus. »Lassen Sie es sich man gut schmecken.« Sagt's und winkt seinem Schützling erleichtert hinterher und zündet sich nach der Anstrengung erst mal eine Pfeife an. Ja, es wächst sich zu einer Belastung aus. Wir sind ja kein gastronomischer Betrieb. Ganz zu schweigen davon, dass meine Eltern die Gaben aus ihrer privaten Tasche bezahlen. Aber wie kommen wir aus dieser Nummer je wieder heraus?

*

»Alles fügt sich« ist auch so ein Satz, der meine Kindheit und Jugend begleitet. Aber als »göttlich« wird diese Fügung wohl nicht bezeichnet werden können, als meine Mutter an diesem herrlichen Julitag die Flasche eines aggressiven Wohnungslosen am Kopf spürt. Sie arbeitet zu dieser Zeit schon länger mit im Kirchenbüro. Und sie schenkt den Hilfe suchenden Ankömmlingen ihr strahlendes Lächeln. Man kennt sich bald ganz gut. Wenn unsere »Gäste« meine Mutter erblicken, überschlagen sie sich mit Komplimenten und artigen Bemerkungen. Die Wiederkehrer kommen mit gepflückten Tulpen, die sie aus Vorgärten entwendet haben und ihr feierlich überreichen. Manche haben auch duftende Rosen dabei, deren Köpfe schon hängen und von deren Herkunft wir lieber nichts wissen wollen, wenn sie auch Mamas Schreibtisch schmücken und im frischen Wasser ihre Blütenpracht neu entfalten werden.

Ja, wahre Galane geben sich im Pastorat die Klinke in die Hand! Einer von ihnen spricht nur Französisch mit unserer Mutter. »Comment-allez vous, Madame?«, ruft er schon von Weitem. Wie geht es Ihnen, Madame? Im Winter reißt er sich überschwänglich seinen Hut vom Kopf und verneigt sich. Und wenn sie ihm die Hand reicht, wird sie mit einem formvollendeten Handkuss belohnt. Nein, kein Schmatzer. So, wie es sich gehört. Nicht mal ein Hauch einer Berührung. Nur angedeutet. Der Mann kommt aus einem gebildeten und einst sehr begüterten Elternhaus. Aber er war im Krieg in Stalingrad. Die Granateinschläge, die Ängste im Schützengraben und die anschließende Gefangenschaft haben dem hochsensiblen Mann so zugesetzt, dass er – man muss es leider so sagen – verrückt geworden ist. Zu einem normalen Leben ist er schlicht nicht mehr fähig. Er erträgt geschlossene Räume nicht. Er ist nicht in der Lage, an einem Platz länger zu verharren. Er leidet an einer Art »Nomaden-Syndrom«, muss immer weiterziehen. Aber er erinnert sich gut an seine Kindheit und Jugend und erzählt unermüdlich davon. Es muss seine lebenslange Flucht vor den erlittenen Ängsten sein.

Er sagt, er würde so gerne wieder Cello spielen. Ganze Partituren wird er vor unserer Haustür mit feinen Handbewegungen als Luftspiel dirigieren … Es berührt mich, wie sich jemand durch alle Zerstörungen eines Krieges seine DNA erhält, in die sich die Rituale des gebildeten Bürgertums eingeschrieben haben. Der Mann hat beste Manieren, und er wird Mamas Lieblingsbesucher. Er weiß nicht mehr, wie er heißt, sagt er. »Nennen Sie mich Hubert!« Und er spricht den Namen französisch aus.

Mein Vater reagiert ein wenig eifersüchtig, wenn sie begeistert von ihren Erlebnissen mit »Monsieur Übääärrr« beim Mittagessen berichtet. Sie liebt es einfach nur, ihr sehr gutes Schulfranzösisch hervorzukramen. Mehr ist da nicht. Aber Papa behagt es nicht, vorgeblich aus Sorge um ihre Sicherheit. »Es ist immer gut, eine gewisse Distanz zu wahren«, sagt er und wird bis zum Ende der Mahlzeit keinen Ton mehr herausbringen. »Machst du doch auch nicht, wenn die klingeln«, rufen wir Kinder frech dazwischen. Und die weiße Stoffserviette wird er dann noch schwungvoller als sonst auf den Tisch legen und wortlos verschwinden. Wir müssen darüber lachen und werden noch oft sticheln, wenn es um Mamas »Franzosen« geht.

Aber das sind Petitessen gegen das, was kommen soll. Mein Verständnis für den Job meiner Eltern wird lange vor der »Bierbuddel-Story« immer wieder auf die Probe gestellt. Und je älter ich werde, desto kritischer sehe ich, was sie und damit wir Kinder aushalten müssen. Denn die Sprache der Straße holt uns immer häufiger ein, je weniger Bargeld an unserer Haustür fließt. Und so ist es auch kein Wunder, dass da jemand kommt, der rohe Gewalt sprechen lässt.

Meine Mutter ist schon immer auf eine merkwürdige Weise furchtlos gewesen. Der absolute Gegenpol zu meinem Vater, der in Bezug auf Gefahren das Gras wachsen hört. Aber die Ignoranz und Indolenz meiner Mutter in diesem Punkt ist mir fremd. Da bin ich ganz wie Papa. Mutig stellt sie sich jedem pöbelnden und saufenden und rülpsenden Rüpel in den Weg. Ihre Ansage ist glasklar, dass sie nichts zu erwarten hätten außer ein paar Naturalien. »Wir haben kein Geld, ich darf Ihnen auch gar nichts geben.«

»Mensch, Mädel, erzähl keinen Scheiß«, kommt es zurück. Und die »gebildeteren« Herumtreiber kommen mit Historie und wollen argumentieren. »Die Kirche ist reich, sooo reich. Los, her damit. Mein Brot kauf ich selbst!« Es ist ihr immer gelungen, die Leute in Schach zu halten.

Bis auf diesen einen Julitag. Der Mann hat schon ein paar Fläschchen intus, als er mit schwerem Gang auf unsere Haustür zuwankt. Sein Ton ist fordernd: »Ich brauch Geld.« Meine Mutter macht auch ihm klar, dass es nichts geben werde. Und wie durch ein Wunder kommt gerade mein Bruder mit seinem Freund aus seinem Zimmer. Im Flur hört er, wie der Fremde zu brüllen beginnt. »Ich brauch Geld!«

Meine Mutter will die Jungs fortschicken. Sie sind gerade dreizehn, und sie will Kinder immer schützen. »Nein, Mama, wir bleiben hier so lange, bis der Mann weg ist. Mit dem lasse ich dich nicht allein!«, so mein Bruder. Ja, auch er ist nach den Jahren geeicht auf die Gefahr. Und mit seinem Freund, der schon jetzt ein Riese ist, und seinem eigenen guten Körpergefühl, fühlt er sich der Gefahr gewappnet.

»Schrei meine Mutter nicht an, hörst du, hast du verstanden!« Er baut sich dicht vor dem Mann auf. Diesen Mut muss er von unserer Mutter haben. Sie sagt: »Lass mal gut sein, Junge. Ich geh mal mit dem Herrn ins Büro.« Sie glaubt, dass sie die Lage im Griff hat, wenn sie sich möglichst defensiv verhält. Und bevor sie mit dem stinkenden aggressiven Kerl hinter einer Holztür verschwindet, zischt sie ihrem Sohn zu: »Bleib ganz ruhig, ich krieg das schon hin. Geht doch los, Jungs!« »Nein, Mama, auf gar keinen Fall. Wir bleiben so lange hier vor der Tür, bis der Typ weg ist!«

Es kommt zu einer lauten Debatte in dem kleinen Raum. Und nach dem letzten »Es gibt kein Geld« poltern plötzlich Stühle, es gibt einen dumpfen Knall, und meine Mutter schreit laut »Neiiinnnnn!«

Überfallartig stürmen die dreizehnjährigen Bengel das Zimmer. Der Freund meines Bruders packt den Angreifer von hinten und nimmt ihn in den Schwitzkasten. Mein Bruder verdrischt ihn von vorne, und gemeinsam bugsieren sie den Gewalttäter in den Flur und durch die Haustür nach draußen.

Meine Mutter rappelt sich wieder hoch und sagt: »Danke, Jungs, das habt ihr toll gemacht. Ohne euch wäre ich verloren gewesen!«

Der Mann hat sie mit seiner Flasche traktiert. Und als sie sich wehren will, hat er sie einfach herumgerissen und gegen die Wand geschleudert. Ihr Kopf brummt, aber vor den Kindern will sie den Vorfall herunterspielen. »Alles halb so schlimm!«, sagt sie. Aber da hat mein Bruder bereits Alarm geschlagen, und alle im Haus eilen herbei. An Mamas Haaransatz tropft Blut. An der Stelle wird es zu einer tennisballgroßen Schwellung kommen, die in den nächsten Tagen in allen Farben des Regenbogens schimmern wird.

Warum sie nicht doch zum Arzt geht und sich Ruhe gönnt, werde ich nie verstehen. Nur ein Pflaster und viel Kühlung seien jetzt notwendig, sagt die Gemeindeschwester. Krankschreiben, Arbeitsunfall etc., diesen Automatismus, wenn im Job etwas passiert, gibt es natürlich in unserem Pfarrhaus nicht.

Eindringlich beschwöre ich meinen Vater, dass etwas passieren müsse. An diese abenteuerlichen Gestalten, die permanent etwas wollen und dabei so undurchsichtig und gefährlich sind, kann und mag ich mich nicht gewöhnen. Ich bin sehr aufgebracht und frage, warum denn die Polizei nicht gekommen sei. Die Polizei? Nein, daran hat bei uns nun wirklich niemand gedacht. »Warum sollen wir denn die Polizei rufen?«, fragt meine Mutter fast mit Entrüstung in der Stimme, während sie sich die Eiswürfel im Geschirrhandtuch an die verletzte Stelle hält.

Nun ist es zwar nicht so, dass man den Angreifer aus christlicher Nachsicht entkommen lassen will. Nein, »weiß Gott«, so weit reicht die Nächstenliebe auch an dieser Stelle nicht. »Es bringt aber nichts als Scherereien«, sagt mein Vater, »und dem Kerl passiert doch nichts. Die Polizei wird seine Personalien aufnehmen und ihn ziehen lassen, wenn sie ihn überhaupt kriegen …«

Das Vertrauen in die pubertäre Selbstjustiz ihres Jungen ist offenbar sehr viel größer und macht sie stolz, ohne dass sie je öffentlich darüber so sprechen würden. »Der Typ kommt nicht wieder!«, da ist sich mein Vater ganz sicher. Mir reicht diese Feststellung nicht. Ich stelle Fragen: Warum müssten wir »die Sozialfälle der ganzen Welt« hier empfangen? Warum gingen wir nicht in eine andere Gemeinde? Und überhaupt mischt sich in die Gedanken um unsere Sicherheit auch eine gewisse Scham. Jetzt, mit siebzehn, ist es mir auf einmal peinlich, eine solche Gesellschaft um mich zu haben. Mit diesen heruntergekommenen Besuchern vor dem Haus fühle ich mich selbst ein wenig asozial.

Meine Eltern wollen das nicht nachvollziehen. »Es ist unser Beruf, irgendjemand muss sich doch auch um diese Menschen kümmern«, sagt mein Vater, »so einfach können wir die Gefahr nicht abstellen.« Aber natürlich erkennen beide, dass sie auf diesen Vorfall reagieren müssen.

*

Ab sofort wird uns verboten, die Tür zu öffnen, wenn kein Erwachsener im Hause ist. Und ab sofort gibt es weder Geld noch selbst geschmierte Brote bei uns. Das neue Zauberwort heißt »Essensgutschein!« Dafür geht mein Vater eine Art Joint Venture mit dem nächstgelegenen Imbiss ein. Er garantiert im Voraus die Abnahme von hundert »Erbsensuppen mit Einlage«, also mit einer Bockwurst. Und wenn alle Vouchers eingelöst sind, wird neu verhandelt. Unseren lieben Landstreichern macht er deutlich, dass es nichts, aber auch gar nichts anderes mehr als eine wärmende Mahlzeit gibt. Auch das wird sich schnell herumsprechen.

Und tatsächlich: die Geld-Pilgerei wird weniger, aber die Wanderburschen, die uns bleiben, sind nicht ungefährlicher! Einer ist ein alter »Bekannter«. Ein Mann, der bedrohlich schweigt. Er ist uns unheimlich, weil er nur starrt. Da ist keine Regung im Gesicht. »Ich will zum Pastor«, nur diese vier Worte presst er heraus, wenn ich ihn am Sprechapparat habe. Sein knöchellanger Mantel aus dunklem Leder erinnert an Deutschlands finsterste Zeiten. Deshalb nennen wir ihn immer nur »den Mann mit dem Nazimantel«. Auch ihm behagt es nicht, plötzlich nur mit einer heißen Suppe abgespeist zu werden. Deshalb haben wir auch ihn schon lange nicht mehr gesehen. Und dann steht er plötzlich da – mitten im Zimmer meiner jüngsten Schwester. Niemand hat es mitgekriegt. Niemand hat ihn aufhalten können. Er ist einfach durchmarschiert. Durch den Flur, durch die Glastür, die in unseren privateren Trakt führt. Leise und schleichend wie die meisten Gesellen, die uns aufsuchen, bewegt er sich. So groß und schwer, wie er wirkt, so beweglich wie eine Katze schafft er es unbehelligt in den ersten Stock zu unseren privaten Wohn- und Schlafräumen.

Den Angriff auf unsere Mutter habe ich gerade verdaut, wenn auch nicht vergessen. Aber schnell hat der Alltag uns alle wieder in unseren alten Rhythmus geholt. Und wieder kann ich es nicht fassen, welche Dinge sich bei uns zutragen können. Unser Heim droht zu einer öffentlichen Anstalt für Obdachlose und Verrückte zu verkommen. Da bin ich mir sicher. Ich steigere mich da richtig hinein, so wie man es eben nur als junger Mensch tut. Und ich frage mich, ob ich hier eigentlich noch richtig bin. Ich möchte ausziehen und flüchten und werde mit meinen Eltern schimpfen, wie sie solche Verhältnisse nur zulassen können.

Ja, in unserem Pfarrhaus gibt es Szenen wie in einem Psychothriller: Meine Schwester liegt krank mit hohem Fieber dick eingepackt in ihrem Bett. Sie schläft tief und fest und wird offenbar durch ein Räuspern geweckt. Als sie die Augen aufschlägt, trifft sie ein kranker stierer Blick – und sie erkennt den Mann, vor dem wir uns alle fürchten. Er sagt keinen Ton. Nur irres Schweigen. Was hat er vor mit ihr? Sie wird es nicht abwarten. Sie schreckt hoch, springt geistesgegenwärtig aus dem Bett und redet ganz viel, damit sie ihn – von welchem Vorhaben auch immer – irgendwie ablenken kann. »Moment, Moment«, sagt sie, »ich bin gleich wieder für Sie da, ich muss nur Hustensaft nehmen, ich will Sie ja nicht anstecken, ich bin nämlich so krank …«, um dann in einem wahrhaft hysterischen Hustenanfall den nahenden Tod durch Ersticken zu mimen. Es gelingt ihr tatsächlich, sich unter anhaltendem Quatschen, Röcheln und Keuchen an ihm vorbeizuwinden und aus dem Zimmer zu laufen.

Sie läuft zum Arbeitszimmer meines Vaters, der von allem nichts mitbekommen hat. Entsetzt fasst er sich an den Kopf und ruft: »Wie kann das nur passieren?« Nun, das alte Lied. Die Eingangstür steht wieder einmal offen. Es ist Bürozeit. Und in diesen vier Stunden am Vormittag geht es bei uns zu wie in einem Lila-Lotter-Alternativ-Laden. Irgendjemand ist nur schnell mal zur Kirche oder in den Kindergarten hinübergeeilt. Damit auch nur ja kein Schäfchen eine verschlossene Bürotür vorfinden muss, lässt man sie lieber offen. Eine Einladung, die etwa heißen soll: »Bin gleich zurück. Setz dich schon mal auf den Wartestuhl.«

Dieser Umstand, so naiv und fahrlässig, eine Tür nicht zu schließen, belastet mich meine ganze Jugendzeit. Und ein zweites Mal ist etwas eingetreten, wovor wir alle immer Angst haben. Aber selbst jetzt muss ich hören: »Kind, wir sind hier nicht privat!« Ein Satz, den ich inzwischen nicht mehr hören kann. Mal wieder ist alles gut gegangen. Meinem Vater gelingt es, den Herrn hinauszuleiten. Vor der Haustür wird er ihm »deutliche Worte« sagen, so nennt es Papa, wenn er jemanden zusammenstaucht. Der »Nazimantel-Typ« wird sich Gott sei Dank nicht mehr blicken lassen.

Aber auf diesen Schreck folgt schnell der nächste. Ich erlebe ihn im Halbdunkel des schmalen Flurs vor dem Arbeitszimmer meines Vaters. Ein »Gorilla« steht im Türrahmen. Er ist im Begriff zu gehen, wenn er dies denn auch wirklich tut. Das ist in diesem Augenblick noch nicht ganz klar. Mein Vater arbeitet noch daran, ihn endlich loszuwerden. Er ist ebenso wahnsinnig wie der »Ledertyp«. Ihn unterscheidet, dass er einen festen Wohnsitz hat und »nur« das Gespräch mit dem Pastor sucht. Aber was das für Gespräche sind … das ist einfach nur zum Grausen.

Der Mann darf sich auf das Amtssofa setzen. Er hat darum gebeten, über seine Sorgen sprechen zu dürfen. Welche das sind, werde ich nie erfahren. Aber er offenbart auch perverse Sehnsüchte, die meinen Vater umtreiben werden. Der Besucher schildert seine diversen Vorstellungen darüber, wie er »einen kleinen Hamster mit der bloßen Hand durch Quetschen töten« möchte. Und dabei grinst er gefährlich. Er demonstriert sogar die Bewegung, die zum Exitus des bedauernswerten Tierchens führen kann, wenn es denn erst mal in seiner Falle sitzt. Ja, imaginär, vor den Augen meines Vaters, drückt er zu mit seiner großen rosafarbenen, fleischigen Hand. Dabei schaut er andächtig-lüstern auf das Jesusbild mit dem Dornenkranz, das an der Wand hinter dem Schreibtischstuhl meines Vaters hängt.

Papa wird seine Abscheu nicht zeigen, aber auch ihn erfasst in einer solchen Situation tiefstes Missbehagen. Was ihm bleibt in solchen Momenten? »Die Flucht!«, wird er später erzählen, »das ist ja nicht auszuhalten. Wie soll ich dem denn helfen?« Und ja, mein Vater löst natürlich auch solche Situationen elegant. »Bitte nehmen Sie es mir nicht übel«, so beginnt er immer, wenn er sich von Leuten »ganz schnell verabschieden« will. Und er fährt fort: »Ich bitte Sie herzlich um Verständnis, dass wir an dieser Stelle unser Gespräch unterbrechen müssen. Ich erwarte gleich noch ein Brautpaar zum Trauegespräch. Da muss ich mich vorbereiten …« Und während er schon aufsteht, das ist die Aufforderung an den

Wahnsinnigen, es ebenso zu tun, sagt er: »Natürlich würde ich mich gerne mit Ihnen noch lange weiter unterhalten, aber es geht leider nicht …«

Notlügen, um die eigene Haut zu retten, darin wird mein Vater mit den Jahren ein wahrer Meister. Auf diese Weise gelingt es ihm, diesen und andere schwierige Leute ganz schnell hinauszukomplimentieren. Aber so ein Besuch wirkt nach. Kaum ist der Mann weg, erzählt mein Vater mir brühwarm, wie schlecht ihm von diesem Besucher sei. Er wird den psychiatrischen Dienst einschalten – und nicht nur in dieser folgenden Nacht werde ich schreiend aus einem Albtraum aufwachen.

*

Nein, ich brauche kein Reality-TV. Ich habe es zu Hause. Es ist eine Daily Soap. Kaum ein Tag ohne »Drama«. Solange ich denken kann. Zu jeder Zeit geht es hoch her.

Ich bin vierzehn und bandele gerade mit einem Typen an, der das Jungen-Gymnasium in unserer Nachbarschaft besucht. Dort steigt am Wochenende eine Klassenfete, die ich auf keinen Fall verpassen will. Dämmerige Räume, Zigaretten-Nebelschwaden, Wein im Plastikbecher, nur vereinzelte Lichtblitze aus der Disko-Anlage und Musik so laut, dass man sich eigentlich nur die Ohren zuhalten kann. Ja, so ist das 1972. Und ich MUSS unbedingt dabei sein. Klingt gefährlicher, als es am Ende wirklich ist. Die Lehrer sind ja dabei, und um zweiundzwanzig Uhr ist die Feier beendet. Meine Mutter habe ich schon gefragt. Sie hat zugestimmt, sofern »Papa es auch erlaubt«.

Es ist schon spät am Abend, eine Stunde vor dem Schlafengehen. Er sitzt im Wohnzimmer, trinkt in Ruhe ein »Feierabendbier«. Er guckt ins Leere. Geht seinen Gedanken nach. »Ich sinniere, mein Kind«, sagt er, als ich mich zu ihm setze und frage, ob ich ihn stören würde. Ich denke, dass jetzt ein günstiger Moment ist, ihn auf mein Anliegen anzusprechen. Er ist gut drauf. Lächelt milde. »Du, Papa …«, will ich gerade beginnen, das Ganze geschickt einzufädeln.

»Was der Mensch alles aushalten muss, ist manchmal nicht zu fassen«, übertönt da plötzlich sein Satz unter lautem Gähnen mein vorsichtiges Herantasten. Dabei schaut mein Vater an mir vorbei weit in den länglich geschnittenen Raum hinein. Es ist, als ob er es gar nicht gehört hätte, dass ich zu einer Frage ansetzen will. Er nimmt einen Schluck und fabuliert, dass es aber noch sehr viel erstaunlicher sei, was »der Mensch alles aushalten kann, wenn er es muss!« …

Ich bin schon sehr müde und frage mich, was mein Vater mir zu dieser Uhrzeit damit eigentlich sagen will. Er schaut mich an und gibt mir die Antwort, ohne dass ich auch nur einen Pieps dazu gesagt habe: »Es ist eine göttliche Kraft, die in uns allen steckt, das Leben auch in seinen schwärzesten Stunden zu ertragen.« Ja, »anders ist es doch gar nicht zu erklären«, fügt er hinzu, so, als könne er das selbst gar nicht glauben, und nimmt einen weiteren Schluck.

Er ist offensichtlich sehr mitgenommen von einem Gespräch am Nachmittag. Da suchte ein junger Mann etwas Trost, weil seine Frau eine unheilbare Krankheit hat. Das Paar hat zwei kleine Kinder – und ihre »Zukunft«, wenn man das Wort in ihrem Fall überhaupt noch in den Mund nehmen darf, ist rabenschwarz. Aber was kann die »göttliche Kraft« da ausrichten, wenn sie die Frau nicht retten kann? Was sagt Papa den Frauen und Männern, die ihm heulend ihr Herz ausschütten? Schweigend erforsche ich meine Haltung dazu.

Eigentlich habe ich ja eine viel dringendere Frage an ihn. Aber jetzt bei diesem Trauer-Talk, wie finde ich da den Übergang zur Party? Antworte ich, dass er ja total recht habe mit dem, was er sage, müsste ich jetzt lügen. Und darin bin ich schlecht. Sage ich ihm, dass man schon sehr gläubig sein müsse, um daraus neuen Lebensmut zu schöpfen, riskiere ich eine Grundsatzdebatte.

Er nimmt mir die Entscheidung ab, indem er mich anschaut und ganz unvermittelt zu schmunzeln und dann zu lachen beginnt. »Ja, mein Kind, so ist das«, und bevor mir die Augen zufallen, bekomme ich wieder den kleinen Bibelvers mit: »Selig sind, die nicht sehen und doch glauben. Johannesevangelium 20, Vers 29.« Gut gebrüllt, Löwe, denke ich.

Schon früh stört mich etwas, wenn mein Vater von »Glauben« spricht. Ich kann es nicht greifen als Kind. Ich sehe das »Starkmachende« nicht. Nimmt mein Vater dieses Wort in den Mund, kommt es mir unwirklich vor. Er spricht darüber, aber ich sehe die Kraft des Glaubens in meinen Eltern nicht, höchstens, wenn es um ihre Schäfchen geht. Das sind Gemeindemitglieder, die zu uns kommen und sich ihren Kummer von der Seele reden. Manchmal bleiben sie zwei Stunden.

Es gibt nichts, was es nicht gibt und nicht bei uns abgeladen wird. Fürchterliche Pleiten, weil ein Familienvater alle Ersparnisse verspekuliert oder sich in der falschen Geschäftsidee verrennt. Immer wieder geht es um erhebliche Eheprobleme, weil Eltern mit ihren Kindern überfordert sind. Frauen klagen, weil sie verprügelt werden – oder zu Hause König Schnaps regiert. Wir hören von beklemmenden Tragödien und schlimmsten Krankheiten, für die es keinen glücklichen Ausgang gibt, außer Papas Zuspruch. Ich hadere damit, weil ich mir von einem Vater, der von »göttlicher Kraft« spricht, mehr Mut und Offensive wünsche. Aber jetzt kommt er mir manchmal feige vor, obwohl er es gar nicht ist.

Nur wenige Wochen nach unserem »Gespräch«, bei dem mehr monologisiert wurde als sich ausgetauscht, kommt wieder so ein Moment. Es soll gerade in die großen Ferien gehen. Da will das Jugendamt noch schnell eine Einschätzung von meinem Vater. Die Behörde möchte einem Mann das Sorgerecht für seine Kinder entziehen. Er schlägt seine Frau, er bedroht die ganze Familie. Das Paar lebt bereits getrennt. Mein Vater unterstützt die amtlichen Pläne ausdrücklich und sagt: »Dem kann man keine Kinder anvertrauen.«

14. WER RANGEHT, SCHMIERT!

Wie gefährlich ein solches Urteil für unsere Familie sein kann, werden wir nur wenige Stunden später erfahren. Wir sitzen in unserer Stammkneipe. Dort gibt es die besten Schnitzel der Stadt. Wir sind oft da, vor allem, wenn es freudige Anlässe gibt. An diesem Abend feiern wir die Zeugnisvergabe. Auf gute Noten wie auch auf die schlechten wird bei uns am Ende gleichermaßen fröhlich angestoßen. Die ganze Familie ist zusammen. Wir erzählen, gackern, schmausen, trinken. Da kommt besagter Brutalo-Vater, ebenfalls Gast, an unseren Tisch. Er steuert direkt auf uns zu, natürlich nicht ganz nüchtern, bleibt am Kopfende, da, wo unser Vater sitzt, stehen und raunt ihm angesäuselt zu: »Sehen Sie zu, dass ich meine Kinder wiederbekomme. Ansonsten werden Sie erleben, wie ein Leben ohne Kinder ist …«

Es ist der Augenblick, in dem meinem Vater der Schweiß ausbricht und uns Kindern die Pommes frites im Halse stecken bleiben. »Darüber unterhalten wir uns bei nächster Gelegenheit noch mal in Ruhe, das verspreche ich Ihnen«, sagt mein Vater. Hastig wird das Essen runtergeschluckt, werden die Gläser geleert. Auf das Eis zum Nachtisch, auf das ich mich so gefreut habe, verzichten wir an diesem Abend. Fahrig schreibt Papa einen Scheck auf den versauten Abend aus, und wir flüchten vor dem Mann, der immer wieder wüste Drohungen ausspucken wird. Und während wir heimgehen, frage ich mich, wo denn nun die »göttliche Kraft« ist, Papa? Ich werde mich hüten, auch nur einen Mucks dazu zu sagen. Aber ich weiß sehr früh: Pastorin werde ich nie!

15. DIE WILDEN PASTORENTÖCHTER

Ich flirte gern. Ist das schon wild? Und natürlich habe ich einige andere geküsst, bevor ich meine erste längere Beziehung eingehe. Aber ist das schon außerhalb des Rahmens, den eine »höhere Tochter« umgibt? Eigentlich bin ich seit meinem vierzehnten Lebensjahr dauerverliebt. Doch ist das bereits »mannstoll«?

Wie ungezügelt Pastorentöchter angeblich sein sollen, kann ich nicht beurteilen. Aber der Begriff »wild« fällt immer wieder, wenn es um den weiblichen Nachwuchs von Kirchenmännern geht. Auch ich werde manchmal angeguckt wie eine Beute, die besonders lecker schmeckt, weil sie ja eigentlich verboten ist. Oder weil man eine außergewöhnliche Freizügigkeit vermutet, da so ein heiliges Mädchen, das zur absoluten Prüderie erzogen ist, wahrscheinlich auch ganz anders tickt. Aber was die Leute so denken, ist nichts als ihre eigene Fantasie. Ich fühle mich weder wild noch lebe ich keusch. Ich finde, dass ich vollkommen normal bin. Nur habe ich es nicht so leicht wie die anderen Mädchen.

Ich frage mich, was mit mir nicht stimmt. Ich bin schlank. Ich bin hübsch. Ich bin für jeden Spaß zu haben. Und dennoch dauert es, bis sich mit einem Jungen etwas tut. Es kann nicht nur an meiner Ungeduld liegen, dass mir in der Liebe alles so schleppend vorkommt. Und wenn jemand Interesse hat, mag er nicht bei mir zu Hause sein. Macht er es irgendwann doch, habe ich lange auf ihn einreden müssen. Niemand rückt mit der Sprache heraus, was ihn eigentlich abhält, auch mal in meinem Zimmer zu sitzen. Erst mit der Zeit dämmert es mir – niemand traut sich. Die meisten hält ein Umstand ab, den ich in meinen blühenden Teenager-Liebeleien überhaupt nicht auf dem Zettel habe: Ich trage das Schild »Pastorentochter« auf der Stirn.

Irgendwie ist das nicht sexy. Mit meiner Herkunft komme ich nicht gut an. Die Vorurteile, wie widersinnig sie auch sind, schweben über mir, mögen sie auch noch so falsch wie lächerlich sein. »Wild cat« oder »prude girl« – ich bin weder das eine noch das andere. Und was sich die Bübchen, die meinen Weg kreuzen, unter einem Pfarrhaus vorstellen, weiß ich nicht. Ich bin ja keine Hellseherin, wenn ich auch eine gute und sehr frühreife Menschenkennerin bin.

Offensichtlich sende ich Signale von Unberührbarkeit aus. Anders kann ich nicht erklären, dass man mir signalisiert, ein »süßes« Mädchen zu sein, aber nicht den Wunsch äußert, mir nah zu sein. Es scheint, als hätten ganze »boy groups« Angst. Nur vor was, frage ich mich. »Wenn wir mit *der* etwas anfangen, kriegen wir Ärger mit ihrem Vater«, so etwa kommt die Haltung der Jungen bei mir an. Kaum einer wagt sich ins Pastorat.

Das ist für mich Ansporn zu zeigen, dass ich genauso wie alle anderen Mädchen bin und Papa kein Menschenfresser. Gehe ich abends aus zum Tanzen oder zu einem Klassenfest, wird zuerst die Brille in der Tasche versteckt oder am besten gleich zu Hause gelassen. Die wenigsten Mitschülerinnen tragen eine, und diejenigen, die eine brauchen, machen es schon lange so, dass sie, nur Umrisse wahrnehmend, sich durch die Party blinzeln, wo es ohnehin meistens sehr dunkel ist. In den Siebzigerjahren ist ein Gestell mit großen Gläsern im Gesicht einfach nicht schick. »Meine letzter Wille 'ne Frau mit Brille«, so geht der Lästerspruch.

Und trotz dieser vorbeugenden Maßnahme wird mir, kurzsichtig wie ich bin, auf mancher Feier der beste Typ durchgehen, weil ich ihn und seine Flirtversuche von Weitem einfach nicht erkenne und auch nicht entsprechend reagieren kann. Meine langen brünetten Haare habe ich mit einem besonderen Glanz aus einer Sprühdose versehen. Und ich schminke mich, was zu Hause bemerkt und geduldet wird, wenn auch mein Vater sich den einen oder anderen Satz nicht verkneifen kann.

Eigentlich bin ich stolz auf ihn, weil er nicht dem gängigen Männerklischee entspricht. Zumindest nicht immer. Er hat viel Sinn dafür, wenn eine Frau sich schön macht. Er fördert das. Wenn meine Mutter viele Stunden in der Garderobe eines Modehauses verschwindet, ist Papa die Geduld in Person. Er hat Spaß daran, neue Kleider an seiner Frau zu sehen. Und gesegnet mit vier Töchtern schaut er natürlich auch genau, was wir aus uns machen.

Die Post bringt wöchentlich Päckchen von Yves Rocher. »Das ist für mich«, rufe ich laut, wenn er an den Verschlüssen nestelt. »Ah, wieder 'Iiif Roscha für dich«, bemerkt er vorgeblich überrascht und guckt mich an, als wolle er sagen: Was schmierst du dir nur immerzu ins Gesicht, brauchst du das wirklich? Mein Vater versteht nicht, dass ich Pflegecremes und Make-up benutze. Er hält mir lange, aber vergebliche Vorträge darüber, wie schädlich dies sei. Er hat seine eigene Sicht auf die Dinge, die keiner dermatologischen Erkenntnis standhalten wird. Aber von sich und seinen Theorien vollkommen überzeugt, sagt er: »Creme verwöhnt die Haut, sie kann nicht mehr selbst regenerieren, und das macht sie schneller alt.«

»Mensch, Papa, du hast keine Ahnung«, sage ich dann. Und er geht lachend davon. Er verfolgt genau, wie meine Geschwister und ich uns verändern. Es interessiert ihn wirklich – bei jedem von uns, auch bei unserem Bruder, der sich nicht anmalt, aber einen kleinen Schnauzbart stehen lässt. Und der erste Lidschatten, den ich auftrage, und der erste Kajalstrich, den ich ziehe, werden nicht ohne sein Urteil bleiben. »Na, so viel Schwarz ums Auge, Kind, das macht dich blass!« Nichts bleibt unkommentiert. Wahrscheinlich weil er so oft zu Hause ist. Aber er lässt mich gewähren. Anders bei den jüngsten Schwestern, die gerade im Einschulungsalter sind. Als sie sich an einem Regentag die Zeit vertreiben, indem sie alle möglichen Kosmetika ausprobieren, kriegt Papa einen Wutanfall und sagt: »Runter mit der Schminke, vor dem Essen werden die Gesichter gewaschen!«

*

Meine Verschönerungsmaßnahmen jedenfalls bleiben nicht ohne Folgen. Ich habe einen Freund nach dem anderen. Nur gibt es ein Problem: mein Vater! Die Bedenken der Jungs sind berechtigt, das muss ich mir irgendwann eingestehen. Nein, eifersüchtig ist Papa nicht, das kann ich nicht sagen. Er will auch nicht der »Moralapostel« sein, wie meine Mutter ihn manchmal scherzhaft nennt. Er ist mit den neu erkämpften Freiheiten in der Gesellschaft selbst lockerer geworden. Und er kapituliert auch ein bisschen, weil ein strenges Vater-Regiment mit vier eigenwilligen Töchtern und einem Sohn, der ebenfalls weiß, was er will, nicht durchzuhalten ist. Aber er ist immer sehr besorgt. Das Gefühl, er müsse uns beschützen, kocht jetzt, wo die Liebe ins Spiel kommt, mit aller Kraft wieder hoch.

Zum ersten Mal zu spüren bekam ich es mit dreizehn. Da war mit Liebe noch nix. Aber für meinen Vater stand sie wie eine Drohung im Raum. Wir wohnten gerade ein halbes Jahr in Kiel. Da lag unerwartet ein Luftpostbrief für mich auf dem Tisch. Mit fein säuberlich geschriebener Handschrift an mich persönlich adressiert. Schon die Briefmarke war außergewöhnlich. Auf ihr war die Silhouette einer Moschee abgebildet. Gedruckt in wunderschönen Pastellfarben, die, so habe ich es interpretiert, für das Meer, die Sonne und die Wüste stehen. Darüber arabische Schriftzeichen, die ich weder lesen noch übersetzen konnte.

Aufmunternd schaute meine Mutter mich an. Ganz vorsichtig mit einem Brieföffner machte ich mich ans Werk und fingerte drei Seiten ebenso leserlich in deutscher Sprache Geschriebenes heraus. Der Inhalt des Briefes klang sehr kultiviert und begann mit den Worten: »Sehr geehrtes Fräulein Klaudia. Für das erste Mal Guten Tag!« So begannen Avancen in einer Zeit, die zweihundert Jahre zurückliegt. Der Absender war ein fast erwachsener Junge aus einem nordafrikanischen Land, der meine Adresse von meiner Freundin hatte. Sie war schon eine Weile im Austausch mit seinem besten Freund. Es war damals gerade sehr angesagt, sogenannte »Brieffreundschaften« über den ganzen Globus verteilt zu knüpfen. In den Jugendzeitschriften gab es Seiten mit Adressen von Mädchen und Jungen rund um den Erdball. Ich war aufgeregt und fand es toll, wie ein Mensch, von dem ich nicht wusste, dass es ihn gibt, so freundliche Worte für mich findet: Er sei sehr »froh, mich zu kennen, weil deine Freundin viel von dir gesprochen hat«. Sie sei sehr »gütig und freundlich«, und er danke ihr. Und von mir wisse er »nur dies: du bist zwischen dreizehn und vierzehn Jahre alt, du wohnst in Kiel, du bist schön und lustig«, so habe es ihm meine Freundin geschildert.

Und im weiteren Verlauf schrieb er von sich: »Ich bin neunzehn Jahre alt (ich bin ja schon alt, nicht wahr?), eins siebzig hoch, braun mit schwarzen Haaren, stark.« Er war kurz vor dem Abitur, sprach vier Sprachen, entschuldigte sich sehr wohlerzogen im Voraus für den Fall, dass er »etwas Schlechtes gesagt habe«, was er definitiv nicht getan hatte, und erklärte: »Ich bin kein Deutscher, und das Denken ist nicht das gleiche.« Auf so viel gutes Benehmen gepaart mit so viel Liebenswürdigkeit traf ich bei den Kieler Jungs nicht. Ich war begeistert.

Noch am selben Nachmittag setzte ich mich hin und antwortete ihm, nur wurde mein Brief nie abgeschickt. Denn als mein Vater davon Wind bekam, brach im Pfarrhaus erneut die Hölle aus. Mit einem Streich waren meine Freude, mein Stolz und mein erstes freundschaftliches Gefühl in einer für mich exotischen Welt zunichtegemacht. Mein Vater war nicht der »gefürchtete« Geistliche, der über die Sitten wachte. Nein, viel schlimmer, Papa kehrte gleich den Sizilianer heraus. »Es ist vollkommen ausgeschlossen, dass unsere Tochter einem erwachsenen Mann aus einem anderen Kontinent von sich erzählt«, sagte er, und sein Gesicht war ganz rot vor Aufregung und Entsetzen.

Es folgte eine Grundsatzdiskussion. Und die Meinungen meiner Eltern lagen wieder einmal diametral auseinander. »Es geht um eine Brieffreundschaft, mehr nicht«, warf Mami ein, »also, harmloser geht es nicht. Und es ist doch gut, Kontakte in der Welt zu haben.« Ja, in diesem Punkt mochte Papa ihr zustimmen, »nur bitte in einer anderen Konstellation, mit einer Brieffreundin in Norwegen gern, aber nicht mit einem Mann aus einer völlig fremden Kultur in der Sahara«. Kleinlaut unterbrach ich das hitzige Gespräch: »Er lebt in einer Stadt, Papa, ich hab das schon auf dem Atlas gesehen.« Vollkommen egal. Ich durfte nicht antworten. Meine Mutter versuchte noch etwas zu retten, sie sagte: »Du glaubst doch nicht im Ernst, dass der Mann hier bald vor der Tür steht? Man schreibt sich und erfährt etwas aus einer anderen Welt, herrjee!«

Aber an diesem Tag ging nichts mehr. Das Maß des pastörlichen Verständnisses war voll. »Wer weiß denn, wer das ist, der da schreibt – und was will ein Neunzehnjähriger eigentlich von dem Kind …?«, eiferte sich Papa. In dieser Frage gab es kein Pardon. Und damit war das Thema erledigt.

Das war eine Erschütterung, die nachwirkte. Da war plötzlich eine leise Distanz zwischen mir und meinem Vater. Wie schon oft fragte ich mich, wie es sein konnte, dass Papa manchmal so streng war und die Eltern meiner Freundinnen in vielen Bereichen alle lockerer waren. Bei mir galten immer andere Regeln als bei den anderen.

Manchmal waren es Kleinigkeiten, die aber für mich sehr wichtig waren. Als meine Klassenkameradinnen mit dreizehn Jahren in die Tanzstunde gingen, durfte ich nicht mitgehen. »Erst nach der Konfirmation!«, war die strenge Ansage. Auch das verstand ich nicht, zumal ich später ohne meine Cliquen die Tanzstunde nie nachgeholt habe. Und so würde es bleiben.

Ich bewege mich in einem Spannungsfeld von Vorurteilen und moralischen Ansprüchen. Was die Leute über mich denken, ist zum größten Teil falsch. Und die arg strengen Maßstäbe meiner Eltern sind manchmal nicht auszuhalten. Aber meine Wünsche und Ziele decken sich weder mit dem einen noch mit dem anderen Dilemma. Ich erkenne, dass ich erst mal mit diesen Gegebenheiten leben muss. Aber ebenso drängt es mich, aus dieser Bredouille herauszufinden. Und es wird auch gelingen. Irgendwann. Doch es wird dauern.

Zunächst schwindet die väterliche Macht, je verliebter ich bin. Mein Vater muss dulden, dass die Jungs mich anrufen oder an der Haustür klingeln. Er begrüßt sie immer sehr nett, er hat auch nichts dagegen, dass sie kommen. Aber er will die Kontrolle behalten. Sitzt einer bei mir, stellt er meiner Mutter Fragen: »Wer ist das?« oder »Wie lange bleibt er?« Mich lässt er mit dieser Fragerei in Ruhe, aber Mami nicht. Sitzen sie noch eine Stunde am Abend zusammen, guckt er viertelstündlich auf seine Uhr. Ab einundzwanzig Uhr sind es alle fünf Minuten. Er raucht eine Pfeife nach der anderen und ist eigentlich schon müde. Aber bevor der Besuch nicht gegangen ist, legt Papa sich nicht ins Bett. Und so verbreitet er eine leicht gereizte Stimmung, die meiner Mutter gehörig auf den Wecker fällt.

Schlag zweiundzwanzig Uhr hält ihn nichts mehr auf seinem Platz. Er klopft nicht mal an. Aber ich bin darauf eingestellt: Ganz leise und langsam öffnet sich die Tür. Das Erste, was ich von ihm sehe, ist seine Pfeife, bevor er ganz langsam auch den Kopf ins Zimmer hält und plötzlich wie der Heilige Geist persönlich vor meinem neuen Schwarm steht: »So, mein Herr, jetzt wollen wir uns mal voneinander verabschieden.« Am liebsten würde ich sagen »Ja, tschüss, dann mach das mal, Papa, ich will mich noch lange nicht verabschieden …« Aber das wage ich nicht. Schon um mir einen peinlichen Zusammenstoß mit meinem Vater vor dem Jungen, den ich richtig klasse finde, zu ersparen. Und ich muss erleben, wie auch die vielversprechendsten Amouren vorzeitig ein Ende finden, weil meine Freunde Papas Abschiedsarie einfach nicht prickelnd finden.

*

Als Älteste gehe ich durch die härteste Erziehungsschule. Zumindest was das Thema »Jungs« angeht. Doch bei immer mehr männlichen Besuchern im Haus entspannt sich auch mein Vater zunehmend. Zumal meine jüngeren Geschwister sehr viel cooler ihre Interessen durchsetzen als ich. Was sie sich trauen, verdient alle Achtung, denke ich. Als sei es das Normalste von der Welt, sitzt meine um drei Jahre jüngere Schwester mit ihrem Freund auf dem Bett. Händchen haltend, locker die Beine übergeschlagen, turtelnd, Küsschen werfend. Seelenruhig verharrt sie in dieser vertrauten Position, selbst wenn meine Eltern überraschend zur Tür hereinkommen. Sie bleibt einfach sitzen und redet mit ihnen, während ein Jüngling ganz fest den Arm um sie gelegt hat. Papa sagt dazu keinen Pieps. Mami sowieso nicht, weil ihr die aktuellen Wandlungen althergebrachter Sitten durchweg imponieren. Sie ist die »Fortschrittliche« in dieser Ehe, Papa dagegen stockkonservativ.

Doch sehr »bürgerlich« sind sie am Ende beide. Deshalb wird es auch zu wirklichen Auswüchsen ihrer heranwachsenden Kinder nicht kommen. Keiner kommt unter die Räder, wenn auch die Jüngste sich mit vierzehn Jahren, da bin ich schon aus dem Haus, Dinge leistet, die mehr als grenzwertig sind. Sie wagt es tatsächlich, unseren Eltern zu sagen, dass sie am Wochenende bei ihrer besten Freundin schlafe, in Wahrheit aber ganz woanders ist. Entweder büxt sie mit ihrer Klassenkameradin von Samstag auf Sonntag nach Hamburg aus. Oder sie tanzt mit der Freundin die Nächte durch in Kiels schwülstem und angesagtestem Nachtlokal, in dem alle Generationen mit allen denkbaren Dispositionen ihren Spaß in den Achtzigern haben. Meine Eltern jedenfalls schlafen selig, in der festen Annahme, ihr Kind sei behütet.

Von mir wissen sie auch nicht alles, aber zu solchen Eskapaden fehlt mir schlicht der Mut. Was nicht heißt, dass ich nicht auch in Etablissements auftauche, in denen keine Mutter und kein Vater ihr Kind wissen wollen. Aber das ist nun mal so, als ich mit sechzehn Jahren abends ausgehe. Eine abgenutzte Treppe führt in eine

Örtlichkeit gegenüber vom Bahnhof, die im ersten Stock gelegen ist. Sie hat mehrere Räume, durch die ein süßer Dunst wabert. In dem dunkelsten Raum wird getanzt, sofern man die schlaffen Bewegungen überhaupt tanzen nennen kann. Ein Flair von »underground«. Hier spielt die beste Musik von Deep Purple über The Who, Status Quo bis Pink Floyd. Und über allem liegt ein psychedelischer Spirit, der auf mich faszinierend und beängstigend friedlich wie auch verstörend aggressiv wirkt. Immer mal wieder bin ich da, weil dort die hipsten Typen hingehen. Aber richtig wohl fühle ich mich nie, weil der Blick in erweiterte Pupillen und das krause Gerede unter dem Einfluss von synthetisch herbeigeführter Bewusstseinserweiterung auf Dauer ermüdend sind.

Lieber zieht es mich in einen Club, in dem Künstler verkehren und solche, die es sein wollen oder die sich für Kunst interessieren. Auch hier wird gebechert, was das Zeug hält, aber es herrscht trotzdem eine Atmosphäre, in der ich gute Gespräche führe und Menschen treffe, die wie ich ganz gern gesund bleiben möchten. So schräg auch mancher Abend endet, so bin ich nie versucht, in den Drogen-Topf zu fallen. Und ich bin sicher, dass ich dies unter anderem auch der Erziehung meiner Eltern zu verdanken habe. Wenn die eine oder andere Bekannte doch mal einen Krümel LSD einwirft, nippe ich an meinem Bierglas und habe immer die Sätze meiner Eltern im Ohr: »Bitte, keine Drogen, Kind. Wenn dir etwas angeboten wird, gehst du.«

In den fürchterlichsten Farben malen meine Eltern mir aus, welche fatale Wirkung die in dieser Zeit gängigen Rauschgifte haben. Mein Respekt vor ihnen ist sehr viel größer als meine Neugier, die sich ohnehin mehr auf das ganze Drumherum als auf den Stoff selbst richtet. Ich gehe halt nur mit, wo es gerade IN ist zu sein. Und so unerbittlich scharf man bei diesem Thema auch mit mir ist, so gibt es bei uns daheim auch eine ganz andere Seite. Die Stärke meines Elternhauses besteht nicht nur aus Regeln. Ich weiß zwar, welche Pflichten ich habe – im Haus, in der Schule, für die

Geschwister. Das ist ein ganz genau umrissener Raum, in dem ich mich als Teenager bewege. Aber zwischen diesen Koordinaten erfahre ich sehr viel Großzügigkeit und Toleranz.

Und zwar in einem Ausmaß, wie es dies in anderen Elternhäusern nicht gibt. Ich darf jede Freundin, jeden Freund mitbringen. Meistens bleiben sie zum Abendbrot. Meine Geschwister haben dieselben Rechte. Oft sitzen fünfzehn Leute um den Esstisch, und alle reden durcheinander. Jeder kommt zu Wort, jeder darf denken und sagen, was er will. Wir dürfen mit Freunden kochen, auch spät noch, wenn wir hungrig von einer Party kommen, selbst wenn es Nacht ist und meine Eltern schon schlafen. Das darf kein anderes Mädchen in meiner Klasse. Und mein erster fester Freund darf bei mir übernachten und zieht auch mal für ein ganzes Wochenende ins Pfarrhaus ein. Das pastorale System »open house«, das mich so ärgert und stört, kann plötzlich auch ein großer Segen sein: Ich erfahre, was Freiheit ist. Und wenn das schon »wild« sein soll, ja bitte, dann bin ich eine wilde Pastorentochter.

16. »BILD« STATT BIBEL

Wie frei ich wirklich bin, spüre ich nicht. Ich nehme als junges Mädchen nicht wahr, wie souverän mein Leben in meinem Elternhaus in Wahrheit ist. Natürlich ist da immer das Reglement, das mich in Schranken verweist: Ich darf meine Ziele nicht aus den Augen verlieren, und ich muss in der Schule funktionieren, und ich muss zu Hause helfen, und ich muss für die Kirche einiges leisten. Aber es ist noch nicht in meinem Bewusstsein angekommen, dass ich sonst tun und lassen kann, was ich will.

Schon als sehr junges Mädchen nehme ich bestimmte Dinge selbst in die Hand – und niemand kriegt es mit. Ich bin sehr früh sehr autark in meinen Entscheidungen, wenn es zum Beispiel darum geht, als Schülerin nebenher Geld zu verdienen. Notwendig wird dies unter anderem deshalb, weil meine Eltern mit fünf Kindern bei Anschaffungen wie zum Beispiel unserem »Anziehzeug«, wie mein Vater dazu sagt, zeitweise die Übersicht verlieren. Sie haben zu viel Arbeit, sie haben hohe Ausgaben – und wir Kinder zu viele Begehrlichkeiten. So ist die Situation bei uns.

Meine Freundinnen haben Mütter, die immer etwas aus der Stadt mitbringen. Einen schönen Gürtel, ein paar Schuhe, einen Schal, mal einen Nagellack oder etwas Hübsches für den Strand. Diese Mütter bummeln in aller Seelenruhe durch die Stadt oder kommen vom Wochenendeinkauf und haben die neuesten gelbrosa-weißen Wattebäusche mitgebracht, die wir schick finden, aber die man bei uns im Bad vergeblich sucht. Im Pfarrhaus gibt es nur Watte am großen Stück, die man portionsweise abzupft und danach immer die Hände voller Fussel hat. Aber solche Banalitäten interessieren hier niemanden. So genau schaut meine Mutter nicht auf unsere Bedürfnisse. Nie würde sie in meinem Kleiderschrank wühlen und dort Ordnung schaffen und prüfen wollen, was ich brauche oder was aussortiert werden müsste. Sie hat dazu schlicht keine Zeit.

Mit meinen jüngeren Geschwistern geht sie selbstverständlich noch einkaufen. Aber der Kampf um Geschmacksfragen vor den Umkleidekabinen strengt sie an. Der Kleinsten passt nur die Mode französischer Hersteller, weil sie sehr schmal ist und die Sachen »Made in France« passender für sie geschneidert sind. »Ich will aber keine ›frisösischen‹ Hosen«, schreit sie in Kiels teuerstem Kindermode-Geschäft. Immer wieder kommt Mami erschöpft mit ihr heim – halb lachend, halb weinend, weil sich das Theater über Jahre wiederholt.

Dem gegenüber steht da ein gewisser Anspruch, zu dem meine Eltern mich und alle anderen erziehen. Man muss es sich schönmachen. Man kauft nur Qualität – oder lieber gar nicht. So beten sie es mir vor. »An den Schuhen siehst du, wer vor dir steht«, sagt meine Mutter. »Das Material muss immer gut sein«, ergänzt mein Vater. Wohlgemeinte Ziele, die aber bei einem Pastorengehalt für eine Großfamilie kaum aufrechtzuhalten sind. Und der Blick in die Schublade mit Socken und Strümpfen ist das Sinnbild für meinen ganz persönlichen Offenbarungseid. Kaum ein Paar, das sich in Muster und Farbe gleicht. Es ist nicht herauszubekommen, bei welchem meiner Geschwister das fehlende Pendant nach dem Waschen wohl gelandet ist. Und der verbliebene Rest hat manchmal Löcher, die zu stopfen ich zu faul und auch unfähig bin. Angesagt sind gerade »Burlington«-Socks, die ich in allen möglichen Ausführungen liebe und auch unbedingt haben muss.

Und so warte ich nicht, dass »meine Mama« für mich loszieht und sie besorgt. Ich werde selbst aktiv. Ich suche mir Aushilfsjobs. Ich gebe Nachhilfeunterricht für Legastheniker, ich spüle Geschirr in einer Mensaküche, ich trage Zeitungen aus. Ich bin Promotion-Hostess für Tütensuppen, Pudding und Zigaretten. Ich verkaufe Jeans. Wenn Geldmangel eine göttliche Fügung ist, hat sie mich gelehrt, selbst für mich zu sorgen. Und meine Eltern sind stolz darauf, »wie selbstständig Claudia doch ist«.

Aber auch die ewige Unruhe im Pastorat zwingt mich, meine Geschicke selbst zu steuern. Meine Eltern kreisen nicht wie Satelliten um uns Kinder. Dazu ist ihr Terminkalender zu voll. So habe ich die Chance zu erfahren, wie es »da draußen« zugeht, wie hart die Arbeitswelt ist. Und es ist schön zu erleben, dass ich mit meinem eigenen Geld eigene Wünsche realisiere, ohne darum bitten und diskutieren zu müssen. Mit meinen eigenen Mitteln etwas umzusetzen ist mein erster Schritt in eine erwachsene Freiheit. Ich kann zur jungen Frau heranwachsen, ohne dass mir jemand in die Parade fährt. Ich suche jeden Job selbst, ich stelle mich allein vor, und ich vereinbare eigenständig meinen Lohn.

So selbstverständlich ist dies nicht. Wir sind in einer Zeit, in der Frauen immer noch ihre Ehemänner um Erlaubnis fragen müssen, wenn sie erwerbstätig sein wollen. Erst ab Sommer 1977 dürfen sie allein für sich entscheiden, welche Arbeit sie eingehen und annehmen wollen. Auch wenn ich nicht verheiratet bin, so bin ich doch ein Kind. Nur meine Eltern könnten sich einmischen, tun sie aber nicht. So besehen fühle ich mich auch ein bisschen als Vorkämpferin für die Gleichberechtigung der Frau. Außerdem emanzipiere ich mich in Bezug auf meine Auswahl der Dinge, die ich kaufen möchte. Ich ziehe nicht mehr an, was Mami gut findet. Ich kann einen eigenen Stil entwickeln. Diese Erfahrungen sind meine Garantie, niemals verwöhnt und verzogen, nie wirklich faul und antriebslos zu sein. Ja, neben den wirtschaftlichen Gegebenheiten ist es auch das knapp bemessene Zeitfenster der Eltern, die Pastorenkinder häufig lebenstüchtig und erfolgreich werden lassen.

*

Zu meinen monetären Möglichkeiten gesellt sich zu Hause eine Unabhängigkeit, die nicht materieller Natur ist. Ich erlebe, was geistige Freiheit ist. Und sie entfaltet sich insbesondere dort, wo auch der Raum für ein sehr viel entspannteres Leben möglich ist – in Dänemark. Fünf Wochen Sommerferien an der Nordsee in einer herrlichen Sommerhütte. Das ist ein Luxus, den unsere Eltern sich und ihren Kindern nach einem langen Arbeits- und Schuljahr gönnen. Es ist auch ein Investment in ein komplett unbeobachtetes Dasein als Familie.

Und dieses größte Glück finden wir in unseren »skandinavischen Hamptons«. Endloser Strand. Schneeweiße Dünen. Silbrig sirrende Grashalme. Goldene Bernsteine. Weiche Luft. Und Krabben satt. Selbst gefangen und gekocht und gepult und zubereitet. »Ferien am Golfstrom«, wie unser Vater schwärmt, wenn er am Strand aus dem Auto steigt und tief durchatmet. Und er sagt es in einem Ton, als wären wir an den Golf von Mexiko gejettet. Zum ersten Mal waren wir 1966 in unserem »hyggeligen« Badeort. Es war zur Fußball-WM. Das Endspiel, das Deutschland gegen England im Wembley-Stadion verlor, hatte mein Vater mit Dänen und anderen Urlaubern im örtlichen Gasthof gesehen. Ganz bedröppelt kam er zurück in unsere Unterkunft mitten in einer weiten Heidelandschaft. Unser schwarzes Holzhäuschen mit weißen Fensterrahmen, sehr romantisch umarmt von einem Mini-Kiefernhain. Es gab keinen Strom. Wir saßen bei Kerzenlicht, wenn es spät wurde, was nicht so dramatisch ist, weil die Juliabende im Norden sehr hell sind.

Im ersten Jahr mussten wir noch auf ein Plumpsklo gehen. Darauf folgte die Steigerung »Klo chemisch«, das einmal in der Woche gereinigt wurde, wenn der Fahrer eines kleinen schaukelnden und stinkenden Lastwagens mit quietschenden Bremsen um die Ecke kam. Er sprach kein Wort Deutsch, wir kein Dänisch. Er hatte eine große Zahnlücke, aber er lachte immer freundlich, und wir lächelten noch fröhlicher zurück. Wir waren glücklich, weil seine Ankunft mehr als notwendig und von uns sehnsüchtig erwartet worden war.

Aber je größer wir werden, desto mehr Zimmer brauchen wir auch. Und natürlich finden wir auch andere Häuser mit sehr viel mehr Komfort. Dennoch leben wir wie Hippies. Wir Frauen tragen die schönsten Sarongs aus indischer Seide und bunt bedruckte dicke weiße Baumwolltuniken mit Kapuze, die uns am Abend vor der Kühle schützen. Es gibt zauberhafte Geschenkboutiquen mit tollem Schmuck, mit dem wir uns alle Ferien wieder neu selbst beschenken und uns mit langen Ketten und klimpernden Reifen und Ringen behängen werden.

Unser Leben hier findet draußen statt, und auf einmal ist fast alles erlaubt: Wir dürfen abends allein ans Meer gehen und im noch warmen Sand mit unseren Urlaubsbekanntschaften feiern. Wir zelebrieren Sit-ins mit Hotdogs, die wir in großen Pappschachteln balancieren und auf dem höchsten Dünen-Plateau zum Sonnenuntergang verzehren. Heim geht es erst, wenn der Mond hinter einer nahenden Gewitterfront verschwindet. Wir sammeln Pfifferlinge und Blaubeeren und pflücken Wiesenblumen. Und mein kleiner Bruder fängt lebendige Kreuzottern-Babys en masse, um sie in einem hölzernen Käfig vor der Eingangstür zur allgemeinen Besichtigung unterzubringen, bis meine Eltern dem Spuk ihres Naturburschen ein Ende setzen.

Schon mittags vor dem Essen mixt Mami einen weißen Martini auf Eis. Endlich frei. Nur dem Nichtstun und den Genüssen verpflichtet. Es sind die Wochen im Jahr, in denen meine Pastorenfamilie am glücklichsten ist. Es wird gegrillt oder Krocket und Federball gespielt, um sich danach auf buttrige Blätterteigkränze mit Marzipan und Vanillecreme mit pechschwarzem »dänischen« Kaffee zu stürzen. Für das »Mau-Mau«-Kartenspiel kann es vorkommen, dass mein Vater meine jüngste Schwester wecken und aus dem Bett holen wird, weil wir anderen noch aus sind oder ebenfalls schon schlafen, hundemüde von dem jodhaltigen Klima und unserem täglichen Kampf mit tosenden Wellen. Aber Vici macht dies nichts aus. Für eine Partie kurz vor Mitternacht ist sie immer zu haben.

Weniger Glück hat er mit mir, wenn er mich in jedem Urlaub wieder vergeblich für das Schachspiel zu begeistern versucht. Jeder macht, was er will. Bis auf die Mahlzeiten und ein paar Ausflüge lebt jeder sein Programm. Und zu den sinnlichen Vergnügen wie Baden, Sonnen, Essen, Trinken gehört bei uns vor allem das Lesen. Schon wenn Papa das Auto packt, flucht er, weil neben den Klamotten und den Vorräten, wie zum Beispiel diversen Konservendosen, auch Unmengen an Büchern mitgeschleppt werden. Wie er neben sieben Personen auch die Bagage in ein und demselben Auto unterkriegt, wissen nur er und ich. Kopfschüttelnd stehe ich daneben, wenn er Schuhe, T-Shirts und Bikinis einzeln aus den fest verschlossenen Taschen fischt, um sie in freie Lücken im Kofferraum oder in den Ersatzreifen zu stopfen.

Kein Jahr, in dem meine Mutter nicht am Abend vor unserer Abfahrt mit Scheidung droht. »Er kann nicht packen, der Mann«, sagt sie, was Papa natürlich mitkriegt und in der Hitze des Reisefiebers damit droht, den Inhalt des ganzen Wagens inklusive festverschnürter Ladung auf dem Dachgepäckträger wieder hervorzuholen und auf den Pastorats-Parkplatz zu stellen. »Dann zeigst du mir, wie es besser geht!«, sagt er und macht erst mal Pause. Am Ende kommt das meiste mit. Und so auch unsere Bücher. Vom Märchen für die Kleinen, aus dem Mami an Regentagen vor dem knisternden Kamin vorliest, bis zur spannenden Biografie über Artur Rubinstein ist alles dabei, und immer auch ein Böll, ein Grass, aber auch die Romane von Johannes Mario Simmel.

Nicht zu vergessen die in den Siebzigern berühmt gewordenen »Kursbücher« mit Themen wie »Emanzipation in der Gruppe«, die meine Mutter wie seltene Bibelexemplare sammelt und ins Bücherregal stellt. Mich interessiert dies nicht so sehr. Aus ihrem Stapel nehme ich lieber die Erinnerungen von Françoise Gilot über ihre Zeit mit Pablo Picasso. Was die Malerin erzählt, wird mich so faszinieren, dass ich ihr Buch fast fünfzig Jahre später wieder – diesmal in einen Italien-Urlaub – mitnehmen werde.

Unsere ganze Familie verbindet das Interesse an Menschen. »Es gibt nichts Spannenderes«, sagt meine Mutter. Und ich werde ihr immer zustimmen, weil ich es genauso empfinde und sich auf diese Weise nach und nach mein Berufswunsch herausbildet, Journalistin zu werden.

Aber da sind noch andere Lektüren, die uns ins Ferienhaus flattern. Wenn Papa nicht die Nachrichten im Deutschlandfunk über sein »Transistorradio« hört, raschelt er mit der Zeitung. Montag ist »Spiegel«-Time. Das Nachrichtenmagazin, das nicht unbedingt seine politische Meinung widerspiegelt, ist ein Muss. Besser geht es ihm mit der »Welt«, aber die wird in Dänemark nicht jeden Tag gekauft.

Was jedoch neben dem morgendlichen Brötcheneinkauf beim »koebmand« nie im Fahrradkorb fehlen darf, ist die »Bild«-Zeitung. »Ich lese sie zuerst«, funkt mein Vater dazwischen, wenn einer von uns nach dem Blatt mit den fetten Buchstaben greift. Ganze Urlaube werden uns Klatsch und Grusel in Atem halten. Die schaurigen Berichte über den Frauenmörder Fritz Honka, der seine Gefährtinnen im Alkoholrausch umbringt und sie anschließend mit einer Säge zerstückelt, liest jeder von uns. Angefangen bei Papa, danach kommt Mama dran, dann ich und nach mir die Geschwister in der Reihenfolge ihres Geburtsdatums. Mich interessieren vor allem Romy Schneiders Dramen. Oder die Storys über Schauspieler Curd Jürgens, der wie der liebe Gott persönlich in Südfrankreich in Traumvillen residiert und eine schöne Frau nach der anderen heiratet. Ein Faszinosum, das mich anregt, einen alljährlich wiederkehrenden Ferien-Nachbarn ebenfalls »Curd Jürgens« zu nennen, weil er so aussieht wie der 1,93 Meter große Lebemann.

Alle prominenten Ehe- und Liebes- und Scheidungsgeschichten, eingeschlossen der Prozess des Kennenlernens von Carl Gustaf von Schweden mit einer deutschen Olympia-Hostess, verschlingen wir regelrecht. Deshalb wissen wir auch genau, was gemeint ist, wenn wir die dänischen Schlagzeilen zur längst erfolgten Königshochzeit mit einer bürgerlich geborenen Deutschen lesen: »Carl Gustaf fik sin Silvia«, zu Deutsch: »Carl Gustaf bekam seine Silvia.« Erst wenn alle die »Bild«-Zeitung durchhaben, wird sie zum Kaminholz gelegt, und ziemlich schnell verglüht sie im bollernden »Sommerhus«-Ofen, an dem wir uns nach einem Badetag wärmen.

Lesen, was uns interessiert, ist die Devise im Pfarrhaus. Ganz egal, wo es herkommt. Und ich bin sicher, dass hier meine Beziehung zur »Bild«-Zeitung seinen Anfang nimmt. Mein journalistisches Leben wird dort beginnen und mich zwölf Jahre beim Axel Springer Verlag festhalten. Ein Gefühl von Verbundenheit, das nie vergehen wird, egal, wo es mich in meinem wunderbaren Beruf noch hin verschlagen wird.

*

Aber eigentlich brauchen wir keine »Bild«-Zeitung. Denn Geschichten à la Boulevardpresse gibt es im Pfarrhaus zuhauf. Dazu zählen nicht nur die Storys mit den Herren, die auf der Durchreise sind und um Geldscheinchen bitten. Es gibt auch andere Begegnungen mit der Halbwelt.

Auf meine Frage am Frühstückstisch, warum mein Vater so spät im Bad sei, sagt meine Mutter eines Tages: »Papa kam gestern erst sehr spät aus dem Bordell.« Um Himmels willen. Aus dem Bordell? Papaaaa …? »Was hat er da denn gemacht?«, fragen wir Kinder wie aus einem Mund. »Das erzählt er euch am besten selbst«, antwortet meine Mutter, die ihren Spaß an dieser Anekdote hat, dies nur nicht so zweifelsfrei zeigen will oder doch nicht kann, das möchte ich in diesem Augenblick nicht beschwören.

Tatsache ist, dass am Abend vorher sehr spät das Telefon klingelte und mein Vater nach nur wenigen Worten den Hörer auflegte, seinen Mantel und seinen Schlüsselbund nahm und einfach verschwand. Die Anruferin meldete sich aus Kiels Rotlichtmilieu.

Sie mochte nicht laut sprechen. Aber aus ihrem Flüsterton war ihre Verzweiflung herauszuhören und dass sie »dringend die Hilfe vom Pastor« brauche. Sie werde an ihrem »Arbeitsplatz festgehalten«. Und nur unser Vater könne ihr jetzt aus der Patsche helfen.

Nun, da kann ja jeder kommen. Was also trieb meinen Vater so spät aus dem Haus? Er kennt die Dame! »Sie war vor vielen Jahren bei mir im Konfirmandenunterricht«, erzählt er wenig später, immer noch ein bisschen müde im Gesicht. Ja, und was wollte sie? Wir Größeren kichern. »Was macht sie denn da am Hafen?«, bohren wir weiter. Mein Vater erklärt uns, dass sie als Prostituierte »in einem entsprechenden Etablissement« arbeite und ihr Zuhälter sie nicht habe gehen lassen wollen. »Sie hatte wohl Probleme«, sagt Papa, wobei er auslässt, um welche »Probleme« es sich im Einzelnen gehandelt hat. Und er habe es nicht übers Herz gebracht, sie damit alleinzulassen. Auf die Idee, die Polizei einzuschalten, sei er zwar auch gekommen, »aber damit hätte ich ja für meine Konfirmandin alles schlimmer gemacht, versteht ihr?« Wir nicken, aber verstehen eigentlich gar nichts.

Natürlich wollen wir auch wissen, ob er dem »Mädchen« denn helfen konnte. Ja, im Ergebnis ja. Aber er habe mit »den feinen Gesellen in diesem Club viele verschiedene Worte wechseln« müssen, bis sie die Frau dann endlich freigelassen hätten. Der Pastor als eine Art »Streetworker«, das hatten wir noch nicht. Und wir fragen ihn, ob er keine Angst gehabt habe, sich in einen Streit zwischen einer »Nutte und ihrem Boss« einzumischen. »Aber nein«, ist Papas Antwort, »was wollen die einem Pastor denn antun? Ich habe doch nichts, was ihnen oder mir gefährlich werden könnte: keine Waffe, kein Geld, keine Muckis. Und ich habe ja Schweigepflicht!«

Nein, ganz im Gegenteil, man habe ihn »mit vorzüglichster Hochachtung« behandelt. Und die Männer hätten »mit sehr viel Bedacht« ihre Worte gewählt. Unter dem »Strich sei es ein sehr ordentliches, fast angenehmes Gespräch« gewesen. Und man habe sich freundlich »mit Shakehands« und einem kleinen »Witz« voneinander verabschiedet. Aber er sagt auch: »Nur muss ich solche Einsätze nicht alle Tage haben, auch wenn es natürlich ganz rührend ist, dass eine erwachsene Frau sich nach so vielen Jahren an ihren Pastor erinnert.«

Nein, täglich braucht er dies nicht. Nur an einem Tag im Jahr taucht Papa immer für viele Stündchen unter. Da hat er seinen »jour fixe« in einer »Oben-ohne«-Bar. Immer pünktlich zur Weihnachtszeit. Dann zieht er durch sein Revier. Er klopft beim Fleischer an, in der Apotheke, beim Fahrradhandel, im Fachgeschäft für Damenunterwäsche, beim Elektriker, an der Tankstelle, beim Bäcker und in einer Kneipe, die »topless« serviert. Wenn der Pastor im dunklen Mantel, an kalten Tagen auch mit schwarzem Pork Pie, eintritt, wird er mit einem so einladenden Lächeln begrüßt, wie es sich gegenüber einem Geistlichen eigentlich nicht geziemt. Zumal alle schon wissen, dass er nicht als Gast erscheint. Nur machen die Ladys mit ihrem blanken Busen hinter dem Tresen da keinen Unterschied.

Papa kommt, um für eine Spende zum Christfest zu bitten. Das macht er höchstpersönlich, weil »sich das so gehört, das überlässt man nicht seinen Mitarbeitern«. Er, nur er vertritt die Kirche, wenn es ums Betteln geht. Und so eben auch in dieser halb seidenen Lokalität, die zu seiner Gemeinde gehört und »tipptopp geführt« sei, wie er alle Jahre wieder feststellen wird. Er bekommt auch hier eine Zuwendung, mit der ein bestimmtes Hilfsprojekt zu Weihnachten außerhalb der Reihe finanziert werden soll.

Nur, hat ein Kerl einen solchen Laden erst mal betreten, kommt er dort nicht so schnell wieder raus. Auch ein Pastor nicht. Er werde auch – es ist seine Lieblingsfloskel – »förmlich gezwungen«, sich an die Bar zu setzen und ein frisch gezapftes Bier zu trinken. Und alle Jahre lachen wir uns kaputt über die Vorstellung, wie unser Vater an seinem Bier nippt und nicht »weiß, wo er hingucken soll«, wie er es uns nach jedem Besuch dort so lustig erzählt. Er ist nicht verklemmt, aber ein wenig genant. Ein Charakterzug, der nicht der schlechteste ist und indirekt Einfluss auf meinen Männergeschmack nehmen wird. Es wird mein Maßstab für das, was in Beziehungen geht und was nicht geht. Mit einem Vater wie dem meinen wird es nie einen Partner an meiner Seite geben, der in meiner Gegenwart einer anderen Frau ins Dekolleté glotzen und mich düpieren wird. Danke, Papa.

*

Auch ohne diese Ausflüge ins Milieu machen wir Erfahrungen, die alles andere als üblich sind. Ein christlich geprägtes Gemeindeleben hat immer etwas von Großfamilie. Dazu gehören auch in Kiel wieder einmal die alleinstehenden Frauen, die meinem Vater mit Geschenken huldigen. So reicht eine Dame regelmäßig eine Portion frischen Spargel und Schinken aus besten Holsteiner Katen ins Pastorat, um für die Übergabe bis ins private Treppenhaus vorzudringen und dort laut anzukündigen, dass sie nur schnell etwas »für den armen Herrn Pastor« bringen wolle. Nicht nur einmal werde ich davon überrascht, wenn ich, gerade frisch geduscht und in ein Handtuch eingewickelt, gezwungen bin, diese nett gemeinte, aber irgendwie auch übergriffige Aufmerksamkeit auf den Stufen entgegenzunehmen. Sie hat Pech gehabt, denn Papa ist nicht zu Hause.

Nie vergessen werde ich eine eifrige Frau, die eine unentbehrliche ehrenamtliche Hilfe in allen unseren Kirchenkreisen ist, daraus aber offensichtlich den Anspruch ableitet, regelmäßig in unserer Küche aufzutauchen. Während meine Mutter, gerade zurück von ihrem Job als Religionslehrerin an einer Waldorfschule und im Ganzen ziemlich angestrengt, schnell mittags ein Essen für uns aufwärmt, steht sie da und guckt in die Töpfe und redet. Langatmig berichtet sie von irgendwelchen Schwierigkeiten mit Kaffeemaschinen vor einer anstehenden Veranstaltung oder sonstigen Hürden, die allesamt überwindbar sind und ein solches penetrantes Auftreten unter keinem Aspekt rechtfertigen können. Ganz zu schweigen davon, dass sie offensichtlich eine Gegnerin von Deodorants ist mit der Folge, dass ihr Besuch noch Stunden später trotz Lüftung wahrzunehmen ist. »Sie ist zu wichtig für unsere Arbeit, ich kann sie nicht immer rausschmeißen«, sagt meine Mutter, wenn wir Kinder uns über dieses Benehmen beschweren und fragen, warum »die denn« immer zu den unpassendsten Gelegenheiten und zudem noch in unseren Wohnräumen anzutreffen sei.

Wenn Distanzlosigkeit ein frühes Bild hat, sind es die Auftritte der Gemeindemitglieder in meinem Pfarrhaus. Es ist, als sei hier ein Keim gelegt, der mich allergisch gegen jede Form von aufdringlichem Benehmen macht. Das Persönliche von dem Beruflichen deutlich zu trennen gelingt meinen Eltern nicht immer gut. Ob sie dies nicht können oder nicht wollen, wird mir nie klar. Vielleicht kommt beides zusammen. Sie sind den Menschen zugewandt. Dies liegt im Wesen des Pastorenberufes – und auch in ihrem Charakter. Den anderen so nehmen, wie er ist, soweit dies möglich ist. Das ist ihre Haltung. Und sie ermuntern uns, ebenfalls offen zu Menschen zu sein. Und daraus entstehen wiederum Begegnungen, die unsere Freunde eben nicht haben.

Ein wunderbares Beispiel dafür ist ein Erlebnis, das meine jüngste Schwester Vici hat. Sie hängt etwas mit ihrer Freundin ab. Die Mädchen haben nichts Richtiges vor, und Mami, selbst gerade sehr beschäftigt, macht ihnen den Vorschlag, eine Dame in der Nähe zu besuchen. Sie ist alleinstehend und hat gerade ihre Tante verloren, die sie aufopferungsvoll bis zu ihrem Ende gepflegt hat. »Geht da doch mal hin, und klopft an, und sprecht ihr unser Beileid aus, sie wird sich sicherlich sehr freuen darüber, denn sie ist einsam«, sagt meine Mutter, überzeugt davon, ihrer achtjährigen Tochter die angemessene Erziehung für den Umgang mit einem Todesfall angedeihen zu lassen. Vici, sonst leicht zu begeistern, aber auch mit einem treffsicheren Instinkt ausgestattet, zögert. Ausgerechnet zu *der*? Muss das sein? Sie kennt die Frau. Sie ist korpulent, extrem redselig, sehr laut, vermögend und mutterseelenallein in einem großen Haus, das – ich kenne es nur aus der Entfernung – sehr düster wirkt. Gerade Kinder hält die Nachbarin gern im Schnack auf, wobei sie sehr nett ist und trotzdem stets sehr überspannt wirkt.

Die beiden Mädchen ziehen los, froh, ein Ziel zu haben, aber auch ängstlich, weil ungewiss ist, was sie bei dieser aufgedrehten Person nun erwartet. Sie läuten, und die Tür öffnet sich fast synchron mit einem Aufschrei. Begeistert klatscht die Hausherrin in die Hände und redet ohne Punkt und Komma, nachdem meine Schwester höflich ihr Anliegen vorgetragen und »Herzliches Beileid im Namen der ganzen Familie« ausgesprochen hat. »Oh Kinder, wie lieb, dass ihr an mich denkt. Kommt herein!«, sagt sie zur großen Überraschung meiner Schwester. Sie hatte gehofft, gleich wieder gehen zu können. »Ganz mulmig war mir da«, wird sie später zu Hause erzählen. Es ist in diesem Moment ja nicht irgendein Haus und nicht irgendeine Situation. Dort ist ein paar Stunden vorher gerade ein Mensch gestorben, was für Erwachsene schon unwirklich ist, aber erst recht für kleine Schülerinnen.

Und womit die beiden Freundinnen überhaupt nicht rechnen können, ist die Tatsache, dass der Leichnam noch im Haus ist – und sie überschwänglich einladend von der Trauernden zu ihm hingeführt werden. So treten die Kinder ein in einen sehr speziellen, geradezu urkomischen Tempel der Totenwache. Die verschiedene Tante ist aufgebahrt im großen Wohnzimmer. Und um sie herum liegen unzählige Kunstvögel in allen möglichen Farben, sehr naturgetreu nachgebildet. »Das Tantchen hat doch so sehr die Natur geliebt. Und erst die Vögel … das waren ihre größten Schätze. Sie waren ihre besten Freunde, und den letzten Weg sollen sie nun auch mit ihr gehen«, erklärt die Nachbarin, flötet dabei den Spatzen- und Rotkehlchen-Fakes zu und sagt ihnen Nettes wie: »Ihr passt schön auf, dass Tantchen gut im Himmel ankommt, nicht wahr?«

Ein groteskes Intermezzo. Wohin die Mädchen schauen, überall nur putzige gefiederte Viecher. Um den Kopf der Toten herum, auf dem Bauch, an den Händen. Auf Tischchen, von der Lampe hängend und am Boden. Und als sei dieser Anblick für ein Kind noch nicht genug, fordert sie die Mädchen auf, der Tante die letzte Ehre zu erweisen. »So, jetzt verabschieden wir uns voneinander. Ihr nehmt jetzt Tantchens Hand und gebt ihr darauf einen lieben Kuss.« Die Freundin weigert sich. »Mach ich nicht«, sagt sie und schüttelt verneinend den Kopf. Aber meine Schwester, die jüngste von uns Pastorentöchtern, tut es – aus Höflichkeit. »Ich mochte nicht ›Nein‹ sagen«, wird sie später beim Abendbrot erzählen. Und meine Eltern sind hin- und hergerissen zwischen Entsetzen über die Situation und Stolz über die taffe Reaktion ihres Töchterchens. Es geht ja nicht, ein Kind einfach an ein Totenbett zu führen. Ich, inzwischen 18-jährig, bin empört. »Damit konnte ich ja nicht rechnen«, sagt meine Mutter, die sich schuldig fühlt. Begeistert ist sie nicht. Mein Vater auch nicht. Das hätte man vorher »besprechen« müssen. Und »ich hätte es verboten«, sagt er. Aber dann trösten sich beide mit dem Satz: »Der Tod gehört zum Leben dazu, das darf auch ein Kind wissen.« Und Vici hat davon auch keinen Schaden genommen.

*

Trotzdem ist klar: Hier ist eine Grenze überschritten. Die Mädchen in dieser Form mit der Endlichkeit des Lebens zu konfrontieren, das geht überhaupt nicht. Aber es soll kein Grund sein, die Frau zu verdammen. Sie sei eben »ein Sonderfall«, wie es in vorauseilender Nachsicht im Pfarrhaus heißt für alles, was gegen den Strom von Sitten und Gebräuchen in unserem Umkreis schwimmt. Auch unsere Hohepriesterin, die mit Toten und Deko-Piepmätzen spricht, ist so ein »caso speciale«. Ein Schicksal, wie gemacht für den christlichen Anschauungsunterricht. Es kann passieren, was will: Im Zusammenhang mit dieser auffälligen Person fällt der Satz, dass »Geld allein auch nicht glücklich macht«. So geht der Slogan bei uns. Geld braucht man, ja, um sich etwas kaufen zu können. Und es ist beruhigend, es zu haben, ja, das ist so, unbestritten. Aber trotzdem sind »Pieselotten« keine Gewähr dafür, ein gutes Leben zu führen. »Geldscheine sind ja eigentlich nichts anderes als schmutzige Lappen«, sagt Mami im Brustton der Überzeugung. Eine solche Einordnung erfährt pekuniärer Reichtum also im Pfarrhaus. Eine Binse, die wir leben. Täglich.

Und treffen wir die betuchte Junggesellin auf der Straße, sprudelt es nur so aus ihr heraus. Als würde ein ganzes Fass an Worten überlaufen, die sie nicht losgeworden ist, weil es in der Villa nur sie und die Zimmerwände gibt. Dabei redet sie so gern. Besuch muss sie sich ins Haus holen. Ich erlebe nicht, dass da jemand freiwillig kommt. Sie lädt ein. Sie bittet zu kommen. Oder sie schimpft und beschwert sich. Ersatzweise wird auch laut gejammert und geklagt. Hauptsache, jemand kommt mal und guckt und ist bereit, ein bisschen Blitzableiter zu spielen für aufgestaute Gefühle, die nirgends hinkönnen, weil da niemand ist.

Und von allem ist immer eine Spur zu viel da. Zu viel Einsamkeit und zu viel Sehnsucht nach Liebe. Ein explosiver Gemütscocktail, der sich, gemischt mit künstlich hergestellten Substanzen, jederzeit entladen kann. Wenn es so weit ist, funkt sie SOS. Und das inszeniert sie als nachgerade so irrsinnigen wie furiosen Telefonmarathon. Wir erleben eine völlig durchgeknallte Erbin, um deren Wohlstand wir sie nie beneiden werden angesichts der Auswüchse, zu denen es trotz der inneren Beruhigung durch ein dickes Bankkonto kommen kann.

Sie ruft immer mal an, unter dem Vorwand, dass sie das Gespräch mit dem Pastor suche. Aber nicht immer hat mein Vater für sie Zeit. Auch nicht in dieser eingeforderten Regelmäßigkeit. Kriegt sie spitz, dass er sich in absehbarer Zeit nicht bei ihr blicken lässt, schaltet sie in den Notruf-Modus. Vorzugsweise abends. Es klingelt, und ich oder meine Geschwister nehmen den Hörer ab, weil meine Eltern nicht zu Hause sind. Hört sie unsere Namen, schreit sie wild los: »Ich brauche den Pastor, sofort, er muss mich retten!« Wir sagen höflich, dass niemand da sei, wir aber gern etwas ausrichten könnten. Neben unserem Telefon liegen immer Block und Bleistift, um die diversen Botschaften zu notieren.

Sie tut, als habe sie nicht gehört, was wir sagen. Sie schreit weiter: »Mein Kater, äh, mein Mann, nein, mein Kater schlägt mich!« Und: »Der Pastor muss mich vor ihm beschützen.« Wir sagen noch einmal, dass es nicht gehe, aber sie schreit immer weiter, bis wir ganz behutsam und leise den Hörer auflegen. Nur ein paar Minuten später ruft sie wieder an. Wieder die gleichen Sätze. Wieder legen wir auf. Es geht dann so weiter, wobei wir feststellen, dass zu fortschreitender Stunde ihre Stimme immer undeutlicher wird. Und ja, einmal sagt sie zu mir, dass sie sich betrinken werde, wenn »jetzt nicht endlich der Pastor« zu ihr komme.

Schlag halb elf kommt er endlich heim. Ich bin selig, dass nun endlich Ruhe einkehren wird. Wenn sie noch einmal anruft, kann er den Wahnsinn übernehmen. Ich informiere Papa, dass die Anruferin berichte, von ihrem Kater oder Mann geschlagen zu werden. Papa hört kaum hin, macht eine wegwerfende Handbewegung und sagt: »Och, die tünt doch, mein Kind. Wahrscheinlich ist da mal wieder zu viel Weinbrand im Spiel.« Da gerade kein Anruf mehr kommt, gehen alle ins Bett und schlafen. Auch meine Eltern.

Es ist schon nach Mitternacht, als erneut das Telefon klingelt. Niemand geht ran, aber Madame ist hartnäckig. Schlaftrunken läuft irgendwann meine jüngste Schwester auf den Flur und geht an den Apparat. »Ja«, sagt sie und wird durch den nächsten Hilfeschrei hellwach, der aus der Leitung kommt: »Mein Kater *vergewaltigt* mich, der Pastor muss kommen.« Und immer wieder schallt es aus dem Hörer, den meine Schwester kurzfristig zur Seite gelegt hat, um meinen Vater zu wecken: »Mein Kater vergewaltigt mich, er schlägt mich, nein, er vergewaltigt mich …« Und so fort.

Aber Papa denkt nicht daran, aufzustehen. Der Hörer wird aufgelegt, meine Schwester hat Anweisung, nicht mehr ans Telefon zu gehen. Mein Vater wird sich kümmern. Am nächsten Tag. Aber er wird die Dame nicht allein aufsuchen. Er nimmt vorsorglich die Gemeindeschwester mit. Papa rechnet mit allem. Nicht, dass es noch heißt »Der Pastor vergewaltigt mich ...«, sagt er und lacht, als er sich auf den Weg macht.

17. MARX & MOSES

Spätestens seit den Ho-Chi-Minh-Demos bin ich politisch wach geküsst. Aber nie werde ich auf diesen lauten Protestzug aufspringen. Es zieht mich in keine Zirkel, wo Revolution gespielt wird. Keine »Rote Zelle«, keine Kommunarden-Freunde. Damit kann ich nicht dienen. Ebenso wenig eigne ich mich zur Funktionärin. Ich bin weder »Juso« noch »JuLi«. Bloß nicht zu einem Verein gehören. Das bin ich nicht. Ich habe schlicht kein Sendungsbewusstsein. So nennt man dies gerade, wenn man gehört werden will. Mag der gesellschaftliche Umsturz, der in vollem Gange ist, noch so willkommen sein mit neuen Freiheiten – für die Multiplikation meiner Ansichten entwickle ich keinen Ehrgeiz. Ich muss mich nicht mitteilen. Nicht auf einer Bühne, nur in der Familie oder in der Schule zeige ich, was ich denke.

Mein einziges politisches Outing habe ich mit vierzehn während des Bundestagswahlkampfs. Da knipse ich die orange-weiße »Willy wählen«-Plakette an meine Schultasche und mache mich bei allen Lehrern unbeliebt, die mit Willy Brandt nichts am Hut haben und ihn deshalb auch nicht als Kanzler präferieren. Ich mag das »Säbelrasseln« von Ost und West und umgekehrt nicht. Deshalb begeistert mich die Idee seiner Entspannungspolitik – und seine Sprache. Ein Politiker, der fast wie ein Dichter spricht, das gab es bisher in meiner Zeit noch nicht.

Aber sonst? Mir reichen die Auseinandersetzungen zu allen aktuell relevanten Themen zu Hause. Es ist weniger der hitzige Disput, den ich gelegentlich mit meinem Vater habe, der mich des Debattierens überdrüssig macht. Denn ein Satz wie: »Das müssen wir ausdiskutieren« fällt bei uns nicht. Jeder freut sich, wenn mal gar niemand spricht, weil bei sieben Personen plus Freunden im

Pfarrhaus nie der Mund stillstehen wird. Manchmal klagt Papa: »Man ist ja ganz besoffen von dem vielen Gesabbel.« Und dabei meint er gar nicht unseren sanguinischen Talk bei Tisch, sondern seine Auftritte bei vielen Amtshandlungen oder den verschiedenen Auseinandersetzungen mit seinen Dienstherren.

Aus dieser Ecke kommt viel Zündstoff, der für endlose Gespräche mit Freunden und anderen Theologen sorgt. Und ich darf dabei Mäuschen spielen. In meiner Jugendzeit ist in der Kirche gerade die Hölle los. Denn rechte und linke Pastoren bekriegen sich in einer so dramatischen Weise, dass die Ausläufer dieser Stürme auch mein Pfarrhaus streifen. Es scheint, als sei gerade eine neue Religion im Werden. Der Glauben kommt auf den Prüfstand: Ist Gott eine Person? Wurde Jesus von einer Jungfrau geboren? Und ist er wirklich von den Toten auferstanden? Fragen über Fragen. Entrüstung, Empörung, ein gegenseitiges Nicht-Verstehen auf allen Seiten. Ein Hauen und Stechen zwischen den Talaren. Fehlt nur noch, dass sich die Herrschaften von der Kanzel herab den Vogel zeigen. Traditionelle Theologie ist nicht mehr salonfähig. Einige Geistliche machen sich auf, die Gläubigen aufzumischen und öffentlich Kritik zu üben an Regierungen, Parteien, Politikern. Gern auch weltweit inklusive globaler Reisen, wobei sich immer wieder die Frage stellen wird, wer diese Trips eigentlich bezahlt.

Eine Ikone des linken Pastoren-Aufstandes ist ein Studienfreund meines Vaters, mit dem er die Erinnerungen an gemeinsame Zeiten im »Kieler Wingolf«, einer nicht-schlagenden Studentenverbindung, teilt. Und ebenso ist er mit ihm aus seinen Jahren als Landpastor verbunden. Der Rebell war Pfarrer in unserer Nachbargemeinde. Dort hatte Papa ihn zusammen mit einem anderen befreundeten Kollegen hingelockt, bevor er später nach Hamburg gezogen und dort noch streitbarer und noch auffälliger wurde. Der Mann ist ohnehin eine imposante Erscheinung. Er hätte, wenn er wollte, das Zeug zum Filmstar. Ein Hüne. Zwei Meter groß. Mindestens. Tief liegende Augen, die jeden Gesprächs-

partner fixieren und, wenn man es zulässt, zuweilen auch hypno-
tisieren können. Die Stimme tiefster Bariton. Und ein Lachen wie
aus dem Zwerchfell eines Löwen, das stets in seinen Bronchien
hängen zu bleiben scheint.

Er hat schöne Hände. Wie er das Rotweinglas hält, verrät den
Bonvivant. Auch wie gelassen er mit der Zigarette vor seinem in
den Siebzigern obligatorischen vollen Henriquatre-Bart gestikuliert. Und sich dabei milde und belustigt lächelnd die Vorträge
meines Vaters anhört, der in vielem anderer Auffassung ist als er.
Das ist schon sexy – in dieser Zeit. Ein Mann, der links denkt, der
Jugend zugewandt ist und selbst auf der Seite des Widerstandes
gegen das Althergebrachte wandelt und zu alledem auch noch gut
aussieht, hat etwas Unwiderstehliches. Fast überflüssig zu erwäh-
nen, dass dieser Kerl in seinen besten Männerjahren ein wahrer
Womanizer unter den vielen nicht sonderlich hübschen Theologen
ist, was ihm vielleicht zusätzlich bei neidischen Amtsbrüdern ge-
schadet haben mag. Zudem hat er eine besondere Ehe-Gefährtin
an seiner Seite, quasi die personifizierte Antipodin zur klassischen
Pastorenfrau. Einen Tick älter als er, Künstlerin, Kennerin von
Antiquitäten, immer brutzelbraun von mehreren Monaten persönlicher Auszeit an Dänemarks Nordspitze, außergewöhnlich
gekleidet, eine eher schweigende und interessiert lauschende als
quatschende Gesprächspartnerin. Sie trägt selbst entworfenen und
gefertigten Schmuck. Sie raucht Kette. Sie spricht heiser. Sie hat
ein bisschen etwas von einem Frauentyp à la Simone Signoret und
Romy Schneider, was bedeutet, dass sie unverkennbar und eine
ganz eigene Klasse für sich ist.

Ein Paar, das ich liebe, weil es sympathisch und zutiefst menschlich und mitfühlend und dennoch sehr bourgeois ist. Ja, das ist
schick jetzt, der Pas de deux von links-intellektueller Haltung und
dem Flair großbürgerlicher Eleganz. Und das Gefühl, dass da ein
echter Freund bei uns auf dem Samtsessel sitzt, wird mein Vater
bei aller inhaltlichen Gegensätzlichkeit nie verlieren. Auch wenn

der geistige Graben zwischen ihnen immer größer wird, so respektiert jeder den anderen und seine Meinung, die unter herzlichem Lachen und gegenseitigem Ausredenlassen und mit der selbstverständlichen Absicht, dem anderen aufmerksam zuhören und über das Gesagte nachdenken zu wollen, ausgetauscht wird.

Mit den »roten Pastoren« hat mein Vater nichts gemein außer seiner Abneigung gegen die Bevormundung »von oben«. Aber wenn der Freund im soundsovielten Amtszuchtverfahren steckt, fühlt man mit ihm, weil man ihn kennt und weiß, wie er tickt. Und aufrichtig erleichtert ist Papa immer wieder, wenn die Kirchenprozesse glimpflich für den Freund ausgegangen sind und er weiter sein Pastorenamt ausüben darf. Was jedoch nicht bedeutet, dass man bei uns nicht die Hände über dem Kopf zusammenschlägt, wenn der Freund gleich wieder in den nächsten Affront mit der Kirchenleitung schlittern wird.

Aber so ist es jetzt. Alles mischt sich gerade – die Zweifel an der bisherigen Theologie und der Wille zum Aufstand gegen eine Politik, die nicht nur der jüngere Teil der Gesellschaft verändert wissen will. Der Klassenkampf triumphiert. Mal kommt er light, mal kommt er erdrückend schwer daher. Und er schlägt durch bis aufs Pfarrhaus und seine Gotteshäuser. Als Epizentrum allen Unrechts auf der Welt wird die Herrschaft des Bimbes ausgemacht. Karl Marx lebt – auch in der Kirche. Es ist ja die Phase, in der Kapitalismus ein schlimmes Schimpfwort ist. Und was sich daraus ableitet, klingt in der vereinfachten Vervielfältigung auf Transparenten und in Diskussionsforen in etwa so: Wer zum »Kapital gehört« oder für das »Kapital arbeitet«, muss geächtet werden. Die Guten sind »gegen das Kapital«, und die Bösen sind »für das Kapital« und müssen kaltgestellt werden. Dieses relativ schlichte Weltbild ist jetzt Mainstream, zumindest in den Kreisen, die mit den rechts oder mittig stehenden Parteien nichts mehr anfangen können oder wollen.

IN ist, was ANTI ist. Selbst wenn jemand Bomben bastelt, mit dem Gewehr fuchtelt oder bei Demos mit Steinen schmeißt – gefühlt ist alles roger, solange sich die Aktion für das Gute und gegen das böse »Machtmonopol des Geldes« richtet. Jeder ein kleiner Che Guevara. Die Stunde der Möchtegern-Revoluzzer. So ist die Stimmungslage. Und es gibt einige, die sogar den RAF-Terror »irgendwie verstehen« können. Unabhängig von diesem Phänomen splittet sich auch die Pastorenschaft: Es gibt Geistliche mit einer sehr konservativen Denkweise, zu denen eher, wenn auch nicht ganz, mein Vater gehört. Daneben die gemäßigten Erneuerer, die zumeist sozialdemokratisch angehaucht sind – und darüber hinaus noch diejenigen, die sich theologisch zu ganz neuen Ufern aufmachen und sich politisch selbst aus der Liga der Akzeptanz schießen. Manchmal hat dies zur Folge, dass die engsten Weggefährten leise wegdriften, ohne dass dem ein Zerwürfnis vorausgehen muss. Man entfernt sich voneinander, weil die gemeinsame Basis wegfällt und es eben kuscheliger unter Gleichgesinnten ist. Wie von selbst ziehen Grenzen auf, die es vorher nicht gab. Wie man die Anschläge der RAF beurteilt, wie man die Täter einstuft und wie man als Christ damit umzugehen hat und ob man sich als Pastor öffentlich innerhalb seiner Amtsfunktion zu diesem Thema oder überhaupt zur Politik einlassen oder gar einschalten soll, daran entzündet sich gehöriger Streit.

Ich erlebe dies nur als Zuschauerin – und allein das Wahrnehmen dieser neuen Realitäten hält mich in Atem. Keine Bushaltestelle in Kiel, keine Litfaßsäule, kein öffentlicher Amtsaushang, auf dem nicht die Fahndungsfotos der gesuchten Terroristen der »Rote Armee Fraktion« aushängen. Unzählige Berichte in allen Zeitungen zu Hause werde ich über sie lesen. Und sosehr mir soziale Themen als Pastorentochter am Herzen liegen, so fern ist mir jede Form von Extremen und Gewalt. Wenn ich die groß aufgemachten Artikel und Kommentare darüber lese, gruselt es mich. Ich verspüre Angst. Und so vehement ich meine Ansichten im vertrauten Kreis vertrete, so wenig kann ich mir vorstellen, eine zweite Gudrun Ensslin zu sein.

Es bleibt nicht aus, dass ich mich mit meinen sehr jungen Jahren in der Biografie dieser Terroristin spiegele. So unbeleckt ich von politischer Agitation bin, so sehr stelle ich mir im stillen Kämmerlein die Frage: Was treibt eine Pfarrerstochter, einen solchen Weg einzuschlagen? Das könnte ja auch ich sein. Theoretisch. Aber würde ich das tun, was *sie* macht? Studentenproteste? Okay, das kann ich nachvollziehen. Aber Anführerin sein in einem selbst ernannten und selbst angezettelten Guerillakrieg? Eine Waffe auf Polizisten, Politiker und Bankiers richten und abdrücken wollen? Bombenattentate planen? Wegtauchen aus einem bürgerlichen Leben? Ich gehe diese Punkte gedanklich alle durch.

Ich sitze am Fußende meines Bettes auf einem schönen Leinentuch, ein Mitbringsel aus dem vergangenen Dänemarkurlaub, meine Tagesdecke. Ich streiche über den Stoff. Der Plattenspieler läuft, die Beatles. »Miiichelle … ma belle …« Ich wippe mit dem Fuß im Takt der Melodie. Auf meinen Knien der »Spiegel«, schon etwas zerknittert, weil von meinen Eltern rauf und wieder runter gelesen. Ich schaue mich um und sehe, wie gut ich es habe. Völlig ausgeschlossen, dass ich je eine solche Entwicklung nehme und mein Zuhause und meine liebsten Menschen verlassen werde.

Nur, was ist da schiefgelaufen? Ich bin vierzehn Jahre alt, als die international gesuchte Terroristin gefasst wird. Es ist in Hamburg passiert, in einer Boutique am Jungfernstieg. Ihre Jacke lag auf dem Ladentisch. Eine Verkäuferin entdeckte darin einen Revolver, ein zweiter war in ihrer Handtasche. Beide Pistolen geladen. Nicht nur das Bereitsein zum Töten schockiert mich. Auch das äußere Erscheinungsbild der frisch verhafteten Frau auf den Polizeifotos erschüttert mich. So sieht man also aus, wenn man quer durchs Land hetzt und nicht erkannt werden will. Ich studiere dieses Bild genau. Das Gesicht einer vorzeitig gealterten Frau, die einst eine attraktive Germanistik-Studentin mit schönen langen blonden Haaren gewesen war. Jetzt trägt sie es kurz, verhunzt vom vielen Färben, dauergewellt, unfrisiert. Die Finger gelb vom Nikotin, die

Nägel wirken abgekaut. Ihr Blick leer und trotzig zugleich. Für mich als Teenager hat das Leben im Untergrund damit ein Bild – eines, das mich abschreckt.

Ist ein Pastoren-Elternhaus eine Brutstätte für Terror? Natürlich nicht. Aber, und das werde ich erst sehr viel später so reflektieren, als Pfarrerstochter bin ich näher dran an Erkenntnissen, die radikal machen können, wenn auch nicht müssen. Ich habe eine andere Kindheit als andere. Ich habe ein frühes Bewusstsein für Leid, Schwächen, Schicksale, Mangel jeder Art. Ich habe auch eine frühe Vorstellung davon, wie Leben im Idealfall gehen soll oder wie man es verbessern kann, weil meine Eltern den Menschen auf dem Weg dorthin immer wieder helfen. Und weil dies so ist, glaube auch ich, dass sich ein »Paradies für alle« im Großen und Ganzen leicht und unbürokratisch umsetzen ließe, wenn man es nur wollte. Und es kann auch mich in der Pubertät zornig machen, wenn dies nicht geschieht oder gelingt.

Doch von diesem Standpunkt bis zum Fanatismus ist es nicht mehr weit. Hinzu kommt ein geschützter Raum, in dem ich mich bewege und in dem ich erfahre, was »freie Rede« ist. Ich kann eine eigene Meinung entwickeln und aussprechen, was ich will. Es kann noch so abstrus sein, aber es wird keine Folgen für mich haben. Wenn ich mit fünfzehn die Überzeugung äußere, dass ein Busfahrer genauso viel Geld wie ein Herzchirurg verdienen müsste, »weil er ja mindestens so viel Verantwortung trägt«, streicht mir mein Vater nachsichtig über den Kopf und sagt: »Ja, mein Kind, in ein paar Jahren sprechen wir noch einmal darüber.« Doch wer kann garantieren, dass sich Gedanken wie meine nicht verselbstständigen und mit der Zeit anarchistische Formen annehmen? Es gibt keine Denkverbote, und das Gutgemeinte wird zunächst immer auch als gut angesehen. Als Pfarrerskind ist man – bei allem Realitätsbewusstsein – immer auch mit einer idealisierten Daseinsform belegt, die zu erreichen das Fernziel sein sollte. Gut möglich, dass da ein ohnehin anerzogenes Helfersyndrom wie ein Geschwür weiterwächst und überschießt. Nur bleibt dies eine sehr hypothetische Betrachtung der Dinge. Denn so viel kriminelle Energie, so viel kaputtes Leben sind keiner Pastorentochter an der Wiege gesungen.

Ich kann mir nicht vorstellen, meine behütete Sphäre zu verlassen, um auf andere Menschen zu schießen. Auch nicht für ein hehres Ziel. Aber die schwelende Bedrohung durch immer neue Attentate beschäftigt mich. Das geht über Jahre so. Auch meine Geschwister machen sich Gedanken. Meine Schwester Ricarda ist neun Jahre alt. Und ihre Reaktion auf eine ganz harmlose Begegnung zeigt, wie traumatisiert man von dieser latenten Bedrohungslage sein kann, selbst wenn man gar nicht zur Zielgruppe der RAF gehört.

Jeden Morgen findet sie sich an einer Haltestelle ein, an der sie in ihren Schulbus steigt, mit dem es zur Walddorfschule nach Rendsburg geht. Den kurzen Fußweg legt sie selbst bei Dunkelheit allein mit ihrem Ranzen auf dem Rücken zurück. Sie muss noch ein paar Minuten warten, bis der ihr vertraute Fahrer kommt, der gleichzeitig auch Vater, Babysitter und Erzieher für die Schüler in einem ist. Da beobachtet Ricarda, wie ein großer Mann im grünen Military-Parka, der gerade in Mode ist, den Reißverschluss herunterzieht und tief in das Innere seiner Jacke greift. Sie denkt: Jetzt holt er seine Waffe heraus und schießt. Sie glaubt, neben einem Terroristen zu stehen. Aber er ist gar keiner. Er holt nur ein Taschentuch hervor.

Doch der Schreck und die Angst verlassen sie nicht. Ein paar Tage wird sie komisch sein. Meine Mutter fragt: »Was ist mit dir? Mit dir stimmt doch was nicht.« Ricarda druckst herum, mag gar nicht sagen, was sie für ein paar Sekunden so aus der Fassung gebracht hat. Aber irgendwann rückt sie mit der Sprache heraus. Die Konsequenz, die meine Eltern daraus ziehen: Das Kind braucht jetzt Begleitung für eine bestimmte Zeit. Und ab sofort zieht mein Vater sich frühmorgens in Windeseile an und bringt sein Töchterchen zum Bus.

Der Terror tangiert uns. Und immer wieder reden wir darüber. Auch und vor allem über die »schwäbische Pfarrerstochter«. »Die hat sich in ihrer Ideologie verloren«, sagt mein Vater, schaut in die Ferne, befeuert immer wieder seine Pfeife und qualmt wie eine Dampflok. Wir sprechen über die Haftbedingungen, die gerade heiß diskutiert werden. Von »Folterung politischer Gefangener« ist die Rede. Ganz aktuell geht es um einen sogenannten »toten Trakt«, in dem die Top-Terroristinnen Ulrike Meinhof und Gudrun Ensslin fernab von anderen »normalen« Gefängnisinsassen untergebracht sind. Papas Pastorenfreund wird sich dafür einsetzen, dass diese »Sonderbehandlungen« aufhören, und schreibt einen Brief an den Justizminister Nordrhein-Westfalens, der von ein paar anderen Theologen mit unterzeichnet wird. Einige RAF-Häftlinge wird er besuchen und sich um deren Angehörige kümmern.

Würde mein Vater das auch tun? Nein, sagt er. »Das ist nicht mein Auftrag. Ich habe eine Gemeinde, die meine ganze Kraft erfordert und darauf auch einen Anspruch hat.« Aber es kommen ja auch Leute zu uns, die nicht hier leben und Hilfe ersuchen. »Papa, was würdest du machen, wenn hier mal ein Terrorist an unserer Haustür klingelt?« Auf die Antwort auf diese Frage muss ich warten. Mein Vater schweigt. Er pafft. Er hustet. Er pafft wieder. Sein Gesicht gerät zur Maske, als hätten seine Gedanken sich auf eine Reise ins Nirgendwo gemacht. Irgendwann, und sein Blick geht immer weiter in die Ferne, wird er sagen: »Ich würde mit ihnen sprechen, und ich würde versuchen, ihnen deutlich zu machen, dass sie auf dem völlig verkehrten Weg sind. Und ich würde ihnen anbieten, sie zu begleiten, wenn sie sich freiwillig bei der Polizei stellen wollen.«

Und würde er sie gehen lassen, ohne die Polizei zu alarmieren? »Ich unterliege einer Schweigepflicht, und darauf, dass ich schweige, darf eigentlich jeder vertrauen.« Auch Terroristen? »Sie sind gesuchte Gewalttäter, da ist eine Grenze erreicht«, sagt mein

Vater. Es wird nie dazu kommen, dass er sich entscheiden muss. Der liebe Gott hat seine Gebete erhört, bitte nie die RAF vor der Tür zu haben, »denn ich will ja euch nicht in Gefahr bringen, und das würde ich, wenn ich die Polizei rufe. Und ich müsste dies wohl tun, aber kann ich das auch? Ich glaube nicht …« Fast ein Selbstgespräch, das zeigt: Die Sorge um die Familie wird immer seine größte sein.

*

»Ein Mann sieht rot«. Diesen Film haben wir zu Hause – in Eigenregie. Mein Vater tobt. Mal wieder. Die Holztür zum elterlichen Schlafzimmer inklusive des gesamten Holzrahmens ist über und über mit orange- und zinnoberroten Aufklebern zugekleistert. Ein Farb-Inferno, das grell und scheußlich zugleich ist. Zugegeben, das sieht schlimm aus. Keine Frage. Man muss Papa verstehen. Nur geht es hier weniger um Geschmacksfragen. Der höhere Grund seines Zorns ist wohl eher in dem weißen Buchstaben-Arrangement auf den schreiend colorierten Etiketten zu sehen: »S P D« steht darauf. Es soll gerade mal wieder ein neuer Kanzler gekürt werden, und meine jüngste Schwester hat sich mit ihrer Freundin in einen Wahlkampfbus verirrt, weil es dort so schöne Luftballons, Fähnchen und andere kleine »Goodies« gab, die man als Mädchen gern mitnimmt. Weil es so viel Spaß macht, hat man noch einen ganzen Schwung SPD-Aufkleber mitgenommen. Und die müssen ja nun angebracht werden.

Aber warum gerade dort? »Ich wollte Papa ärgern und Mama in Schutz nehmen«, wird Vici mir Jahrzehnte später erzählen. Das ist eine kleine Kinder-Rache-Rauchbombe, die sie damit ins Pfarrhaus wirft. Und dies ausgerechnet vor dem Ehegemach. Flugs wird ein Tischler bestellt, der alles freihobeln und mit einem neuen Lack versehen wird. Ja, wenn es um Politik geht, verstehen meine Eltern schon lange keinen Spaß mehr. Zu der Frage, welche Partei in unserem Land zu wählen ist, stehen sie nämlich auf Kriegsfuß miteinander. Spätestens seit 1972. Mami gehört zu den Willy-Wählerinnen, Papa macht sein Kreuz bei CDU-Barzel, und wenn es um den Landtag und den Ministerpräsidenten geht, stur bei dem »großen Klaren aus dem Norden«, Gerhard Stoltenberg, in Kiel einfach »Stolti« gerufen. Was sich bei Entscheidungen wie diesen in unserem Pfarrhaus abspielt, darf man gar nicht laut sagen. Höchstens andeuten, weil ja zur Demokratie eine gesunde Streitkultur dazugehört und dies uns eigentlich schmückt.

Aber so? Ist es normal, wenn die Jüngste die Meinung der Mutter vor dem Stirnrunzeln des Vaters zu schützen versucht? Fakt ist: Meine Eltern streiten politisch wie die Kesselflicker. Mamis Vorteil ist, dass sie uns Kinder, vor allem uns Mädchen, auf ihrer Seite hat. Mein Bruder mischt da noch nicht mit. Papas Joker ist, dass er uns auf Knopfdruck mit stoisch schlechter Laune in emotionale Geiselhaft zwingt, wenn wir es mit unseren Sozi-Sentenzen übertreiben. Während meiner ganzen Jugendzeit beneide ich meine Schulfreundinnen um den Parteienkonsens daheim. In diesem Punkt fühle ich mich wie ein Waisenkind, das sich verloren vorkommt. Bei den anderen geht alles nach einem ganz klaren Strickmuster zu: Wählt Vati CDU, tut Mutti das auch. Ist Vaddi in der Gewerkschaft, macht Muddi ihr Kreuz selbstverständlich nur bei den Sozialdemokraten. Ein Gleichklang, den ich nicht kenne, aber nach dem ich mich zuweilen sehne. Meine Mutter ist keine Frau, die nur macht und sagt, was der Ehemann vorgibt. Sie ist, und darin ist sie mein weibliches Vorbild, in ihrem Denken sehr selbstständig.

Jede Wahlkampfsendung – inzwischen haben wir einen kleinen knallorangen Fernseher im Souterrain – und jeder Wahlabend geraten zur Feuerprobe für den Familienfrieden. Stellt ein »roter« Journalist einem »schwarzen« Politiker eine kritische Frage, feixen wir Frauen, und Papa fällt die Kinnlade herunter, und er zischt »welch dümmliches Gerede«. Unser Favorit ist der damalige

ZDF-Moderator Horst Schättle. Wie der die konservativen Politiker pikst, immer mit einem verschmitzten Lächeln, finden wir gut. Mein Vater hingegen verspürt Genugtuung, wenn Gerhard Löwenthal über den Bildschirm ächzt.

Es ist anstrengend, weil die Eltern sich nie einig sind. Meine Mutter ist begeistert von den Wendepunkten mit Willy Brandt. Sie tickt wie die meisten Frauen in dieser Zeit. Sie ist die Kanzler-Macherin, und sie fühlt sich auch so. Willy Brandt gibt den Ladys – zu Recht – mehr Rechte. Allein dafür liegen sie ihm zu Füßen. Abtreibung ist nun erlaubt, wenn auch für meine Mutter der Abbruch einer Schwangerschaft nie infrage gekommen wäre. Der Kanzler der Frauen will ein neues Familien- und Scheidungsrecht, das ihnen mehr Gerechtigkeit bringt. Und das will Mami auch – Emanzipation in allen Fragen, und dafür macht sie sich stark. Und sie schwärmt für Ruth Brandt, die elegante und kluge große Dame an der Seite dieses Ausnahmepolitikers. Es herrscht Aufbruchsstimmung. Meine Mutter ist heiter und beurteilt die Entwicklungen als »himmlisch«. Dagegen kommt Papa mit »seinem« Kanzlerkandidaten Rainer Barzel und dessen öliger Stimme nicht an.

»Unsereiner wählt den Rainer«, äfft meine Mutter eine TV-Moderatorin nach, die diesen Wahlslogan aus ihrer Sylter Clique zum Besten gibt. So prickelnd findet Papa »solches Zeug« auch nicht, aber er ist allem Konservativen mehr zugetan. Was Traditionen und ein bestimmtes Standesbewusstsein betrifft, ist er meilenweit von seiner Ehefrau entfernt. Ich bin auf Mamas Seite, weil alles, was politisch schwarz ist, nicht zu mir passt in dieser Zeit. Ich bin ein Mädchen, und ein Kriterium für oder gegen eine Partei sind jetzt auch Äußerlichkeiten. Ich mag Jungs, die etwas von einem Rock'n'Roller haben. Die Typen in den grauen Flanellhosen bei der Jungen Union, viele leicht dicklich, finde ich einfach nicht toll. Allein damit hat sich jedes Argument schon erledigt. Ich bin das, was man in dieser Zeit »progressiv« nennt, und nicht »reaktionär«, wie es heißt.

17. MARX & MOSES

Und so entwickelt sich mein Pfarrhaus in ein politisches Minenfeld. Wir lesen viel, wir diskutieren, untereinander und mit den Freunden, die uns und unsere Eltern aufsuchen. Auch die sind gespalten und sich so gut wie nie grün: einige politisch stockfinster schwarz, andere hellrot sozialdemokratisch, und vereinzelt lässt jemand auch mal eine kommunistische These fallen, die sofort zerpflückt und in die Mangel genommen wird. Bei uns wird alles ausgefochten, so lange, bis die Kirchenglocken glühen. Zu allem Übel erobern auch »atheistische Widerständler« den sonntäglichen Gottesdienst, was meine Mutter natürlich auch nicht gutheißt, aber daraus gleich ein Politikum mit einem häufigen Besucher bei uns macht.

Er ist ein weiterer enger Pastorenfreund, noch sehr viel »schwärzer« als Papa, mit dem sie viele Diskussionen hat. Auch er klagt über »Störer« auf den Kirchenbänken. Gerade wieder hätten sie »laut gelacht beim Verlesen von Jesaja 53« und seien »ebenso laut lachend mitten in der Andacht hinausgegangen«. Es ist alles noch ganz frisch, und der Freund ist noch »ganz blass von der Aufregung«, wie Mami treffend diagnostiziert, und sie schenkt ihm deshalb ein Glas Rotwein nach dem anderen ein, füttert ihn mit bester Schokolade und sagt: »Das ist auch nichts für dich. Du bist immer ein echter Plutokrat und ein Monopolkapitalist gewesen.« Eine Feststellung, die weniger Streit als vielmehr größere Lachsalven in dem lustig gestimmten Kreis auslösen wird und für mich Anlass ist, das Fremdwörterbuch zurate zu ziehen und etwas von »Geldmacht« und der »Herrschaft der Reichen« zu lesen.

Gefällt mir, wie Mami ihm einheizt. Sie darf das. Hat sie ihn doch mit seiner Frau zusammengeführt, die er geheiratet und mit der er vier Kinder bekommen und Mami zur Patin des ersten Sohnes gemacht hat. Sie sind älteste Vertraute, die sich immer offen die Meinung sagen. Wie nah man sich trotz aller Divergenzen ist, zeigt, dass dieser »plutokratische« Weggefährte später die Beerdigung unserer geliebten Mutter übernehmen wird. Aber bis dahin

ist es noch Zeit. Und die Sätze, nicht zwingend die klügsten, flie-
gen nur so hin und her. »Die Menschen sind nicht alle gleich, mein
Kind«, schnauzt mich mein Vater an. »Aber alle sollen die glei-
chen Rechte haben«, wirft meine Mutter ein. »Die gibt es doch«,
schimpft mein Vater und wird ganz rot im Gesicht, »nicht alle
Menschen können studieren. Wir brauchen auch Handwerker.«
Ja, dann können die anderen ja mal Maurer werden. So geht es zu.
In den Siebzigern tanzen politisch die Mäuse auf dem Tisch.

*

Die Kräche wachsen sich aus. Und es zeigen sich die ersten Kol-
lateralschäden in der Ehe meiner Eltern. Die besseren Rechte für
Frauen im Scheidungsfall scheinen eine Initialzündung für die
innere Verselbstständigung meiner Mutter zu bedeuten. So, wie
sie jung verheiratet eine geradezu leidenschaftlich engagierte Pastorenfrau war, so fühlt sie sich jetzt auf Zusammenkünften zur
»Erwachsenenbildung« wohl. Ein fortwährendes Coaching, das sie
widerspenstiger macht und von meinem Vater entfernt. Er hinkt
in diesen Fragen hinterher, weil er mit gruppendynamischen Pro-
zessen und Strategien zur Konfliktlösung nichts zu tun haben will.
»Ich bin mein eigener Kopf«, sagt er und lässt meine Mutter immer
häufiger allein zu ihren Wochenendseminaren fahren, zu denen er
sie auch schon mal begleitet hat, um zu beweisen, dass er »offen
für alles« ist.

Sie deutet es an, und es ist nicht mehr zu übersehen, wie sehr
sie bereut, keinen wirklich eigenen Beruf, bis auf die Lehrtätigkeit
an der Waldorfschule, zu haben. »Ich hätte mein Studium nie aufgeben dürfen«, sagt sie mir. Und für das Versäumte soll nun das
neue Mentaltraining das Surrogat sein. Und dieser neue Wille zur
»Selbstverwirklichung«, der meine Mutter bei ihrem Aufstand in
der Zweisamkeit trägt, geht wie eine Flutwelle durch viele andere
Pastorenehen. Es ist der Beginn einer Trennungswut, die bisher

in diesem Berufsstand verpönt war, aber jetzt gefühlt in Mode kommt. Es ist die Ära des Hinterfragens und Hinterfragt-Werdens. Wer bin ich? Wo stehe ich? Was will ich? Wie wirke ich auf andere? Fragen, die bisher keine Sau interessiert haben.

Im Fernsehen läuft eine Fernsehreihe »Ich und Du«, eine Art öffentliche Partnerschaftstherapie, von der man auch in Kirchenkreisen begeistert ist. Doch meinen Vater schüttelt es, wenn er nur daran denkt, persönliche Probleme in einem Kreis von Leuten oder unter der Leitung eines Dritten zu besprechen. Diese neuen psychologisch-pädagogisch-theologischen Formationen sind ihm suspekt, und so artet der politische Widerstreit zu Hause manchmal auch in einen persönlichen aus. Eine Fehde, bei der wir fünf kritischen und eigensinnigen Kinder immer neues Öl ins Feuer gießen, sodass mein Vater sich entschließt, mit mir ein ernstes Wort zu reden. Erst kommt ein langer Vortrag darüber, dass man ja mit siebzehn viel zu jung sei, um »gewisse Dinge beurteilen zu können«. »Dir fehlt einfach noch viel Lebenserfahrung, mein Kind.« Dieser Satz gehört zu Papas Standardrepertoire. Darauf folgt ein Monolog darüber, dass zu einer Demokratie verschiedene Meinungen dazugehörten, nebst einer Exkursion zu dem Nebenaspekt, von welchen griechischen Worten sich der Begriff ableite: von »demos«, dem Staatsvolk, und »kratos«, der Gewalt. Um dann eine Elegie anzustimmen, dass dieses »aggressive Geschrei der Linken« ja nun wirklich »unerträglich« sei, denn man müsse doch »den anderen mit abweichenden Überzeugungen« respektieren und »nicht niederbrüllen«. Das sei ja geradezu »faschistoid«!

Papa hat sich so in Rage geredet, dass er nicht einmal meine – wohlgemerkt aus taktischen Gründen gestellte – Frage beantworten wird, wie sich dieses Fremdwort etymologisch eigentlich ableite. Ich will, dass er wieder runterkommt von seinen Schimpftiraden. Aber er ist in Fahrt. Er will mir meine Flausen austreiben. Das Wunschziel, dass es allen gleich gut gehe und es nur Frieden auf der Welt gebe, sei eine Utopie. »Das gibt es nicht, mein

Kind. Es wird immer Unfrieden und Ungleichheit geben, so ist der Mensch.« Und diejenigen, die das bürgerliche Leben niedermachten, seien auch nicht »progressiv«, sondern viele Mitläufer darunter, die gar nicht wüssten, »was sie da reden«. Mit dem Wort »konservativ« könne er auch nichts anfangen, zumindest nicht, wenn man ihm diesen Stempel aufdrücken wolle. Er sagt: »Ich bin doch viel fortschrittlicher als alle linken Pastoren zusammen!« Das muss er mir erklären. Er wählt doch CDU. »Das weiß du doch gar nicht, was ich wähle, vielleicht wähle ich ja auch FDP.«

Seine Darlegungen nehmen kein Ende, und so landen wir wieder im Jahr 1935. Wie oft hat mein Vater meinen Geschwistern und mir schon davon erzählt, und er wird es tun bis zu seinem Ende. Er kommt immer wieder auf diese Geschichte zu sprechen: Er war damals zehn Jahre alt. Ein schmaler Pastorenjunge, der mit seinen Spielfreunden auf dem Kieler Adolphsplatz bolzen wollte, es nur nicht konnte, weil er noch mit den Symptomen einer Kinderlähmung kämpfte. Er trug feste, ihn stabilisierende Schuhe, die ihm weit über die Knöchel reichten. Er war sehr dünn und fühlte sich oft schwach. Er war ein ziemlich blasses schmächtiges Kerlchen, aber hellwach im Kopf. Es war die Zeit, in der Adolf Hitler nicht nur das Amt des Reichskanzlers innehatte. Nach dem Tod des ehemaligen Reichspräsidenten Paul von Hindenburg hatte der »Führer« auch diese Funktion übernommen. Und Kritik an diesem Mann war nicht nur verboten. Es kam so gut wie gar nicht vor, weil eine Hitler-Manie durchs Land ging und man öffentlich fast nur Begeisterung für ihn zeigte.

Und so guckten die anderen Jungen meinen Vater sehr erschrocken an, als er eine abfällige Bemerkung über den »Führer« machte. Es war nur ein kurzer Satz in einer Ausdrucksweise, die geeignet war, beleidigend zu sein. Und dann erlaubte er sich noch weiszusagen, dass, wenn es je zum Krieg komme, Hitler diesen verlieren werde. Wie alle Kinder es tun, erzählten auch Papas Freunde zu Hause, was sie am Tag gemacht hätten – und dass der Sohn des

Pastors schlecht über Hitler geredet habe. Es habe nicht lange ge-
dauert, bis bei meinem Großvater eine »Nazi-Größe der Stadt« vor
der Tür gestanden habe, so schildert es mein Vater auch an diesem
Tag. Er müsse etwas »Wichtiges mit ihm besprechen«, sagte der
Besucher einleitend zu meinem Großvater.

»Opi Kiel« war ein ausnehmend beliebter Pastor, ausgestattet
mit einem strahlenden und sehr umgänglichen Wesen. »Ihr Junge
spricht schlecht über unseren Führer, wie kommt er dazu?«, fragte
der Parteifunktionär, den mein Großvater gut kannte. Umso mehr
jagte ihm diese in strengem Tonfall gestellte Frage einen gehörigen
Schrecken ein. Weniger besorgte ihn, dass er als Pastor im Fokus
der Nazis stand. Vielmehr ängstigte er sich, weil seine Ehefrau aus
einer jüdischen Familie mit einem jüdischen Namen kam, den sie
als nun verheiratete Frau öffentlich verstecken konnte, aber als
sogenannter Geburtsname war er ja noch aktenkundig. Doch als
Mustergattin eines protestantischen Pastors, ebenfalls treusorgende
Mutter von fünf Kindern, wäre niemand auf die Idee einer solchen – in der Nazizeit – brisanten, ja lebensgefährlichen Herkunft
gekommen. Und natürlich hatte er größte Angst um sein krankes
Sorgenkind.

Die schlimmsten Szenarien gingen ihm durch den Kopf. Aber
wie immer in brenzligen Situationen konnte sich mein Großvater
mit seinem wunderbaren Charme und einer Flucht ins Plattdeut-
sche retten. Seine Vorfahren waren Bauern gewesen. Er war der
Erste in seiner Familie, der sich entschlossen hatte, ein Theologiestudium in Leipzig zu beginnen, weit weg vom elterlichen Hof,
den er nicht zu übernehmen gedachte. Aber die Kindheit auf dem
Land mit der anfallenden Arbeit im Stall hatte ihn geerdet. Mit beiden Beinen stand er auf dem Boden, so auch in diesem Moment.
Er lachte erst einmal. Lang und länger als üblich. Ein Lachen,
das laut war, herzlich, warm, schlitzohrig, ansteckend. Lachen als
Waffe, in diesem Fall feinstes Florett. »Das ist doch ›dumm Tüch‹,
was so ein Jung vertellt«, antwortete er. Das könne man doch nun

wirklich nicht ernst nehmen. Wenn er das tatsächlich gesagt habe, möchte er sich in aller Form für seinen Sohn entschuldigen. »Bi uns hört er das nicht.«

Es gelang ihm mit vielen freundlichen Worten, den Nazibonzen ruhigzustellen. Man verabschiedete sich voneinander mit dem Versprechen meines Großvaters, dass er mit seinem Jungen darüber reden und so etwas nie wieder vorkommen werde. Andernfalls, so hatte der Nazi gedroht, »würde etwas passieren …«. Das drohende Unheil war erst mal abgewendet, aber mein Großvater traute dem Frieden nicht und war in Alarmstimmung. Er verschwand wieder in seinem Büro und telefonierte fast den ganzen Tag. Am Abend eröffnete er meinem Vater, dass er noch in derselben Nacht zu Verwandten aufs Land kommen und in Zukunft ein Internat an der dänischen Grenze besuchen werde. In der Kieler Schule ließ sich seine Anmeldung dort gut mit der noch nicht ganz ausgeheilten Kinderlähmung begründen.

Die Dinge wurden geregelt, wie man so sagt. Mein Vater als sein eigenes Sicherheitsrisiko aus dem Verkehr gezogen. Aber zeitlebens hat es ihn traumatisiert: als Kind und zudem noch krank in einer Nacht- und Nebelaktion das Elternhaus verlassen zu müssen hat ihn geprägt. Wie auch ein paar Jahre später der Krieg, seine Einberufung zum Militär und die Erlebnisse mit dem Gewehr. »Ich habe immer danebengeschossen, kein Mensch ist durch mich ums Leben gekommen. Ich habe mich selbst in Gefahr gebracht und bin dafür in meiner Einheit ausgelacht und sehr gedemütigt worden«, erzählt er auch bei dieser Gelegenheit zum hundertsten Mal.

Sein Glück ist die amerikanische Gefangenschaft in einem Lager in Marseille. Vor der ungewohnt intensiven Sonne will er sich mit Schuhcreme schützen, weil es nichts anderes gibt. Und er verbrennt so sehr, dass er sie in großen Stücken abziehen kann. Sein Lageroffizier »Sergeant Dick«, so nennt er ihn, wird ein Freund, dem er fleißig als »Interpreter« dient und der ihm aus Dank den

Gedichtband »Hundred Poems« schenkt. »Weißt du, mein Kind«, so beendet mein Vater unsere Diskussion, »wenn man das erlebt hat, was ich mitgemacht habe, dann sieht man ein bisschen anders auf die Dinge. Und mit Worten wie ›progressiv‹ und ›reaktionär‹ kann man da nicht viel anfangen.« Die Gespräche, der Streit, gezwungen zu werden, dem anderen auch mal zuzuhören oder es auch freiwillig zu tun, das wird mich anhalten, mir immer eine eigene Meinung zu bilden. Ich darf erfahren, was ein Diskurs ist. Der runde Tisch in meinem Pfarrhaus ist meine Lebensschule.

18. PASTOR ODER FANTAST?

Niemand wird ernsthaft behaupten können, dass Pastoren so ticken wie alle anderen Menschen auch. Sie sind Hirten, genauer Seelenhirten. So die Übersetzung des lateinischen Worts »Pastor«. Was man sich darunter vorzustellen hat, ist schwer zu fassen. Es existiert ein Vorurteil, dass im Pfarrhaus alles wie nach Anleitung aus der Bibel vor sich geht und viel gebetet wird.

Ein Missverständnis. Die Bibel steht bei uns im Schrank, und es liegen natürlich Exemplare auf dem Schreibtisch meines Vaters, weil sie zu seinem Handwerkszeug gehören. Aber ich kenne nur die Kinderbibel. Gebetet wird bei uns in der Kirche. Oder abends vor dem Einschlafen, wo jeder auf seine sehr persönliche Weise mit dem lieben Gott spricht, wenn er dies will. Das Tischgebet »Komm Herr Jesu, sei du unser Gast und segne, was du uns bescheret hast« fliegt irgendwann aus dem Programm, weil wir zu viel kichern dabei. »Wir lassen uns doch nicht von euch auslachen«, sagen meine Eltern wie aus einem Mund. Und überhaupt ist nichts so heilig, wie man denken mag. Es passieren Dinge, die man bei einem Geistlichen nicht vermutet. Aber sie geschehen.

Ich wachse paradiesisch auf, weil meine Eltern trotz alltäglicher Konfusion immer ein sehr liebevolles Auge auf uns fünf Kinder haben. Das ist ein Geschenk. Ohne Frage. Und dennoch, was wir erfahren, ist nicht normal. Die Art und Weise, wie wir Geschwister in den Beruf unseres Vaters involviert sind, zudem gänzlich unfreiwillig, ist schon schräg zuweilen. Es gibt ein schmales Zeitfenster am Tag, an dem bei uns auf Ruhemodus geschaltet wird. Zwischen vierzehn und fünfzehn Uhr legt mein Vater sich für etwa zwanzig Minuten ins Bett. Nicht länger. Er schläft nicht. Er ruht. »Ich muss mich mal strecken«, sagt er nach dem Essen. Seine Meditation.

Nur wird dies jetzt noch nicht so genannt. Was dem normalen Angestellten nicht möglich ist, geht bei uns. Nur ist das kein Grund, argwöhnisch auf ein vermeintlich herrliches Pastorenleben zu gucken. Schließlich hat ein Pfarrer immer Termine, sieben Tage die Woche und oft auch abends. Und eine Siesta, wenn auch nordisch kurz, muss drin sein. So sieht es Papa.

Stören sollten wir nach Möglichkeit nicht. Und doch ist dies bei dringenden Angelegenheiten unausweichlich. Mein Vater braucht dieses Ausgeklinkt-Sein. Er genießt es, »einmal am Tag nicht angesprochen zu werden«. Klingt gut. Ist auch nachvollziehbar. Ein gesunder Egoismus. Aber in Wahrheit, so lästern wir gern, will er nur nicht von einer heimlichen Freude abgelenkt sein, von der außer uns niemand weiß. Wenn wir doch einmal den Kopf zur Tür in das Schlafzimmer stecken, weil da ein wichtiger Anrufer am Telefon drängelt, ist sein Kopf hinter einem Büchlein mit einem besonderen Cover-Motiv versteckt: blauer Himmel. Weiße Berge. Lange Mähnen. Riesige Gewehre. Braune Pferde. Dunkle Nacht. Sterne. Gelber Sand. Farbige Federn … »Papaaaa!«, rufen wir. Er rührt sich nicht. Kein Wort, kein Pieps sind hinter dem Buchdeckel zu vernehmen.

Zeit für einen Blick auf die Buchstabenreihen: »Das wilde Kurdistan« oder »Durch die Wüste« oder »Der Ölprinz« oder »Trapper Geierschnabel« entziffern wir da. Papa liebt Karl May. Das ist so. In diesem Augenblick ist er wieder ein kleiner Junge. Mittags, wenn er die Stille sucht. Einige Exemplare sind schon vergilbt. Gefühlt liest er jedes Buch dreißig Mal. »Da muss ich mich nicht ärgern«, sagt er, »einmal nichts denken, das tut mir gut.« Und wohin dieses einmal »an nichts denken« führen kann, damit werden zuerst wir konfrontiert.

Meine Mutter ist an diesem einen bestimmten Tag nicht daheim. Jeder von uns geht notwendigen Tätigkeiten wie Schulaufgaben oder Zimmer aufräumen oder Ähnlichem nach. Ich bin mit dem Küchendienst dran, für den alle Geschwister jeder für eine

Woche eingeteilt sind. Wer »Küchi« hat, muss den Tisch abräumen und das Geschirr und Töpfe in die Spülmaschine einsortieren mit der Auflage, den Herd, die Spüle und alle Schrankplatten inklusive des Fußbodens zu wischen. Niemand hat Lust dazu. Und wir alle können uns keinen höheren und schwerer zu überwindenden Berg vorstellen, als Ordnung in dieses Chaos von benutzten und selten ganz aufgegessenen Tellern, Schüsseln, Gabeln und Messern und Bechern und Gläsern, zudem in dieser Vielzahl, zu bringen. Entsprechend gereizt ist die Stimmung bei demjenigen, der mit dieser Aufgabe gerade betraut ist. Und ebenso kurz seine Lunte bezüglich der Frustrationstoleranz, an der sich wie aus dem Nichts so mancher lautstarke Streit im Pfarrhaus entzünden kann.

In einem solchen Moment schellt es an der Haustür. Wieder »dingdong, dingdong«. Nur dieses Mal zügig, nachdrücklich, forsch. Also »kein Penner«, sondern ein Ernstfall. Wieder sind die Jüngeren die Ersten, die den Hörer der Sprechanlage an sich reißen, um ihn gleich an mich weiterzureichen. »Da ist ein Mann, der zu Papa will …« Ich übernehme und frage, worum es geht. Der Mann ist höflich, aber seine Stimme klingt heiser. »Wo bleibt der Pastor?«, fragt er, wobei er seine innere Erregung kaum verbergen kann. Nur, was soll ich darauf antworten? Ich kann ja nicht erklären, dass der Pastor im Bett liegt und Karl May liest. Ich antworte, wie man es eigentlich nicht tun sollte – mit einer Gegenfrage. »Was wollen Sie denn?« Der Mann sagt: »Ich habe einen Termin mit ihm.« Ich antworte, dass ich nach unten kommen und ihm die Tür öffnen und ihn schon mal in das Büro meines Vaters führen würde. Er sagt: »Das nützt mir nichts. Wir sind in der Kirche verabredet. Ich will jetzt heiraten. Wir sind schon zehn Minuten über die Zeit!« Die ganze Hochzeitsgesellschaft sei da, und die Braut stehe frierend am zugigen Kircheneingang und warte darauf, durch den Gang zum Altar geführt zu werden.

Vor lauter Schreck fällt mir fast der Hörer aus der Hand. Herrje, stimmt ja. Das Kirchengeläut! Dieses Gebimmel, wenn auch piano zur Trauung, geht ja schon eine Viertelstunde, und es will kein Ende nehmen. Aber ich habe mir keine Gedanken gemacht, warum es nicht aufhört. Ich erkläre, dass mein Vater gleich komme. Er sei unerwartet aufgehalten worden. Und der Bräutigam eilt mit hängendem Kopf die Stufen hoch zurück ins Gotteshaus, was meine alarmierten Geschwister wiederum vom Sofa durch die Fensterscheiben vorsichtig geduckt hinter Azaleenbüschen und Töpfen mit Usambaraveilchen verfolgen.

»Papa, aufstehen«, schreien wir alle zusammen und reißen die Schlafzimmertür auf. »Du musst sofort in die Kirche«, sagt die Jüngste. »Was muss ich?« Papa ist noch immer in einer orientalischen Wüste und begreift unsere Aufregung nicht. »Was ist los?« Wieder rufen wir im Chor: »Hochzeit! Papa, du musst in die Kirche, die Leute warten schon!« »Ja, wie spät ist es denn? Und welchen Tag haben wir heute?« Wir sagen es ihm, um im selben Moment unseren Vater mit einem Riesensatz aus dem Bett hechten zu sehen. Er kommt auf die Füße und weiß nicht, was er zuerst machen soll. Ein Tohuwabohu bricht aus, weil keine seiner akuten Fragen von uns Kindern beantwortet werden können: »Wer heiratet? Wie heißen die Leute? Sind meine Schuhe geputzt? Ist das Hemd gebügelt?« Und: »Wo ist mein Beffchen?«

Jetzt hat er Panik, die sich in der stereotypen, mehrfach wiederholten Frage äußert: »Wo ist mein Beffchen, verdammt?« Wie eine Herde aufgescheuchter Wiesel flitzen wir durchs Haus und suchen die kleine weiße Halsbinde, die Pastoren über der Kutte am Kragen tragen. Beffchen, wo steckst du? Nicht im Schrank. Nicht im Wäschekorb. O Gott, hoffentlich nicht nass in der Waschmaschine. Hat Papa denn nur eines? Es ist in der Eile nicht herauszukriegen. Vici springt die Treppen runter in den Wäschekeller, und, dem Herrn sei Dank, das gute Stück hängt sauber und trocken auf der Wäscheleine, und sie ruft nach oben: »Ich hab es!« Einer schmeißt schon mal das Bügeleisen an. Hemd und Beffchen werden in Sekundenschnelle geplättet und Papa gereicht.

Die Pastorentöchter als Kammerzofen, ja, wir machen jeden Job, wenn es sein muss. Eine andere geht fix mit der Kleiderbürste über das schwarze Anzugensemble. Und ich wühle auf dem Schreibtisch meines Vaters nach vorbereiteten Unterlagen, die ich natürlich nicht finden kann, weil ihm dieser Termin vollkommen durch die Lappen gegangen ist. Ich greife zum Terminplaner, da ist alles drin. »Hier, Papa, vierzehn Uhr dreißig, hier steht's!«, sage ich und versuche, aus seinen Hieroglyphen den Namen des Brautpaares zu erraten. Mein Vater reißt mir den Pastorenkalender aus der Hand und überfliegt seine Stichpunkte nebst allen wichtigen Daten. »Ach ja, Mensch, wie kann mir das passieren?«, schimpft er mit sich selbst, wirft den Talar über und stürmt in die Kirche. Puh, den Rest muss Papa nun selbst hinkriegen. Wir haben alles getan, was möglich ist, damit die kirchliche Trauung über die Bühne gehen kann.

Und? Wie war's? Auf unsere Frage bekommen wir eine sehr entspannte Geschichte zu hören am Abend. Der gemütliche Teil des Tages beginnt. Und er berichtet bühnenreif: Es seien bestimmt zweihundert Leute in der Kirche gesessen. Eine große Familie und viele Freunde. Als er gekommen sei, habe das Orgelspiel eingesetzt, das so einnehmend ist, dass es theoretisch den Pastor ersetzen könnte. In der Illusion ist der Pfarrer da, wenn eine »Wedding«-Toccata erklingt, quasi die Freigabe zum Einzug der jungen Frau, die gerade den wichtigsten Schritt über den Kirchengang am schönsten Tag ihres Lebens in eine Traumzukunft machen will.

Der Brautvater habe Papa wütend angeblitzt, als er ihm, noch vollkommen außer Atem von der Verspätung, entschuldigend die Hand gereicht habe. Aber das alles sei vergessen gewesen, als die Zeremonie in einer wunderbar feierlichen Atmosphäre begonnen habe. »Als ich das Brautpaar sah, fiel mir wieder ein, was sie mir im Traugespräch erzählt hatten. Und so habe ich meine Predigt leicht aus dem Stegreif vortragen können.« Alles sei »sehr würdig«

gewesen, was zeitlebens das wichtigste Kriterium im Leben meines Pastorenvaters sein wird.

Wie es seine Art ist, wird er auch diesem Fauxpas, der eigentlich nicht passieren darf und auch nicht an der Tagesordnung ist, ein schönes Ende verpassen. »Der Brautvater, der zuerst ziemlich säuerlich dreinschaute, als ich angehetzt kam, hat sich salbungsvoll bei mir bedankt«, erzählt er, während wir mit gespitzten Ohren lauschen. Wir wollen ja wissen, wie dieses Drama nun ausgegangen ist. Er habe schon so viele kirchliche Hochzeiten erlebt, sagte der Mann zum Abschied, aber noch nie habe er »eine so wunderbare Traurede von einem Pastor gehört wie heute«. Fast kann mein Vater die Geschichte nicht zu Ende bringen, weil er und wir Tränen lachen und dies jahrzehntelang immer wieder tun, wenn wir uns bei einem Glas Wein an diese Begebenheit erinnern werden.

*

Mein Vater gehört zu den glücklichen Menschen, die gern machen, was sie tun. »Ich habe den schönsten Beruf der Welt«, sagt er immer wieder, »ich bin Seelsorger.« Was viele Jahre später in unzähligen Glücksratgebern zur Nachahmung empfohlen wird, ist seinem Wesen immanent. Er ist jemand, der mit sich selbst zutiefst im Reinen ist. Er mag sich. Er findet sich gut so, wie er ist. Selbstzweifel? Nein, hat er nicht, damit hält er sich nicht auf.

Ob es Gene gibt, die überzeugt von sich selbst und dem eigenen Handeln machen, ist zu dieser Zeit noch nicht erforscht, zumindest wissen wir darüber nichts. Aber schon lange ist überliefert, wie entscheidend die kindliche Prägephase eines Menschen für sein ganzes Leben sein kann. Mein Vater ist der Beweis für diese These. Was ihn so zufrieden mit sich und seinem Leben macht, ist das Vorbild, das er in seinem Vater als Pastor und als Sohn in dem Glück seiner Eltern findet. Zeit seines Lebens schwärmt er von den Menschen, die wir »Omi und Opi Kiel« nennen, wenn von ihnen die Rede ist. Sie trafen sich in Kappeln und hätten, auf den ersten Blick, nicht unterschiedlicher sein können: Johannes Hagge, Sohn eines Bauern, kurz vor der letzten theologischen Prüfung, und Elfriede Amsel, Tochter eines wohlhabenden Chemikers, siebtes von acht Kindern, ausgestattet mit einem Temperament, das die Verwandtschaft aus dem Süden mit den Worten »Die Elfi ist die Wieschteste« kommentierte.

Wir wissen also, von wem wir die »wüste« Energie und die Liebe zur Natur und unsere Bodenhaftung haben, auch von diesen Großeltern. Ihre fünf Kinder bekamen sie in einem Dorf nördlich von Husum, in dem mein Großvater seine erste Pfarrstelle antrat. Sie blieben vierzehn Jahre. Wie glücklich sie in diesen noch seligen Zwanzigerjahren waren, geht aus dem Brief eines Onkels hervor, den er an meinen Vater 1956 schrieb: »Ich denke an die schöne sorglose Zeit, wo Deine Eltern jung in Drelsdorf saßen und ich sie so oft besuchte. Du empfingst mich bei der Gelegenheit einmal mit den Worten: ›Wiss hüt bi uns eeten?‹ Das ist lange her!« Auch mein Vater wurde in einem Pastorat mit Strohdach groß und sprach als Kind Plattdeutsch. Das wird später der erste Lebensentwurf, den er für sich in unserem Landpastorat umsetzen will. Aber auch wie er den Pfarrberuf sieht, wird er von seinem Vater übernehmen. So wie »Jo«, so nannte Omi Elfi ihren Mann, kann er ein hohes Maß an Verständnis und Mitgefühl für fremde Menschen aufbringen – und zeigen.

Und ebenso hat er sich den zuversichtlichen Blick auf das Leben und seine Herausforderungen zu Hause abgeschaut. In diesem Punkt sind sie sich sehr ähnlich. Ein alter Freund, bei dem mein Großvater einst Lateinunterricht bekam, hat in einem Brief festgehalten, wie er seinen Schüler später nach der Schule erlebt hat. Mein Großvater hatte sich entschieden, Pastor zu werden, obwohl er kein humanistisches Gymnasium besucht hatte. Das Graecum hatte er deshalb in Kiel nachholen und bei dieser Gelegenheit seinen Lehrerfreund besuchen wollen. Dieser schrieb: »Sehr vergnügt kam er an, wollte bei mir – ich hatte nun eine eigene Wohnung – die Nacht verbringen. Natürlich mussten wir am Abend vor der Prüfung noch einen kräftigen Schluck zu uns nehmen. Das geschah dann im lieben, auch ihm vertrauten Café Kühr. ›Wir wollen rechtzeitig nach Hause‹, meinte er, ›ich kann die unregelmäßigen Verben noch nicht ordentlich. Sie pauken doch noch ein bisschen mit mir?‹ Ich war ehrlich erstaunt, fast erschrocken. Der Abend dehnte sich bis gegen zwölf Uhr, wir wurden immer lustiger. Die griechischen Verben vergaßen wir. Am andern Tage saß ich mit schwerem Druck in der Schule. Was ich gefürchtet hatte, war geschehen. ›Es ging leider nicht‹, sagte mein Direktor, der geprüft hatte, ›er verwechselt dauernd Lateinisch und Griechisch miteinander.‹ Ich war bestürzt. ›Aber er will so gern Pastor werden, Herr Direktor!‹ ›Ja, soll er auch. Das nächste Mal wird es ihm gelingen‹, entgegnete er. So wurde es dann ja auch. Das war mir ein Musterbeispiel dafür, wie er fröhlich ins Leben hineinschritt, fast ohne Hemmung, fast mit einem göttlichen Leichtsinn. Diese Art ließ ihn manches fertigbringen, was andern, was mir nie gelungen wäre. So hat er durch unerschrockene Fürsprache, in der er nicht nachließ, wobei er keine Mühe, keinen Gang scheute, vielen geholfen.«

Im Jahr 1933 war mein Großvater nach Kiel gegangen. Im Zweiten Weltkrieg übernahm er weitere Gemeinden, weil die Pastorenkollegen ausfielen. Als seine »Ansgar-Kirche« von Bomben getroffen wurde, »errichtete er mit seinem Küster in der Ruine wieder eine Notunterkunft für den Gottesdienst«, schrieben die Kieler Nachrichten anlässlich seines vierzigjährigen Berufsjubiläums. Die Kieler Zeit zählte für ihn »doppelt, wenn man bedenkt, was alles in ihnen geschah. Hier in der Stadt brauchte man sich nur umzusehen, um helfen zu können«. Und über die Nacht, als seine Kirche zerstört wurde, zitiert man ihn so: »Ganz allein stand ich im Vorraum – weit und breit kein Helfer, nur trostbedürftige Seelen.«

Ja, das imponiert meinem Vater. Diese Furchtlosigkeit, wenn es darum geht, sich für andere einzusetzen. Mein Großvater sprach mit jedem, es gab keine Barrieren – weder nach unten geschweige denn nach oben. Die Frauen in seiner Gemeinde waren verzweifelt, als ihre Söhne und Ehemänner in den Krieg zogen. Als kein Lebenszeichen von der Front mit der Feldpost kam, saßen sie mit ihrem Kummer bei ihm. Jede trug eine andere Klage vor, obwohl es immer um den gleichen Sachverhalt ging: Wir hören nichts. Eine, die ihren Sohn in Stalingrad vermisste, tat meinem Großvater so leid, dass er einen letzten ungewöhnlichen Ausweg wählte: Er schrieb einen Brief an die sowjetische Staatsführung, an Josef Stalin persönlich. Das Schreiben an den Herrscher, in dem er um Aufklärung über den Verbleib des Vermissten erbat, begann er mit den Worten »Verehrter Friedensfreund!«

Er unterließ nichts, um seinen Gemeindemitgliedern zur Seite zu stehen. Und diese Haltung, für Menschen da zu sein, nimmt mein Vater eins zu eins in seinem Beruf an. Wer ihn braucht, kann sich auf ihn verlassen. Als Freund im persönlichen Leben und als Pastor. Und sonst? Papa ist ein fröhlicher und freundlicher Mann, mit dem man sich bis ins Koma lachen kann. Übrigens etwas, das mit Omi Elfi Amsel genauso gut geht. Ich bin vierzehn. Sie lädt mich ein. Eine Art Five o'Clock Tea. Wir ratschen und amüsieren uns über dies und das. Sie, lange verwitwet, gackert mit mir über alles Mögliche wie ein junges Mädchen. Und als die letzten Brotkrümel vom Teller verputzt sind, serviert sie roten Martini und Schokolade. »Aber nur ein Stück, Claudia«, wird sie sagen, »ein Mundvoll Süßes reicht.« Im Pfarrhaus leben keine besseren, aber zuweilen besondere Menschen.

19. WENN ES DRUNTER
UND DRÜBER GEHT

Es gibt Erschütterungen. Persönliche. Pragmatisch häusliche. Alles stürzt auf einmal auf meine Eltern ein. Von allen Seiten droht Unheil. Und dabei geht es nicht nur um den normalen Gang des Lebens. Meinen Vater hat es schon sehr mitgenommen, als er seinen Vater begraben musste. Wir haben ihn am offenen Sarg besucht. Und meine Geschwister und ich, neugierig, unschuldig übermütig, bekamen erst mal eines auf die Finger, als wir das Leichentuch am Fußende hochklappen und gerade seine Füße kitzeln wollten. Wir waren alle noch ziemlich klein. Und das Lebensende noch so fern, dass es für uns etwas frivol Spielerisches hatte. Aber dass mein Vater förmlich erstarrte in diesem Moment, wird mir in Erinnerung bleiben.

Sehr viel später in den Siebzigern trauert Papa um seine Mutter, an der er sehr hängt, und meine Mutter weint bittere Tränen um ihren Vater, der sehr streng und voller Güte zugleich gewesen ist. Es passiert alles Schlag auf Schlag. Und als auch noch zwei Geschwister meines Vaters nach schwerer Krankheit viel zu früh diese Welt verlassen, sagt meine Mutter: »Und nun ist es gut, die Kinder können ja denken, dass nur noch gestorben wird!« Die Erkenntnis, dass Leben einmal vorbei ist, hat bei uns den Rang eines absoluten Randthemas. Es gehört zum Beruf, potenziell täglich. Und solange man professionell auf fremde Trauernde schaut, wird natürlich darüber gesprochen und kondoliert und getröstet. Aber im Privaten wird es nach Möglichkeit verdrängt und jede familiäre Beerdigung mit sehr viel Disziplin über die Bühne gebracht.

Die Worte meines Vaters, dass »diese Wahrheit zum Leben

dazugehört«, ist ein Lippenbekenntnis, das er nicht wirklich verinnerlicht hat, weshalb er uns Kinder und wahrscheinlich auch sich selbst nie ausreichend darauf vorbereiten wird. Das Sprichwort »Der Schuster trägt die schlechtesten Schuh« passt wie die Faust aufs Auge, wenn es um den Tod und unseren Umgang damit geht. Und nicht nur da. Doch wie sehr die nahen Schicksalsschläge ihre Spuren hinterlassen, erfahre ich in anderer Form, als meinen Vater weinen und klagen zu sehen. So erlebe ich ihn nicht. Aber er fährt leicht aus der Haut. Hat Launen. Reagiert gereizt auf Petitessen. Er ist dünnhäutig geworden.

Und so kann ihn nicht einmal der Weg zu einer Feier anlässlich seines eigenen Ehrentags aufheitern, als ihn eine Nachricht erreicht, die nicht schön, aber keineswegs eine persönliche Tragödie zu nennen ist. Unbequem ja, erschreckend auch, aber noch kein Weltuntergang. Nur scheint es, als würde ihn jede Störung und jedes Problem aus der Bahn werfen. Papa wird fünfzig. Er hat die ganze Familie und viele engste Freunde eingeladen in ein altehrwürdiges Kieler Hotel-Restaurant an der Förde. Wir wollen das Haus verlassen, das Taxi ist schon vorgefahren. Da klingelt das Telefon. Mein Vater, sprichwörtlich in Hut und Mantel, ganz verantwortungsvoller Pastor, kehrt um. Wir setzen uns schon mal ins Auto. Nur, wo bleibt er jetzt? Wir drehen uns um. Nichts. Ist er verschollen? »Sicherlich eine Beerdigung, die gerade angemeldet wird«, spekuliert meine Mutter. Das kann dauern. Der Taxifahrer klopft nervös aufs Lenkrad und stellt die Musik lauter, ohne zu fragen, ob uns dies recht ist. Er kurbelt das Fenster auf seiner Seite herunter, steckt sich eine Zigarette an, qualmt und stößt ein »Muss wohl wichtig sein« durch die Rauchwolke hinaus.

Wir wollen gerade nach Papa schauen, da öffnet er unwirsch die Beifahrertür, setzt sich hin und sagt kein Wort. Das Gesicht wie versteinert. Sein Teint aschgrau. Meine Mutter fragt, was denn los sei. Seine Antwort: »Später!« Schweigend in einer totenstillen Anti-Party-Stimmung geht es Richtung Lokalität, in der uns ein fantastisches Mehrgänge-Menü mit anschließender Tanzmusik bis in die frühen Morgenstunden erwarten soll. »Das kann ja heiter werden«, deuten wir Geschwister uns mit entsprechenden Blicken an. Es herrscht eine Atmosphäre, als hätte man Papa mitgeteilt, dass ihm alle Zähne gezogen werden müssten. Und so guckt er auch drein.

Ja, es ist unschön, was er erfahren hat. Aber man könnte wirklich die Kirche im Dorf lassen – gerade er als Pastor. Er tut es nur nicht. Wie sich noch vor der Begrüßung der Gäste, die von allem nichts mitkriegen werden, herausstellen wird, hat die Polizei angerufen. Genauer die Kriminalpolizei. In einer Ruine am Rande unseres benachbarten Parks gebe es ein hochprofessionelles und höchst gefährliches Waffenarsenal mit schärfstem Geschütz. Niemand wusste bisher davon, bis zu dem Tag, an dem mein Vater seinen Geburtstag feiern will. »Na, Mann, das ist ja ein Ding«, sagt er, als ihm der Kommissar von dieser abenteuerlichen Entdeckung berichtet. Alles liege ganz tief versteckt, kurz vor unterirdischen Gängen, die sich dort auftäten. Und alles deute darauf hin, dass dieser Waffenvorrat der Terrorgruppe RAF zuzurechnen sei. »Oha«, entfährt es meinem Vater. »Oha« sagt man in Schleswig-Holstein, wenn Alarm angesagt ist und einem die Worte fehlen oder man es vorzieht, lieber nichts zu sagen und vor allem keine Stellung zu beziehen.

Aber das Schlimmste an dieser Eröffnung für meinen Vater ist, dass sein Sohn, unser Bruder, vor fünf Wochen gerade dreizehn Jahre alt geworden, zusammen mit seinen gleichaltrigen Freunden in der Ruine gespielt habe. Die Kinder haben dieses Depot entdeckt und sich leichtsinnigerweise an ihrem Fund zu schaffen gemacht, wobei sich ein Schuss gelöst habe. Niemand sei ernsthaft zu Schaden gekommen, aber man müsse den genauen Hergang des Spielens und Findens und Schießens zusammen mit den Kindern nun aufklären. Das ist ein Hammer für meinen Vater – und für die ganze Familie. Das Fest wird am Ende trotzdem wunderschön, aber es braucht seine Zeit, bis Papa zur alten Freude zurückkehrt. Erst viele launige Tischreden und einige Gläschen Chardonnay werden ihn in den Zustand versetzen, mit uns das Tanzbein zu schwingen.

Nur ist der Fall mit einem Anruf nicht ausgestanden. Wir bekommen fortan Besuch von der Polizei zu Hause. Die Inspektoren haben Fragen, und die müssen beantwortet werden. Einmal komme ich aus der Schule, da debattieren sie mit meinem Vater und meinem Bruder vor der Haustür. Ein Kommissar redet väterlich auf den Jungen ein, in der Hoffnung, wohl mehr Auskünfte zu bekommen. Aber mein Bruder kann ja keine Story erfinden. Man habe am Fundort gespielt, das Zeug gesehen und gucken wollen, ob es echt ist. Kleine Huckleberry Finns, die sich wie in einem realen Abenteuerfilm fühlen und keine Gelegenheit auslassen, Mist zu bauen. Doch so einfach will man diesen Vorfall nicht abtun. Schließlich leben wir mit dem Terror in gefährlichen Zeiten. Und so drängt es die Behörden, mehr herauszufinden.

Ich sehe die Hand des Kommissars auf der Schulter meines Bruders ruhen. »Fassen Sie meinen Bruder nicht an«, zische ich dem armen Polizisten zu. Es ist die Zeit, in der die Polizei zum »Feindbild« gehört und man von »Bullen« spricht. Mein Vater ist entsetzt über mein Verhalten und schickt mich weg. »Geht mal ins Haus, Kinder, jetzt reicht's«, sagt er. Ich höre noch, wie er sagt, dass man mit mehr Informationen leider nicht dienen könne, weil man einfach nichts wisse über dieses Waffenarsenal, und er die Herren freundlich verabschiedet und ihnen viel Glück bei weiteren Recherchen wünscht.

Aber so schnell lässt sich die Polizei nicht abschütteln. Es gibt immer mal wieder eine Frage. Hinzu kommen frühmorgendliche Ausflüge meines Bruders, bevor die Schule beginnt. Er bleibt ein Kind vom Land, das am liebsten durch die Natur streift – und immer dann, wenn die Sonne aufgeht. Er ist auf »Mäusejagd« und hat sich mit einem Nachbarjungen verabredet, der auch nichts

Gutes im Sinn hat. Pubertätsgeschichten. In der späteren Rückschau harmlos und ohne schwerwiegende Folgen, aber manchmal sind meine Eltern dem Herzinfarkt nah.

So klingelt an einem dieser hellen Sommermorgen um vier Uhr wieder einmal das Telefon. Beide Eltern schrecken hoch. Es ist ein Nachbar von Gegenüber: »Herr Pastor, schauen Sie mal, was auf dem Kirchendach los ist, da spazieren Kinder!« Mein Vater stürmt ans Fenster, meine Mutter – Gott sei Dank – hinterher. Drei Gestalten balancieren auf dem Dachfirst: Jeder hat eine Fahne in der Hand. Eine amerikanische, eine deutsche und eine schleswig-holsteinische. Die Amateur-Artisten sind mein Bruder und seine Kumpels aus unserer Straße. Mein Vater, inzwischen auf dem Balkon, will laut aufschreien, da kann meine Mutter, sie steht dicht dahinter, ihm gerade noch den Mund zuhalten. Sie sagt: »Die Kinder dürfen sich nicht erschrecken, dann fallen sie herunter.«

Es dauert nicht lange, da klettern die Bengel über Dach- und Regenrinnen nach unten. Und es folgt ein Donnerwetter, wie vom Gottvater Zeus persönlich. Einmal greift eine Polizeistreife die Kinder am frühen Morgen auf, wieder klingelt unser Telefon. »Bloß nichts Papa sagen«, flüstert Mami mir zu, als sie das Frühstück macht. Heimlich hat sie die Jungs vom Revier abgeholt. Meinem Vater, der für jeden wie auch immer gestrandeten Menschen viel Verständnis aufbringen kann, dreht durch, wenn es Ärger mit seinem Jungen gibt. Das halten wir Frauen in der Familie für übertrieben, allen voran meine Mutter, die jedes Vorkommnis zukünftig fest unter dem Deckel hält.

Papa wird aus dem familiären Buschfunk ausgeschlossen. So auch, als ein Brief von der Polizei eintrifft und Mami das Kuvert sofort aus dem Verkehr der weiteren Post ziehen wird. Sie zittert. Sie mag das Schreiben nicht lesen. »Was hat mein Junge jetzt wieder angestellt, es herrscht doch Ruhe, seit er auf der Waldorfschule ist.« Ich bin jetzt achtzehn. Und ich fühle mich ziemlich erwachsen, obwohl ich es noch gar nicht wirklich bin. Aber die Verantwortung für meine jüngeren Geschwister hat mir für bestimmte Herausforderungen eine gewisse Courage mitgegeben. »Gib mal her«, sage ich zu Mami, nehme ihr den Brief aus der Hand und öffne ihn einfach, ohne ihr eine Chance zum Protest zu lassen.

Es ist ein Schreiben vom Polizeipräsidium. Und es enthält … simsalabim, welch Überraschung … eine Einladung zum Polizeisportfest in die Kieler Ostseehalle für zwei Personen. Ehrenkarten für die VIP-Lounge als Dankeschön für einen ehrlichen Finder. Wer der wohl ist? Nun, mein Bruder! Mit seinen Freunden hatte er, es ist schon lange vergessen, ein Portemonnaie im Park auf der Wiese gefunden. Darin ein paar Mark, viele Papiere und der Personalausweis. Zusammen sind die Jungs zur nächsten Polizeidienststelle und haben den Fund übergeben. Dafür wird er nun auch zu Hause gelobt. Und es wird den ganzen Tag darüber gelacht, auch mein Vater stimmt mit ein, denn natürlich wurde ihm diese fröhliche Botschaft nicht vorenthalten.

*

So geht es rauf und wieder runter mit den Aufregungen, die eine große Familie beschäftigen können. Das ist bei einem Pastor nicht anders als bei jedem anderen auch. Wir sind uns sehr nah. Und es ist schon fast eine Familienkrankheit, dass sich jeder um alle anderen im Haus viele Gedanken macht. Der Kitt, der uns alle zusammenhält, ist unsere Mutter. Sie wurde als Einzelkind groß, nachdem ihre Schwester mit sechs Jahren an Diphterie gestorben war. Ein Schicksal, das sie geprägt hat. Wenn eine Lücke frei ist am Tag, was selten vorkommt, schart sie uns wie eine Glucke um sich. Sie ermahnt uns: »Haltet immer zusammen, Kinder. Wenn alle Stricke reißen, habt ihr immer euch!« Es schmerzt sie, ihre Schwester verloren zu haben und allein zu sein. »Ich hatte niemanden im Unterschied zu eurem Vater, der immerhin bei vier Geschwistern seinen Kummer loswerden kann.« Dafür aber hat sie nun uns.

Wie viel wir ihr bedeuten, sagt sie nicht nur. Sie zeigt es, zum Beispiel mit unzähligen Briefen und Karten, die sie uns nachschickt. Ich kenne niemanden, der so viel mit Zetteln und Stiften hantiert wie meine Mutter. Egal, wo sie sitzt, sie schreibt. Und wenn es nur die Notizen zur Vorbereitung eines Familienfestes oder von Weihnachten oder des Urlaubs sind. Wenn sie sich mit ihrem Schreib-Equipment zurückzieht, sitzt sie meistens am Ende unseres großen Esstischs. Sie ist ganz allein und stellt in eine Ordnung, was bei einem so großen anspruchsvollen Haushalt zu bedenken und ihr nach und nach neben ihrer Arbeit dazu eingefallen ist. Sie brütet über Gästelisten, Rezepten, Essenszutaten, den vielen Dingen, die sie der Haushaltshilfe auftragen möchte, und bringt in ihrer schönen klaren Handschrift alles zu Papier.

Ganze Abende, oft bis Mitternacht, teilt sie sich mit. Was später Social Media wird, pflegt meine Mutter mit Block und Bleistift seit Schülerinzeiten zu tun. Und man erfährt richtig was. Jede Randbemerkung eine Geschichte. Wohin ich auch reise als junges Mädchen, sie schreibt mir nach. Immer viele Seiten. Nach Devon in die englischen Sprachferien, nach Norwegen zu einem Schüleraustausch und nach Frankreich an die Atlantikküste.

Dort mache ich gerade Urlaub mit meinem Freund. Ich bin achtzehn, und wir sind mit einem uralten weißen Käfer unterwegs. Meine Eltern sind mit den jüngeren Geschwistern am selben Tag nach Dänemark gestartet. Ich fehle zum ersten Mal. Entsprechend betrübt sind alle, natürlich auch voller Sorge, dass mir mit diesem Gefährt auf der langen Strecke nichts passiert. Verabredet ist, dass ich ein Telegramm schicke, wenn ich gut angekommen bin. Ich werde es tun, nur nicht sofort. Wir haben eine Panne und kommen verspätet an. Es ist mein erster Zelturlaub. Wir haben einen schattigen Platz in einem großen Pinienwäldchen gefunden, auf dem ich mich recht beschützt fühle. Hoch oben in den Wipfeln sind Lautsprecher versteckt, über die täglich irgendwelche Mitteilungen, die ich meist nicht verstehe, verbreitet werden. Wird ein spezieller Name wiederholt und fällt das Wort »réception«, wird einer der Gäste aufgefordert, sich bei der Platzverwaltung zu melden. Die Stimme, die dann durch die knisternden Boxen schallt, ist streng, hart, fremd. Jedes Mal zucke ich zusammen, wenn sie die träge schwüle Nachmittagsstille sprengt. Noch abends hat sie etwas zu verkünden. Wieder sind Nachrichten für viele Urlauber eingetroffen, die sich »tout de suite« zum Empfang begeben möchten, »s'il vous plaît«.

Ich bin müde, habe meinen ersten Sonnenbrand und will gerade auf dem wackeligen Gasbrenner etwas kochen, da plärrt es wieder durch diese schiefen Kästen im ausgedörrten Geäst: »Mademoiselle AAAAge, Mademoiselle AAAAge, s'il vous plaît venez à la réception.« Mademoiselle Hagge ist aufgerufen – und weil die Franzosen das »H« nicht sprechen, bin ich jetzt Mademoiselle AAAAge. Und dies wird mehrfach wiederholt. Zuerst nehme ich gar nicht wahr, dass ich gemeint bin. Und als ich es kapiere, fährt mir der Schreck in die Glieder. O Gott, was ist passiert, dass man mich hier so weit von meinem Zuhause entfernt ausruft. Aufgeregt hetze ich durch den langen dunkeln Sandweg zu dieser schon älteren Madame, die mich durch ein schmales Bürofenster über ihre Lesebrille hinweg mit einem biestigen Blick anschaut. Sie trägt eine Art Kittelschürze, ist braun gebrannt und hat das Gesicht voller Falten. Madame ist höflich, aber nie freundlich. Sie stammt aus der Generation, die im Krieg unter den Nazis gelitten hat. Ich verstehe sie, ich kann ihre Distanz sehr gut nachempfinden, aber sympathisch ist sie mir dennoch nicht.

Sie überreicht mir einen »lettre express«, den ich noch auf dem Rückweg zu unserem Zelt aufreiße. Er beginnt mit »Allerliebste Kinder! Stündlich denke ich an euch, wo ihr wohl bei dieser mörderischen Hitze steckt. Hoffentlich kommt ihr unbeschadet an eurem Ziel an und findet erholsame Zustände vor …« Klingt schon mal gut, kann nichts Schlimmes passiert sein. Ich bin erleichtert und spare mir den Rest für nach dem Essen auf unseren Campinghockern auf. Mami schwärmt vom sonnigen Wetter, Baden und altbekannten Freuden. Und berichtet, dass sie auf dem Rückweg vom Strand beim kleinen Posthäuschen nach ihren Briefsendungen nachgefragt habe, die täglich aus Kiel mit ein oder zwei Tagen Verspätungen ankommen. Es ist nicht viel dabei, und sie geht mit meiner Schwester Hossa weiter zum Ferienhaus. »Kaum hatten wir die Post verlassen«, schreibt sie, »kam der Beamte uns auf der Straße nachgelaufen: ›Ein Telegramm für Sie!‹ Wir waren gleich entzückt, weil wir dachten von euch. Aber es war von unserer ehrenamtlichen Mitarbeiterin ›Erbitte Ihren Anruf!‹ Mir zitterten sofort alle Gliedmaßen, Hossachen wurde blaß! Papa war unterwegs, den Jungen vom Angeln abzuholen. Danach lief er dann auch ›verfährt‹ zur Post, um zu telefonieren. Und nun haltet euch fest, was passiert ist: In der Nacht von Sonntag zu Montag ist bei uns schwer eingebrochen worden. Das ganze Haus total verwüstet.«

Unsere Haushaltshilfe hatte am frühen Montagmorgen den Überfall entdeckt und sofort »die Kripo zwecks Spurensicherung verständigt«. Die beiden Frauen haben lange überlegt, ob sie »den Pastor darüber informieren sollen, weil er ja gerade sehr abgespannt in den Urlaub gestartet« sei. Aber bei diesen Schäden mussten sie handeln. Meine Mutter weiter: »Wir waren ordentlich erleichtert, dass es nichts mit euch war. Papa kam ganz glücklich von der Post zurück, so, als ob er sechs Richtige im Lotto hätte: ›Nur Einbruch!‹« Meine Geschwister äußern sogleich ihre Bedenken, ob denn ihre »Stereoanlagen« wohl noch stünden, die aber, wie sich herausstellen wird, in der Tat alle verschwunden sind. Und Papa »jammerte nur wegen der goldenen Uhr von Opa Amsel, die noch in seinem schwarzen Anzug steckt«, schreibt Mami.

Es wird in der Nacht darauf ein zweites Mal eingebrochen. Die Polizei muss erneut kommen. Und in diesen ersten Ferienaufenthalt mit meinem Freund im schönen Südfrankreich erhalte ich die Nachricht: »Dein Zimmer ist total verwüstet. Die Tür oben zu deinem Schreibtisch herausgerissen. Auf den Stufen eine Buttel Bier. Ins Klo hatten sie geschissen, diese Lumpen, und nicht gespült. Alles ist weg. Auch unser Schlafzimmer eine Wüste. Nun habt ihr die Neuigkeiten von hier. Zu unserer größten Freude kam heute Nachmittag euer Telegramm an. Das war eine riesige Beruhigung für mich. Es war alles zu viel für mich an Sorgen.«

So schaut es aus. Das Familiensilber ist futsch, Schmuck mit Erinnerungswert. Aber das Schlimmste ist das Wissen, dass auch unser Pastorenhaus nicht sicher ist. Das Gefühl, dass da Fremde in unseren intimsten Räumen und Schränken wühlen, hinterlässt eine seelische Wunde. Und zumindest an diesem Doppeleinbruch ist mein Vater nicht ganz unschuldig. Einem besonders aufdringlichen Mann, der auch immer nur Geld will, hat er doch tatsächlich mitgeteilt, dass er jetzt fünf Wochen keine Zeit für ihn habe, weil er in den Urlaub gehe. Eine Einladung für jeden potenziellen Dieb. Und genau derjenige, den mein Vater kurz vor den Ferien ohne Geld verabschiedet hat, wird tatsächlich gefasst und der Tat überführt. Aber ob nun mit oder ohne einem solchen unbedachten Satz, gerechnet haben wir immer mit einem solchen Ereignis. Zu viele merkwürdige Leute streunen ums Haus, in der Hoffnung, ohne Arbeit zu etwas Hab und Gut zu kommen.

Es wird wieder geschehen. Manche Einbrecher erwischen wir in flagranti, wenn sie auch alle rechtzeitig flüchten können. Einen ertappe ich frühmorgens, als ich das Haus verlassen will. Er war über das Bürofenster ins Haus gelangt. Als ich die Tür öffne, entwischt er durch die Haustür. Das ist der Zeitpunkt, zu dem mein Vater bei seinem Dienstherrn um bessere Schlösser und Sicherungen anfragen wird. Er hat es schon telefonisch versucht, aber die Behörde fordert eine schriftliche Schilderung der Vorgänge, die mein Vater müde spätabends fertigt: »Der Einbruch wurde von meiner Tochter bemerkt. Auf ein fremdartiges Geräusch hin öffnete sie vorsichtig die Wohnungstür. Da stürzte ein mit einem Messer bewaffneter Mann aus dem Schwesternbehandlungszimmer und eilte rasch durch die Haustür ins Freie. Claudia trug in diesem Moment keine Brille, und so konnte sie nur vage Angaben zur Person des Einbrechers machen: blaue Jeans, blonde Haare und jung. Aufgrund früherer Erfahrungen schließen wir die Haustür nicht ab, um allen Banditen freien Abzug zu ermöglichen.« Und er schließt mit einer Entschuldigung: »Diese Gewalttätigkeiten sind ermüdend und besitzen keinen schönen Erinnerungswert. Deshalb konnte ich mich auch nie zu einer Berichterstattung aufschwingen.« Meinem Vater dämmert es, dass diese Zustände im Pastorat nicht mehr tragbar sind. Er weiß, er muss für mehr Sicherheit sorgen.

20. EIN ELTERNHAUS
WIE EIN WÄRMEOFEN

Ich bin auf der Zielgeraden zum Abitur. Aber ich weiß noch nicht, was ich danach machen werde. Ganz sicher weiß ich, was ich auf keinen Fall im Sinn habe. Meine Mutter drängt, dass ich vor dem Studium ein soziales Jahr absolviere. Schon seit ich Teenager bin, schwärmt sie davon, wie wichtig und wertvoll für mich eine Zeit im Kibbuz wäre. Und für sie ist es ausgemacht, dass ich nach dem Gymnasium in ein Flugzeug nach Israel steige. Ich habe diese Idee nie weiterverfolgt. Und jetzt ist sie für mich vollkommen abwegig. Ich habe schon genug Zeit in der Schule verloren. Und »sozial« verhalte ich mich nun schon neunzehn Jahre lang allein angesichts des Berufs meiner Eltern, den ich »mittragen« muss, ohne gefragt zu werden, ob ich das überhaupt will.

Ich bin müde davon. Ja, noch keine zwanzig, aber erschöpft von diesem »Stand-by«-Modus eines Pastorats-Betriebes. Satt davon, den Fokus immer auf die Hilfsbedürftigkeit anderer Menschen zu richten. Nicht nur die vielen Einbrüche und die fortwährenden Bedrohungen, von denen die meisten auf das Konto enttäuschter Bittsteller gehen, haben mein Verständnis und Mitgefühl für diese Klientel zurückgefahren. Als junger Mensch habe ich mir, so wie auch meine Geschwister, schon sehr viele Gedanken um wildfremde Menschen gemacht. »Das muss erst mal reichen«, sage ich zu meiner Mutter. Sie schweigt dazu. Aber ihr schwerer Atem spricht von einer persönlichen Enttäuschung in diesem Moment. Nur denke ich nicht daran, ihrem Vorschlag zu folgen. Ich schaue mit anderen Augen auf sie. Ich liebe sie von Herzen. Aber ich sehe sie auch kritisch, wie es wohl nur Töchter in diesem

Alter tun, wenn sie wirklich glauben, alles besser »als Mama« zu können.

Und so will auch ich nun schlauer sein als sie – und alles anders machen. Ich möchte meine Talente leben – für mich. Ich will jetzt *ich* sein. Ich habe ein großes Nachholbedürfnis an Privatheit und egoistischen Interessen. Ich überzeuge meine Mutter davon, dass ich es mit dem Kibbuz lieber lasse. Ich habe genug von dem Weg meiner Eltern – für andere da zu sein und sich selbst darüber zu vergessen. Wenn ich mich auch aus diesen Strukturen lösen möchte, bedeutet dies nicht, dass ich mein Pfarrhaus verdamme. So ungewöhnlich meine Kindheit auch ist, so behütet ist sie doch. Meine Eltern geben mir das Wichtigste mit, das man seinem Nachwuchs mitgeben kann: das unbedingte Gefühl, sehr geliebt zu sein.

Die Geborgenheit, die ich erfahre, ist die Kraftquelle für mein ganzes Leben. Es geht nicht darum, wie viel Zeit meine Mutter oder mein Vater oder beide zusammen mit mir verbringen und wie oft sie sich mir konzentriert zuwenden. Eine feste Regelmäßigkeit nach Uhrzeit und Wochentagen gibt es nicht, wie zum Beispiel Samstag und Sonntag en famille zu sein, so wie es andere Leute halten. Aber meine Eltern sind da, wenn ich sie brauche. Sie hören zu, wenn ich erzähle. Sie lassen mich, wie ich bin, wenn sie auch nicht immer meiner Meinung sind. Ich bin immer im Austausch mit ihnen. Wir teilen uns mit, wir sprechen miteinander, täglich, intensiv, und wenn es nur kurz ist. Und es vergeht nicht ein Tag, an dem nicht herzhaft gelacht wird. Ich wachse als Mädchen heran, das in den Arm genommen wird. Der Satz »Nur wer Liebe erfährt, kann auch Liebe geben« ist für mich keine Erkenntnis aus einem pädagogischen Lehrbuch, ich darf es erleben.

Auch wenn meine Eltern sehr viel Wert auf einen guten Schulabschluss legen, so sagen sie auch: »Die wichtigste Bildung ist die Herzensbildung.« Meine Kinder- und Jugendjahre sind bunt. Das Pfarrhaus, in dem ich groß geworden bin, hat von allem etwas: Es hat die Offenheit und Ungezwungenheit eines Künstlerhauses. Ich bekomme eine moralische und soziale Orientierung mit. Ich habe das Glück, von sehr viel Humor umgeben zu sein. Ich kann eine freie Meinung entwickeln, und ich werde sie zu Hause auch los. Unsere Großfamilie ist ein fester unzerstörbarer Verbund, mein Rückhalt, wenn es mal schwer wird. Ich habe Werte kennengelernt und mitgenommen, die Schlagwort-Charakter haben und abgenutzt sein mögen, aber die Säulen für ein schönes Leben sein können: Disziplin, Respekt, Treue, Liebe, Selbstständigkeit, Freiheit.

Ob ich als Pastorentochter erfolgreich bin, kann ich für mich nur sehr subjektiv beantworten. Für mich bedeutet Erfolg nicht, als einzige Frau im Vorstand oder Aufsichtsrat eines Dax-Unternehmens zu sitzen oder Bundeskanzlerin zu werden. Ich achte diese Leistung sehr, und ich freue mich aufrichtig mit, wenn jemand berufliche Höhen erklimmt und in seiner Position glücklich ist. Doch eine gute Lebensbilanz ist für mich etwas ganz anderes. Die Herausforderungen, die das Schicksal sich ausdenkt, anzunehmen und sie zu bewältigen. Aufzustehen, wenn man hinfällt. Den Mut zu haben, Neues zu beginnen, wenn Altes nicht mehr trägt. Nie das Lachen zu verlieren. Das Glück, wenn es da ist, zu erkennen. Sich an vermeintlich Kleinem zu erfreuen. Meine Form von Erfüllung zu finden. Klingt platt, ist es aber nicht.

Deshalb ist für mich Erfolg etwas ganz anderes, als in einem bestimmten Bereich die Nummer eins zu sein. Mit dem Wort Karriere kann ich deshalb auch wenig anfangen. Nichts hat mich in meinem persönlichen wie auch journalistischen Leben weniger beeindruckt als die gezielte Demonstration von Macht, Geld, das Streben nach Ruhm und Symbolen, die den Status unterstreichen. Wie traurig die Wahrheit hinter einer glänzenden Fassade sein kann, habe ich als Pastorentochter sehr früh sehen können. Dies hat Auswirkungen auf den späteren erwachsenen Blick auf die Dinge. Ob man dies nun will oder nicht und gutheißt oder nicht – es ist so. Die größte Leistung für mich ist die Gabe und das

Gelingen, einigermaßen durchs Leben zu kommen und ein geliebter Mensch zu sein. Alles Weitere darüber hinaus kann, aber muss nicht sein. Das ist wohl die Straße, die Pastorentöchter in allen Generationen unbeirrt nehmen, gleichgültig, wer ihren Weg säumen mag. Das Erfolgsgeheimnis einer Pastorentochter ist sehr schlicht: sein, wie man ist. Das ist nicht immer einfach. Das kommt nicht immer gut an. Dazu braucht es Mut und Stärke. Nur: Das haben wir drauf!

21. BERÜHMTE PASTORENTÖCHTER

»Ach, nee …! Tatsächlich? Der Vater war Pfarrer …? Ah, ja …« So ist häufig die Reaktion der Leute, wenn sich offenbart, dass man Pastorentochter ist. Umso bemerkenswerter scheint dies zu sein, wenn man prominent ist. Da schwingt Erstaunen mit, so als wollte man sagen: »Hätte ich nicht gedacht.« Oder die Erkenntnis: »Jetzt verstehe ich, warum sie so ist.« Oder: »Oh, das sind aber tüchtige Frauen.«

Mit dem Begriff Pastorentochter verschiebt sich offenbar ein Bild, das man von einem Menschen gehabt hat, bevor man *es* wusste. Mir selbst ergeht es manchmal so, zuletzt mit **Theresa May**. Erst während ich dieses Buch schrieb, erfuhr ich, dass sie, bis Mai dieses Jahres britische Premierministerin und deshalb im Zusammenhang des Brexit fast allabendlich auch im deutschen Fernsehen, »the vicar's daughter« ist. Und auf einmal fiel es mir wie Schuppen von den Augen, warum diese Frau so ist, wie sie ist. Ein Musterbeispiel an Pastorentochter. Sie tickte anders als ihre Kollegen. Für viele schien sie jemand zu sein, der nur Verwirrung stiftete. Aber wie alle Welt auf ihr herumhackte, hat mir nie gefallen, und da wusste ich noch gar nicht, woher sie kommt.

Ja, sie ist besonders. Sie erlaubte sich, die Konservativen in England »nasty« (hässlich) zu nennen. Dafür wurde sie heftig kritisiert. Aber sie sagte, was sie dachte. Und sie schwamm gegen den Strom, auch wenn es ihr schadete. Dies war ihr Alleinstellungsmerkmal. Und, nur eine Äußerlichkeit am Rande, aber Charisma stiftend, waren ihre Schuhe, insbesondere die Ballerinas mit dem Leopardenmuster. Eine Regierungschefin, die sich Zeit nahm, schick zu sein. Das fiel auf. Aber gern zerriss man sich das Maul über diese und andere kleine Extravaganzen. Diese hochgewachsene schlanke

Frau konnte machen, was sie wollte, es war immer falsch. Tanzte sie mit Schülern in Südafrika, fegte ein Shitstorm durchs Internet. Sie bewege sich wie ein Roboter, sie sei ein »Maybot«, war dort zu lesen. Nicht erwähnt wurde, dass immerhin die ganze Entourage des Begrüßungskomitees mitmachte und alle sichtbar Spaß hatten – am meisten die Kids. Welch absurde Diskussion in den sozialen Medien über eine Begebenheit, die nur normal und sympathisch zu nennen ist: Theresa May kommt als Gast. Man will ihr eine Freude mit einer kleinen Tanzeinlage bereiten, und sie groovt begeistert mit, so gut, wie sie es eben kann. Eine entspannte und gut gelaunte Theresa May, die den Willkommensgruß einer Grundschulklasse ästimiert und Strahlen auf allen Seiten erntet. Nicht mehr und nicht weniger. Was bitte gibt es da zu lästern? Es ist bezeichnend, wie die liebenswürdige Geste einer dreiundsechzigjährigen Dame, die immerhin Politikerin und keine Tänzerin ist, durch den Kakao gezogen wurde. Es zeigt, wie hässlich der Umgang mit Menschen, die »öffentlich« sind, sein kann.

Aber signifikant war, wie Theresa May reagierte. Nach dem Mini-Schwof in Kapstadt tat sie es wieder, nur zwei Tage später in Kenia. Und wieder hatten alle Anwesenden ein bisschen fun, und erneut flog Sprachmüll durch den virtuellen Raum. Und? Genau, sie machte es ein drittes Mal! Zum Tory-Parteitag zu Hause in Birmingham, wo sie sich zu den Klängen von ABBAS »Dancing Queen« Schritt für Schritt zum Rednerpult swingte und anschließend eine flammende Rede hielt. Ja, dieses erwachsene Mädchen hat Humor. Selbstironie als stärkste Waffe. Da blitzt die Pastorentochter hervor. Eine, die es allen zeigt, wie stark und mutig sie ist – und was eine Pfarrhauskindheit mit einem machen kann.

Theresa May war kein Model, aber sie hatte Glamour. Und damit landete sie zuweilen auch auf den Lifestyle-Fashion-Seiten der großen Zeitungen. Einmal mit einem Jäckchen von »Paule Ka«, ein französisches Design. Braun-schwarzes Blumenmuster, so modern wie nostalgisch. Es soll 673 englische Pfund gekostet haben, schrieb »The Telegraph« im August 2017. In der Hochphase von Hitze und Nachrichtenflaute eine willkommene Story darüber, dass die Politikerin schon für den Herbst shoppen gewesen sei. Natürlich kauft sie in einer Boutique ihres Wahlkreises, sechzig Kilometer westlich von London, wo sie immer gern reinschaue, »when she is back in the area«.

Das feine Stück aus weichem Tweed schmückte sie auch sechzehn Monate später in Brüssel, als sie mit EU-Kommissionspräsident Jean-Claude Juncker zusammenrasselte. Da stellte sie ihn zur Rede. Ein kleines Schauspiel, bevor die Konferenz am runden Tisch mit allen Chefs der Mitgliedstaaten begann. Und der Star in dem kleinen Wortgefecht war sie – nicht er. Sie hatte sich zurechtgemacht. Schimmernde Ohrstecker. Eine Halskette mit weißen Perlen, die groß wie Glocken wirkten. Sie trug einen schwarzen Rock, knielang, und Ankle Boots mit dünnem Absatz. Über einem schwarzen Top das besagte »Jackett« aus dem Shop in der Ortschaft Henley on Thames in Oxfordshire. Eleganz als Rüstzeug. Geschmack als Phalanx gegen mögliche Feinde. Style als politische Botschaft. Niemand beherrschte dies so gekonnt wie diese Lady.

Wo immer sie auftrat, schaute man zuerst auf ihr Outfit: klassisch, dem Politiker-Status angemessen, aber im Detail mit kleinen Freiheiten, die man sich eher als PR-Frau erlaubt denn als erste Frau im Staat. So stürmte sie auf den mächtigen Juncker zu. Direkt und unverblümt sprach sie ihn an. Ohne große Vorreden. Sie kam gleich zur Sache. »What did you call me? You called me nebulous« (»Wie haben Sie mich genannt? Sie haben mich nebulös genannt.«), so soll sie ihm gesagt haben, zumindest haben es professionelle Lippenleser so verstanden. Und noch einmal: »Ja, das haben Sie gemacht.« Daraufhin schüttelte der gewiefte EU-Mensch verneinend den Kopf und antwortete: »I wasn't calling you nebulous, I was calling the British position nebulous.« (»Ich habe nicht Sie nebulös genannt, ich habe die britische Position nebulös genannt.«)

Der Zuschauer erfuhr nicht, was Theresa May noch loswurde nach seinem matten Ausweichmanöver. Schon wie sie das Gespräch führte, bei jedem Wort kurz davor, sich umzudrehen und ihn am liebsten einfach stehen zu lassen, weil ja alles gesagt war, sprach Bände. Sie war empört, und sie zeigte es. Das saß. Der Mann beeilte sich, Theresa May als »Frau mit viel Mut« zu bezeichnen, was ihr schnuppe gewesen sein dürfte, und zu betonen, dass sie ihn »im Laufe des Vormittags geküsst« habe, nur getanzt hätten sie nicht.

Aber so schwach wie die Reaktion des überrascht wirkenden Jean-Claude Junckers, so stark war der Kampf der Politikerin um eine Lösung im Brexit-Streit einzuschätzen. Sie musste viel einstecken. Kaum ein Deal, den sie mit der EU anstrebte, fand Zustimmung im britischen Parlament. Immer wieder krachende Niederlagen. Aber die Strapazen sah man ihr kaum an.

Woher nahm sie die Power? Wie ertrug sie das? Die Häme, die über ihr niederging. Den beißenden Spott. Nun, da musste eine unsichtbare innere Wand sein, die sich wie ein Schutzwall aufgebaut hat. Und die ersten Steine wurden in ihrer Jugend gelegt. Sie wuchs als einziges Kind eines Pfarrers der »Church of England« in Wheatley nahe Oxford auf. Eine Vater-Tochter. Als er nach einem Autounfall starb, war sie fünfundzwanzig Jahre alt. Ein Jahr später verlor sie ihre Mutter nach langer Krankheit, Multiple Sklerose. Wer wollte dem Mädchen Theresa nach diesen Erfahrungen eigentlich noch etwas erzählen? Sie studierte Geografie, trat in die konservative Partei ein, war Generalsekretärin, Ministerin in verschiedenen Kabinetten, bevor sie Regierungschefin wurde. Ein Amt, das sie schon als Schülerin im Auge gehabt hatte.

Wenn man eine typische Szene für das Verhalten einer »Pastorentochter« entwerfen wollte, dann wäre dies die kleine Debatte am Rande in Brüssel. In diesem Augenblick erkennen sich alle Pfarrerstöchter wieder. Dort hätte jede andere »von uns« vor diesem selbstsicheren (oder selbstgefälligen?) Juncker stehen und Rabatz machen können. Das System, sich ganz gerade aufzustellen, wenn Ungerechtigkeit droht, ist ähnlich oder gleich. Sich aus- und nachdrücklich zu wehren, wenn man uns blöd kommen will. Klar die Dinge beim Namen zu nennen. Zu signalisieren, wo die Grenzen sind. Und einen Eindruck zu hinterlassen, nach dem sich jede Wiederholung von selbst verbietet. Taff sein, nennt man ein solches Verhalten – und ja, Pastorentöchter können das gut.

Theresa May soll über sich selbst gesagt haben, dass sie eine »bloody difficult woman« sei, eine »verdammt schwierige Frau«. Was heißen sollte, dass sie sich nicht würde veralbern lassen, vornehm ausgedrückt. Das trifft natürlich nicht ausschließlich auf die prominenten Pfarrerstöchter zu – aber sie verkörpern diese Fähigkeit für alle sichtbar in der Öffentlichkeit: sich nichts gefallen lassen. Keine Konfrontation scheuen. Wer Krach haben will, kann ihn haben, sollte es sich aber vorher gut überlegen, ob man sich mit *der* anlegen will. Wer im Karussell der Mächtigen mitfliegen will, muss einiges einstecken können. Und wer sich mitten im Auge eines politischen Zyklons wiederfindet, muss über fast übermenschliche Kräfte verfügen – und ein dickes Fell haben. Oder, besser gesagt, über ein unumstößliches Selbstbewusstsein verfügen. Genauso, wie Theresa May es an den Tag legte.

Gleiches trifft auf Bundeskanzlerin **Angela Merkel** zu. Sie ist die einflussreichste Frau unserer Zeit. Von allen Pastorentöchtern hat sie es also am weitesten gebracht. Sie hat jeden politischen Tsunami in allen Amtszeiten überlebt. Wie sie mit allen Widrigkeiten umgeht, aber vor allem, wie sie die aushält, ist eine offene Frage, auf die es keine eindeutige Antwort gibt. Aber ihre Herkunft wird dabei eine Rolle spielen. Was Frauen aus einem Pfarrhaus so widerstandsfähig und zuweilen zäh macht, lässt sich nicht auf eine einzige Formel herunterbrechen. Zu viele Einflüsse, zu viele Ungewöhnlichkeiten begleiten uns von der ersten Stunde an. Es sind wohl eher die Widersprüchlichkeiten und Ambivalenzen, die uns formen. Das Private ist nie wirklich privat. Und was privat ist, muss immer auch die Zustimmung einer Öffentlichkeit finden können, weil es potenziell publik ist. In diesem Spannungsfeld groß zu werden macht flexibel für viele Herausforderungen und resistent gegen manches Ungemach.

Die Bundeskanzlerin, so zitiert es in »Die Welt« ihr Biograf Gerd Langguth, sagte über ihren Vater: »Er hat immer sehr viel gearbeitet. Arbeit und Freizeit flossen bei ihm zusammen, und manchmal hat er sich mit der Arbeit vielleicht auch von den Familienpflichten ferngehalten.« Und: »Was mich als Kind manchmal fuchsig gemacht hat, war seine Art, verständnisvoll gegenüber jedermann zu sein. Aber wenn wir selbst etwas verbockt hatten, reagierte er völlig anders.« Verständnis haben für Fremde, ihnen nachsichtig begegnen, aber von den eigenen Kindern erwarten, dass alles seinen geregelten und reibungslosen Gang geht, ist sehr typisch für den Geist in einem Pfarrhaus.

Es wird mit zweierlei Maß gemessen: die anderen und wir, das ist selbst bei den profansten Themen ein himmelweiter Unterschied. Das Pfarrhaus ist ein gutes Trainingscamp, in dem man früh lernt, Druck auszuhalten und etwas zu leisten. Man erfährt, allein zu sein. Ein Mädchen, das funktionieren und besser als die anderen sein muss, führt einen einsamen Kampf. Das macht etwas mit einem. Man wird anders – und man macht einiges anders. Und deshalb scheut man sich auch nicht, eigene Wege zu gehen, selbst wenn sie schmerzhaft sind.

Die junge **Friederike Brion** (1752–1813), eine Pfarrerstochter aus dem Elsass, hat es vorgelebt. Hals über Kopf verliebte sie sich in Johann Wolfgang Goethe. Eine schwärmerische heftige Liebe. Er war noch Jurastudent in Straßburg und besuchte das gastfreundliche Pfarrhaus ihrer Eltern. Schnell wurde Friederike sein »Heidenröslein«, wenn auch für kurze Zeit. Nur ein Jahr dauerte ihre Beziehung, an die er sich in seiner Autobiografie »Dichtung und Wahrheit« erinnert: »Schlank und leicht, als wenn sie nichts an sich zu tragen hätte, schritt sie, und beinahe schien für die gewaltigen blonden Zöpfe des niedlichen Köpfchens der Hals zu zart. Aus heiteren Augen blickte sie sehr deutlich umher, und das artige Stumpfnäschen forschte so frei in der Luft, als wenn es keine Sorgen geben könnte ...«

Das klingt nach einem guten Gefühl für sich selbst, so wie Friederike sich vor diesem Lebemann, einem Patriziersohn aus Frankfurt, geriert. Aber natürlich zerreißt es ihr das Herz, als er nach einem Jahr im Sommer 1771, Schluss macht. Zudem nicht im persönlichen Gespräch, sondern per Brief. Sie wird sich nichts anmerken lassen, öffentlich. Aber sie wählt ihren Weg, mit diesem Schicksalsschlag umzugehen. Da ist noch ein anderer Dichter, der verschossen in sie ist, aber er hat keine Chance. Das Pfarrersmädchen hat »zugemacht«.

Selbst als Goethe acht Jahre später erneut mit ihr zusammentrifft, stellt sie nichts an, um bei ihm »irgendein altes Gefühl zu wecken«. Ihre Entscheidung steht fest: Nie kommt mir ein Mann ins Haus. Offenbar will sie unabhängig sein von einem Gefühl, erst durch die Liebe zu einem Mann existent zu sein. Und dies zu einer Zeit, in der eine Frau ohne Heirat nichts zählt. Friederike zieht zu ihrem Bruder, einem Pfarrer, in die Vogesen. Handelt mit Gewebtem und Getöpfertem und bringt jungen Mädchen Französisch bei. »Selbst ist die Frau«, ein Motto, mit dem diese Pfarrerstochter bereits im achtzehnten Jahrhundert ihren Liebeskummer stillt.

Zu was fromme Mädchen imstande sind, zeigt wenig später **Jane Austen** (1775–1817). Sie schreibt Bücher, was für sich genommen schon eine Revolution ist, weil dies zu jener Zeit fast nur Männer dürfen. Aber zudem entwirft sie in ihren Romanen ein neues Frauenbild. Ausgerechnet die Tochter eines englischen Pfarrers schreibt ein Buch zur Partnerwahl. Mit dem Buch »Stolz und Vorurteil« wird auf einmal eine Frau mit Witz kreiert, die Ansprüche an »den Richtigen« hat. Eine, die sich nicht damit begnügt, erwählt zu sein und alles dafür tut zu gefallen. Warum fällt das nur der Tochter eines Geistlichen ein? Zumal einer, die zwar verliebt ist, auch einen Heiratsantrag erhält, aber am Ende immer Single bleibt, tief dem Glauben verhaftet? Sie hat sechs Brüder und erlebt auch fremde Jungen, die in einer Art Privatinternat von ihrem Vater und ihrer aus Adelskreisen stammenden Mutter betreut werden. Sie weiß also, wovon sie schreibt, wenn es um Männer geht. Aber sie muss darum kämpfen: Tritt jemand in das Zimmer, in dem sie arbeitet, versteckt sie ihr Manuskript oder legt ein Stück Löschpapier über ihre Aufzeichnungen.

Doch dort, wo viel Reglement ist, wächst auch ein Widerspruchsgeist. Und der wird, und sei es aus christlichen Erwägungen, in einem Pfarrhaus stillschweigend geduldet – aber nie erstickt. Das ist eine besondere Form von Freiheit, die sich unter geistlicher Obacht entwickelt. Sie wird ja nicht vermutet an einem Ort, der verspricht, die guten Sitten zu wahren. Und weil dies niemand von außen auf dem Zettel hat, sind viele immer wieder überrascht, was ein Pastorentöchterlein so alles draufhat.

Es führt sich fort: Die drei **Brontë-Schwestern** schreiben leidenschaftlich, christlich. Viktorianische Romane, bei denen sie schließlich auch bei Liebes- und Beziehungsthemen landen. Charlotte schreibt »Jane Eyre«, ein nahezu gruseliges Waisenkind-Familien-Liebesdrama. Der Erste, der es lobt: ihr Vater, ein ebenfalls schreibender Mann, der als Pfarrer gegen Menschenhandel und Alkoholmissbrauch und andere soziale Schieflagen kämpft. Kein Wunder, dass der Roman »Die Herrin von Wildfell Hall« aus der Feder seiner Tochter Anne Brontë stammt. Die Story: Eine Frau verlässt ihren Ehemann, einen Trinker, der sie schlägt. Ein Vorgang, der zu dieser Zeit so gut wie ausgeschlossen, zumindest sehr ungewöhnlich ist.

Ja, Pfarrerstöchter können zuweilen harte Mädchen sein. Und oft sieht man es nicht. Die eigenwillige Popkönigin **Katy Perry** sang schon in der Kirche ihrer Pastoreneltern. Über sich sagt sie, sie sei ein »Chamäleon«. Hat sie Liebesschmerz, stellt sie sich auf die Bühne und stimmt den Hit »Power« an. Darin heißt eine Zeile »I'm a goddess and you know it«. (»Ich bin eine Göttin und du weißt das.«) Das Mindeste, was Pastorentöchter mit gutem Gewissen von sich behaupten können …

EPILOG

Juni 2018. Ein Samstag. Sehr schwül. Der Beginn eines brüllend heißen Sommers. In den Kofferraum meines Autos lade ich Gartengerät und Gießkanne. Einen großen Sack Blumenerde und ein Pappschälchen mit weißen Topfrosen. Ich bin auf dem Weg zum Grab meiner Eltern. Der Tag, an dem unsere geliebte Mutter diese Erde verließ, jährt sich zum einunddreißigsten Mal. So lange ist sie schon nicht mehr bei uns. Unser Vater ist ihr fünfzehn Jahre später gefolgt. Wie vor jedem Gang zu ihrem Platz der ewigen Ruhe legt sich eine Art seelische Isolierwatte auf meine Brust. So als wollte ich vorbeugen, damit kein trauriges Gefühl in mich hineinkriechen und keines herausklettern kann. Der Schmerz um den Verlust der Eltern ist nicht aktuell, und er ist jetzt auch nicht eklatant. Er bringt sich nur in Erinnerung. Denn in Wahrheit verlässt er uns nie. Wir merken es nur nicht.

Zudem plane ich eine Stippvisite zu unserem Pfarrhaus ganz in der Nähe. Mal schauen, wie es da ist. Ich bin gespannt. Ich bin angespannt, obwohl ich es gar nicht sein will. Ich schreibe gerade am Exposé für dieses Buch, und von dem Besuch dort verspreche ich mir Eindrücke, die das Mosaik meiner Erinnerungsfetzen vollständiger machen. Ich will dort ein bisschen herumlaufen und die Umgebung auf mich einwirken lassen. Mehr nicht. Deshalb habe ich mit dem Pastor auch keinen Termin vereinbart. Kommt er aus dem Haus und fragt mich, was ich dort zu suchen habe, werde ich mich natürlich vorstellen.

Aber auf diesen Moment muss ich vorbereitet sein. Auf mich wartet viel Arbeit am Grab, und mit verschmutzter Garderobe möchte ich ihm nicht unter die Augen treten. Also habe ich vorsorglich eine frische weiße Bluse und Hose für mich und ein

Hemd für meinen Mann in den Wagenfond gehängt. Wir müssen zumindest anständig aussehen, wenn wir dort schon herumstreunen, denke ich. Ich werde mich, wenn es sein muss, schnell im Auto umziehen, auf dem Parkplatz vis-à-vis einer kleinen Kapelle unter den hohen Bäumen, wo es meist ruhig ist. Gehört sich zwar nicht, ja, ich weiß. Aber manchmal müssen kleine Sünden erlaubt sein.

So ist der Plan. Aber als wir ankommen, wird das Einfahrtstor bald schließen. Früher als sonst, ausgerechnet zum Wochenende. Ein Beschluss der »Friedhofsverwaltung«. Ich parke an der Seite einer stark befahrenen Straße, direkt vor Mehrfamilienhäusern. Und ich sehe jetzt schon, mit schnellem Kleiderwechsel vor den Augen der vorbeirasenden Autofahrer und Spaziergänger und Anwohner wird es wohl nichts.

Fast drei Stunden bin ich am Grab. Buchsbaum und anderes Gehölz schneiden, sieben Schubkarren voll. Jäten, pflanzen, wässern. Den Stein mit Glasreiniger und Haushaltspapier polieren. Ich bin in Schweiß gebadet. Mein schön geföntes Haar nur noch Beach Waves. Ausgeschlossen, jetzt irgendwo aufzukreuzen und möglicherweise »offiziell« ein Gespräch mit einem Fremden führen zu müssen. Ich rechne ja fest damit, weil immer jemand aus einem Pfarrhaus kommt oder hineingeht.

»An der Straße ziehe ich mich nicht um«, sage ich, »wir können an einem anderen Tag zur Kirche fahren.« Mein Mann meint, dass es nicht nötig sei, den Besuch zu verschieben. »Du siehst doch süß aus«, sagt er und zupft an meinem Outfit und meinen Haaren herum, womit er alles noch schlimmer macht. Wir reden hin und her. »Jetzt sind wir hier und machen es«, bestimmt er. Okay, am Ende lege ich, trotz gefühlten dreißig Grad im Schatten, einen großen leichten Schal um, der die kleinen Malaisen überdeckt. Sonnenbrille auf. Und los.

Der Weg hoch zum Gotteshaus liegt da wie ausgestorben. Der Platz davor ebenso. Unheimliche Stille. Ich gehe um die Kirche herum zu unserem alten Zuhause. Es ist verändert. Wo sind die roten Backsteine? Weg? Die Hauswände scheinen neu verpackt und das Material rostrot angemalt. Mhm. Und sonst? Es ist nichts los. Okay, wahrscheinlich sitzt der Pastor an seiner Predigt, so wie mein Vater früher auch – immer auf die letzte Minute.

Ich gehe erst einmal unsere alte Straße rauf und wieder runter und erkläre aus der Ferne, welches unserer Zimmer sich hinter welchem Fenster einst verborgen hat. Und während ich die alten Zeiten wieder lebendig werden lasse, sind wir schon wieder zurück, und ich schaue hoch, jetzt etwas mutiger, zum alten Wohnzimmer. Und? Ich sehe nichts. Keine Gardine. Kein Rollo. Keine Blume. Kein kleines Stück eines Schrankes oder Bücherbordes.

Nur sehr langsam dämmert es mir: Das Haus ist leer. Ich habe Leben erwartet, wenn auch ein neues, aber so, wie ich es von früher kenne. Pfarrhaus-Kinder, die mit ihren Freunden bolzen. Ihre Fahrräder vor der Tür. Besucher, die kommen und klingeln. Irgendein Zeichen, dass sich etwas rührt für einen Samstagabend, an dem sich die Jugend der Gemeinde zum Singen oder Tanzen oder Musizieren anschickt. Vielleicht zu einem Abend, der Christen und Nichtchristen verbindet, möglicherweise ein zwangloses nettes Beisammensein, das Integration und Toleranz fördert in dieser Zeit. Nichts.

Ich gehe auf meinen alten Hauseingang zu. Auf der Treppe hinunter zur Kellertür viel verwelktes Blattwerk aus dem Herbst. Keine frische Frühlingspflanze im Beet oder im alten Gefäß davor. An der durchsichtigen Eingangsfront ein verlassen wirkender Aushang mit Zahlen, Adressen, Uhrzeiten. Mitteilungen im Behörden-Sprech: »Das Kirchenbüro und das pastorale Amtszimmer sind nicht mehr regelmäßig besetzt. In Verwaltungsangelegenheiten wenden Sie sich bitte ans zentrale Kirchenbüro. In pastoralen Fragen ist in erster Linie zuständig ...« Es folgen Telefonnummer und Adresse. Und weiter: »Sie können sich aber auch wenden an ...« Wieder folgen Namen und Telefonnummern. Und: »Wir kommen nach Verabredung auch gern zu Ihnen oder hierher in die Räume …«

Mir verschlägt es die Sprache. Mein Pfarrhaus existiert nicht mehr. Alles weg. Ein Bewusstwerden, dass die Vergangenheit wirklich *vergangen* ist. Nicht zurückholbar. Nur ist das privat. Das erlebt jeder Mensch, der an den Ort seiner Jugend zurückkehrt und nichts mehr so ist, wie es war. Nicht privat ist die Erkenntnis, dass genau das eingetreten ist, wovor mein Vater in den Siebzigerjahren gewarnt hat, als verschiedene »Fusionierungen« im Kirchenbetrieb angedacht, angeschoben und auch umgesetzt wurden. Ich habe wieder im Ohr, wie er schimpft, dass an der falschen Stelle gespart werde. Die Entseelung der Kirche – hier wird sie sichtbar. Zum Pastor gehen? Das ist nicht mehr. Zumindest nicht mehr so einfach. Ihn anrufen und etwas fragen? Da läuft ein Anrufbeantworter. Okay, die Zeiten ändern sich. Aber muss es so sein? So kalt? So abweisend? So tot?

Meine Eltern und wir Kinder haben diesen Ort mit Leben gefüllt. Wie oft habe ich meine Mutter im Gemeindehaus gefunden, wenn ich sie gesucht habe. Immer gab es etwas zu tun, ein Seminar, einen Frauenabend, alles durch sie organisiert und von ihrem Esprit und ihrer Klugheit erfüllt. Sie hat den Kindergarten gegründet. Kinder waren ihr heilig – und damit auch uns. Es war ihre erste Tat in Kiel. Mein Vater hat den Neubau mit seinen Kollegen geplant und die Arbeiten überwacht. Und in den Glaskästen, in denen die nächsten Termine von Kirchenveranstaltungen aushängen, braucht man heute eine Lupe, so klein sind die Buchstaben. Meine Gedanken schweifen ab zu den großen bunten Pappbögen, die meine Mutter kunstvoll mit viel Liebe gestaltet hatte und mit eigenen Texten, die in den neugierig lesenden Passanten so etwas wie Interesse für die Kirche oder theologische Themen ausgelöst haben oder es vermochten zu tun. Vorbei.

Auf der Heimreise nach Hamburg spreche ich kein Wort. Ich bin überrascht über mich selbst. Warum nimmt mich das so mit?

EPILOG

Was durfte ich denn eigentlich erwarten? Bin ich gerade mal naiv? Ja, es muss wohl so sein. Das Kind in uns bleibt, auch over sixty. Meine Geschwister haben sich zum Kurzurlaub in alle möglichen Richtungen verabschiedet, und ich möchte sie nicht, bis auf eine kurze WhatsApp-Nachricht, mit meiner Tristesse behelligen. Gut, dass mein Mann am Steuer sitzt und solidarisch schweigt und mir hin und wieder tröstend über die Hände streicht. Es braucht, bis ich das verdaut habe.

Entsprechend groß ist mein Unbehagen im Januar 2019. Da habe ich mich in unserem Landpastorat angemeldet. Ein Ausflug, um ein noch besseres Gefühl für dieses Buch zu bekommen. Den Platz meiner Kindheit »regiert« jetzt eine Frau im Talar. Es ist ein kühler regnerischer Tag. Die blattlosen Bäume begleiten mich wie Gespenster auf dem Weg an die Haustür. Ich hätte den Sommer wählen sollen, denke ich. Der Winter schlägt hier aufs Gemüt. Und schon finde ich mich im Pastorats-Flur wieder, der inzwischen neue terracottafarbene Fliesen hat, nicht mehr den alten Terrazzo-Boden, den ich einst zusammen mit Tante Wally gewischt hatte. Alles ist kleiner, tiefere Decken, irgendwie gedrungener, als ich es in Erinnerung habe.

Die Pastorin ist sehr freundlich. Sie führt mich durch alle Zimmer. Kein Raum, den ich an diesem Tag nicht betreten darf. Zuerst unterhalten wir uns im Wohnzimmer. Ich sitze an der Stelle, an der mein Vater immer saß. Ich schaue auf den alten Heizkörper, an dem ich meine eisigen Füße gewärmt habe. Auf die Schiebetür, an der wir so oft unsere Finger beim wilden Spiel geklemmt haben, obwohl unsere Eltern uns immer wieder (vergeblich) gewarnt haben. Zu jeder Ecke fällt mir etwas ein. Sogar das Trittleiterchen in der Küche, das hoch zu einem Abstellraum mit Alkoven führt, ist noch da. Dort habe ich gesessen und meiner Mutter oder den Hausmädchen beim Kochen zugesehen. Die japanische Kirsche, die meine Eltern gepflanzt und gehegt und gepflegt haben, ist ein Ungetüm geworden, das dringend eine »grüne Kur« braucht.

Wenn sie blühte, ließen wir uns vor der rosafarbenen Pracht foto-
grafieren. Jedes Jahr wieder. Das erzähle ich, während ich Kopien
aus Kirchenbüchern erhalte und die Heimatchronik gezeigt wird,
die alle Pastoren samt Familien aufführt, wobei ich gleich eine Un-
vollständigkeit entdecke.

Ich rede überhaupt sehr viel. Ohne Punkt. Ohne Komma.
Mich bewegt dieser Moment. Sehr. Für mich ist es besser, meine
Emotionen wegzuquatschen, als sich von ihnen überrollen zu lassen. Ich steige die Treppe, früher aus Holz, jetzt aus Stein, hinauf
in den alten Konfirmandensaal. Es ist ein gemütlicher Wohnraum
geworden. Ich schaue hinaus. Und unvermittelt bin ich wieder das
Mädchen von sechs Jahren. Oder mit sieben oder neun. Wie oft
stand ich an diesen alten Fenstern, inzwischen denkmalgeschützt
und nicht einfach austauschbar. Dort war ich mit den Eulen auf
Augenhöhe, die stur unser Pfarrhaus im Visier hatten, wohl in der
Hoffnung, ihre nächste Mäusebeute auszumachen. Stunden habe
ich sie von meinem »Hochsitz« beobachtet. Oder mich gegruselt
bei Gewitter am helllichten Tag. Oder dem wütenden Winter zugeschaut, wenn ein Orkan dünne Schneeflocken zu weißen Bergen
türmte. Viele Besucher, die sich durch den Gang der Allee ankün-
digten, konnte ich hier fixieren – und nirgends habe ich mich je
wieder so beschützt gefühlt.

Das Empfinden, am sichersten Ort dieser Welt zu sein, durch-
strömt mich wieder. »Flashback« nennen Psychologen dieses
Phänomen, wenn man »blitzartig« durch einen Schlüsselreiz zu-
rückgeworfen wird auf Erlebnisse und Gefühlszustände, die lange
zurückliegen, und sie quasi wieder durchlebt. Ich fühle mich stark.
Geborgen. Ja, fast unsterblich. Das ist in diesem Augenblick ganz
intensiv. Ich bin in meinem wunderbaren Pfarrhaus. Hätte ich
Geld, würde ich darum kämpfen, es kaufen und restaurieren zu
dürfen, um ein Museum oder eine Galerie daraus zu machen.

Es ist gut, dass ich hier bin. Es tut wohl zu spüren, woher ich
komme. Von einem Stern, auf dem mir nichts passieren kann.

DANKE

Die Idee zu diesem Buch entstand an einem bitterkalten Tag in München. Ich saß bei meiner Literaturagentin Christine Proske. Vom Exposé bis zur Abgabe des Manuskripts war sie an meiner Seite. Sie hat mich um viele Klippen geschifft – mit klugen Ratschlägen und einem Schatz an Erfahrungen im Kosmos von Buchverlagswesen und Schriftstellerei. Ich habe viel gelernt. Dafür sage ich Danke! Ebenso hilfreich war die verständnisvolle und freundliche Begleitung von Ramona Jäger, meiner Lektorin bei Bastei Lübbe. Sie ließ mich »machen«, ohne zu versäumen, mich zu ermahnen, über eine Formulierung noch einmal nachzudenken. Von ganzem Herzen zu danken habe ich meiner großen Familie. Meinen Geschwistern Hossa, Rolf, Carda und Vici, die mich vor allem moralisch unterstützt und mir freie Hand gelassen haben, aus unserem gemeinsamen Nähkästchen zu plaudern. Und danke sage ich meinem lieben Mann, der auf der Reise in meine Kindheit und Jugend mein Fels in der Brandung war. Zuletzt danke ich meinen geliebten Eltern, ohne die es dieses Buch ja sowieso gar nicht gäbe. Ich schicke Küsse in den Himmel.

*Spannende Familiengeschichte trifft
modernen Wirtschaftskrimi*

Carlos Guilliard
DAS VERSCHOLLENE
ERBE DER WERTHEIMS
Die Geschichte meiner
deutsch-jüdischen Familie
336 Seiten
mit Abbildungen
ISBN 978-3-7857-2633-4

Carlos Guilliard, der Sohn des letzten Erben der Familie
Wertheim, erzählt wie seine Familie zu der größten
Nähmaschinen-Dynastie Deutschlands aufsteigen konnte. Es
ist eine spannende Zeitreise, die von den Anfängen der deutschen Industrialisierung erzählt, von mutigem Unternehmertum
und von den zahlreichen Hürden, die Juden als Bürger in Nazi-
Deutschland zu überwinden hatten. Sie erkundet, wie das Erbe
des Firmengründers gemehrt, weitergegeben wurde und schließlich – unter dubiosen Umständen verschollen ist.

Bastei Lübbe

Katrin Linke /
Karsten Brensing
EINE LIEBE OHNE
GRENZEN
Unsere Flucht aus der DDR
DEU
336 Seiten
mit Abbildungen
ISBN 978-3-7857-2648-8

Ein Jahr lang bereiten die Autoren ihre Flucht aus der DDR vor. Sie trainieren in einem See, joggen sich die Lunge aus dem Leib und fasten, um so lange wie möglich ohne Nahrung auszukommen. Nach und nach machen sie alles zu Geld, was sie besitzen und starten ihre abenteuerliche Reise in die Freiheit.

Diese führt sie quer durch den Ostblock, doch alle Versuche in den Westen zu gelangen, misslingen. Jetzt hilft nur noch eins: Das Paar muss sich trennen. Katrin gelingt die Flucht unter einer VW-Polo-Rückbank. Karsten schwimmt von Ungarn nach Jugoslawien durch die Donau .

Ob die zwei Liebenden sich wiedersehen, bleibt bis zu diesem Zeitpunkt völlig offen.

Bastei Lübbe

Über die Magie des Beobachtens

Johanna Romberg
FEDERNLESEN
Vom Glück, Vögel
zu beobachten
DEU
304 Seiten
mit Abbildungen
ISBN 978-3-431-04088-3

Draußen vor Ihrer Haustür gibt es einen Schatz. Wenn Sie nur einen Moment hinhören, dann entdecken Sie ihn. In Mauervorsprüngen, in Baumkronen, auf Wiesen und auf Fenstersimsen trillert, pfeift und schnarrt es – durch unsere heimischen Vögel. Begleiten Sie die preisgekrönte Journalistin Johanna Romberg ein Jahr lang dabei, wie sie die Welt der fliegenden Genies erkundet. Lernen Sie, ein Schneehuhn von einem Steinhuhn zu unterscheiden. Erfahren Sie, wie man aus einer Wolke von Zwitscherlauten das nadelfeine Trillern eines Erlenzeisigs heraus-hört. Und spüren Sie, wie Ihre Sinne mit jeder Beobachtung schärfer werden – und Sie selbst achtsamer und glücklicher.

Bastei Lübbe